मृत्यु मेरे द्वार पर

मृत्यु मेरे द्वार पर

[श्रद्धांजलियाँ]

खुशवन्त सिंह

अनुवाद

शुभंकर मिश्र

राजकमल प्रकाशन

ISBN : 978-81-267-1393-6

मूल्य : ₹595

पहला संस्करण : 2007
तीसरा संस्करण : 2019

प्रकाशक : राजकमल प्रकाशन प्रा. लि.
1-बी, नेताजी सुभाष मार्ग, दरियागंज
नई दिल्ली-110 002

शाखाएँ : अशोक राजपथ, साइंस कॉलेज के सामने, पटना-800 006
पहली मंज़िल, दरबारी बिल्डिंग, महात्मा गांधी मार्ग, इलाहाबाद-211 001
36 ए, शेक्सपियर सरणी, कोलकाता-700 017

वेबसाइट : www.rajkamalprakashan.com
ई-मेल : info@rajkamalprakashan.com

मुद्रक : बी.के. ऑफसेट
नवीन शाहदरा, दिल्ली-110 032

MRITYU MERE DWAR PER
by Khushwant Singh

जया थडानी को
जिनके पत्रों ने बाद के वर्षों में
मेरे उत्साह को बनाए रखा

अनुक्रम

आभार

विभिन्न श्रद्धांजलियों का संकलन कर इसे एक पुस्तकाकार रूप देने का विचार मुझे रोली बुक्स के श्री प्रमोद कपूर से मिला। उनकी यह बात मुझे काफी जँची और इस पर काफी कुछ सोच-विचार के बाद मैंने अपनी इस पुस्तक का नाम Death at my doorstep, Obituaries (मृत्यु मेरे द्वार पर, श्रद्धांजलियाँ) रखने का निश्चय किया। इससे 'मृत्यु एवं मरण' जैसे विषय पर मुझे अपने उद्‌गार अभिव्यक्त करने का अच्छा मौका मिल गया, जो 90 की अपनी आयु पार कर चुके किसी इंसान के लिए उपयुक्त ही है। दूसरे लोगों की श्रद्धांजलियों के साथ-साथ मैंने अपनी श्रद्धांजलि भी लिख डाली।

पुस्तक 'मृत्यु मेरे द्वार पर' का अधिकांश आधार-भूत कार्य रोली बुक्स की सुश्री दीपा चौधरी के द्वारा सम्पन्न किया गया है। उसने बड़ी ही तन्मयता से मेरी पूर्व-प्रकाशित रचनाओं जिनमें इलस्ट्रेटेड वीकली, नई दिल्ली, द हिन्दुस्तान टाइम्स, द ट्रिब्यून के कतिपय पुराने अंकों के साथ मेरे लघुकथाओं का संग्रह 'द मार्क ऑफ विष्णु' (सेटर्न प्रेस व रवि दयाल) भी शामिल है, का गहन अवलोकन करते हुए अपनी रुचि के अनुसार उनका चयन-संकलन किया। दीपा के इस बहुमूल्य सहयोग के बिना यह कार्य कदापि सम्भव नहीं था।

सूर्यास्त व रात्रि के नक्षत्र
और मेरे लिए एक स्फुट आह्वान
न होगा समुद्री मत्स्यों का कोई प्रलाप
जब निकल पड़ूँगा उस नील समुद्र में आप

...गोधूलि बेला और सन्ध्या-प्रहर घंटियों की आवाज़
उसके बाद छाया तमस का वह साम्राज्य
और न हो जहाँ विदाई का कोई शोक
हो चलूँ पोत पर जब मैं आरूढ़

–अल्फ्रेड लॉर्ड टेनिसन

भूमिका

हम मृत्यु को हल्केपन से नहीं लेते—यह बेस्वाद, उजड्ड और मायूस करनेवाली मानी जाती है। जीवन के इस अपरिहार्य सत्य, जिसने कि आज तक किसी को नहीं बख्शा है, की ओर देखने का यह एक गलत तरीका है। यह राजाओं को भी आती है और उसी प्रकार भिखारियों, अमीर-ग़रीब, सन्त-महात्माओं, पापियों, बूढ़े और युवा सभी प्रकार के लोगों को भी। आप यूँ ही इसकी अनदेखी नहीं कर सकते। यह मानना एक प्रकार से बेवकूफी ही होगी कि मृत्यु दूसरों को आती है, पर मुझे तो यह बख्श देगी। ऐसा हरगिज नहीं हो सकता। बेहतर है कि आप इसके लिए खुद को तैयार रखें और जब यह दस्तक दे तो अपने होंठों पर मुस्कान के संग इसका स्वागत करें।

मैं फिलवक्त 90 साल से ऊपर का हो चला हूँ और इससे बखूबी वाकिफ हूँ कि नियति के साथ समागम का मेरा समय आहिस्ता-आहिस्ता नज़दीक आता जा रहा है। मैंने इस पर काफी सोच-विचार किया। जब तक हम ईश्वर में एकाकार नहीं हो जाते और हमें निर्वाण पद की प्राप्ति नहीं हो जाती तब तक जीवन-मृत्यु-पुनर्जन्म के विविध रूपों की अन्तहीन प्रक्रिया के इस अतार्किक, असिद्ध सिद्धान्तों को मैं नहीं मानता। मैं इस बात से भी सहमत नहीं हूँ कि शरीर के नष्ट होने पर भी आत्मा जीवित ही रहती है। मुझे नहीं पता कि आत्मा देखने में कैसी है। न तो मैंने और न किसी दूसरे व्यक्ति ने ही इसको कभी देखा है। मैं फैसले का दिन—स्वर्ग और नर्क की यहूदी, ईसाई या इस्लामी मान्यता को भी नहीं मानता हूँ। मैं शायर मिर्ज़ा असदुल्ला खान ग़ालिब की इस बात से इत्तफाक रख़ता हूँ, जब वे कहते हैं—

हम को मालूम है जन्नत की हकीक़त लेकिन
दिल के खुश रखने को गालिब ये खयाल अच्छा है।

(जन्नत की हक़ीकत के बारे में बखूबी पता है हमें, पर यह खयाल अच्छा है दिल को खुश करने का।)

जहाँ तक मेरा सम्बन्ध है, मैं मृत्यु की निर्णयात्मकता पर पूरा विश्वास करता

हूँ, हमें नहीं पता कि मृत्यु के पश्चात् हमारे साथ क्या होता है ?

इस विषय पर अपने साथ मैंने दूसरों के भी विचारों को यथासम्भव पूरी ईमानदारी से रखा है। मैंने इसमें उन लोगों के प्रति व्यक्त श्रद्धांजलियों को शामिल किया है, जिनसे कभी मेरी मुलाकात हो चुकी है—उनमें कुछ जाने-माने लोग हैं, तो कुछ सीधे-सादे नगण्य प्रकार के। इनमें अधिकांश श्रद्धांजलियों का प्रकाशन मेरे द्वारा अनेक सालों से लिखे जाते रहनेवाले प्रकाशक-संघ के मार्फत पहले ही दो स्तम्भों—'द ट्रिब्यून' में 'दिस अॅबव ऑल' और हिन्दुस्तान टाइम्स में 'विद मेलिस टूअड्र्स वन एंड ऑल' के तहत हो चुका था।

मैं इस बात में कतई विश्वास नहीं करता कि दिवंगत व्यक्तियों के बारे में कुछ भी बुरा नहीं कहा जाना चाहिए। यदि कोई व्यक्ति अपने जीवन-काल में दुष्ट रहा है, तो मृत्यु उसे सन्त-महात्मा में कदापि नहीं बदल सकती। कब्र के पत्थर पर खुदवाते समय ऐसी मिथ्या बातों की अनदेखी तो की जा सकती है पर श्रद्धांजलियों में तो कदापि नहीं। उसे तो पूर्वाग्रह रहित और सत्य पर आधारित होना चाहिए। मैंने ढेरों श्रद्धांजलियाँ उन पर लिखीं जिनसे मैं प्रेम करता था और उनका प्रशंसक था। मैंने उन लोगों पर भी लिखा है, जिन्हें मैं नापसन्द करता और नफरत करता था। मैंने यथासम्भव उन सबके प्रति निष्पक्ष रहने की कोशिश की। मुझ पर, उन लोगों की बुराई का आरोप लगा जो कि पलटकर मुझ पर वार नहीं कर सकते थे और न ही अदालत में मानहानि का दावा ही ठोंक सकते थे। यह सच है कि हमारे कानून में दिवंगत व्यक्तियों के सगे-सम्बन्धियों, दोस्तों के लिए ऐसा कोई प्रावधान नहीं है कि कथित लेख में जब तक कि उसकी इज्जत को कोई ठेस न पहुँचाई गई हो, वे लेखक को मानहानि के आरोप में अदालत में घसीट सकें। पर वैसे मैंने कई प्रसिद्ध व्यक्तियों, जिनमें कई राज्यों के राज्यपाल भी शामिल हैं, का कटु चित्रण भी किया है। उनमें से दो लोग मुझे अदालत और प्रेस-परिषद् भी ले गए। पर दोनों ही मामलों में बात, मेरे यह कहने भर से कि मेरा उनकी भावनाओं को ठेस पहुँचाने का कोई इरादा नहीं था, और जो कि दरअसल सच भी था, सुलझ गई और उनसे समझौता हो गया।

मैंने अपनी श्रद्धांजलि भी लिखी है। 'मरणोपरान्त' शीर्षक से अपनी पहली श्रद्धांजलि मैंने तब लिखी थी जब मैं आयु के तीसरे दशक में था। यह मेरी लघुकथाओं के संग्रह 'द मार्क ऑफ विष्णु' में लन्दन के सेटर्न प्रेस से प्रकाशित हुई थी। मैं इसको एक बार फिर यहाँ इसलिए छपवा रहा हूँ ताकि मैं यह साबित कर सकूँ कि मृत्यु रोने-धोने का विषय न होकर दरअसल मसखरी का विषय है। ❐

मरणोपरान्त

मैं बुखार में बिस्तर पर पड़ा हूँ। यह गम्भीर बात नहीं है। दरअसल यह किसी प्रकार से कोई गम्भीर बात नहीं है कि मुझे खुद अपनी देख-भाल के लिए अकेला छोड़ दिया गया है। मैं सोच रहा था कि उस समय क्या होगा, जब अचानक बुखार ज्यादा चढ़ जाएगा। शायद मेरी मौत हो जाए। मेरे दोस्तों को इससे एक कड़ा झटका लगेगा। मेरे बहुत दोस्त हैं, मैं बेहद लोकप्रिय हूँ। अखबार मेरे बारे में क्या लिखेंगे ? वे मुझे यूँ नजरअन्दाज नहीं कर सकेंगे। 'द ट्रिब्यून' अपने पहले पन्ने पर मेरे छोटे से फोटो के साथ मेरे बारे में शायद लिखे। उसका शीर्षक कुछ यूँ होगा कि 'सरदार खुशवन्त सिंह नहीं रहे,' और फिर उसके बाद छोटे-महीन अक्षरों में लिखा रहेगा कि :

अत्यन्त दुख के साथ यह सूचित किया जा रहा है कि कल सायं 6 बजे खुशवन्त सिंह अचानक चल बसे। शोक सन्तप्त लोगों में वे अपने पीछे एक जवान विधवा, दो अबोध बच्चे और ढेरों दोस्त व प्रशंसक छोड़ गए हैं। गौरतलब है कि सरदार जी अपने पैतृक शहर दिल्ली से लाहौर बसने के इरादे से यही कोई पाँच साल पहले आए थे। इन्हीं पाँच सालों में वे वकालत और राजनीति में अपनी प्रसिद्धि के शिखर पर पहुँच गए। उनके निधन पर अमूमन पूरे प्रदेश में शोक मनाया जाएगा।

स्वर्गीय सरदार के घर जो लोग उनके अन्तिम दर्शन को गए, उनमें मुख्य न्यायाधीश के निजी सचिव, कई मन्त्रिगण और उच्च न्यायालय के न्यायाधीशगण थे।

प्रेस को जारी अपने एक वक्तव्य में माननीय मुख्य न्यायाधीश ने कहा कि सरदार जी के निधन से पंजाब को गहरी क्षति हुई है। काल के निष्ठुर हाथों ने इस होनहार व्यक्तित्व को हमेशा-हमेशा के लिए हमसे जुदा कर दिया।

पृष्ठ के सबसे नीचे एक सूचना होगी कि :

क्रिया-कर्म आज प्रातः दस बजे सम्पन्न होगा।

मुझे अपने और अपने दोस्तों को लेकर बेहद दुख हो रहा है। मैंने अपने उन आँसुओं को जैसे-तैसे बहने से रोका जो कि खुद की मौत पर दुख प्रकट करना चाह रहे थे। पर साथ ही साथ मैं खुश हो रहा था और चाह रहा था कि लोग मेरी मौत पर शोक मनाएँ। सो मैंने मरने का निश्चय किया, मजाक के तौर पर उसका लुत्फ उठाने के लिए। मेरी मौत की खबर प्रेस को मिल जाए, इसलिए पर्याप्त समय देते हुए, शाम को मैंने अपने प्राण त्यागे। अपने पार्थिव शरीर से

निकलकर मैं मरणोपरान्त के अलौकिक सुख की दशा में घर के प्रवेशद्वार की धवल संगमरमर सीढ़ियों पर जाकर बैठ गया।

सवेरे, मैंने अपनी पत्नी को अखबार लाकर दिया। चूँकि मैं नीचे सीढ़ियों पर ही था इसलिए अखबार के लिए झगड़ने का कोई सवाल ही नहीं उठता था और वैसे भी मेरी पत्नी को मेरे शव के इर्द-गिर्द चक्कर काटने से भला फुर्सत ही कहाँ थी ? 'द ट्रिब्यून' ने मेरे बारे में लिखा। पृष्ठ 3 पर, सबसे नीचे स्तम्भ 1 में मैंने खुद को सेवानिवृत्त लोक-सेवक की श्रद्धांजलि सूचना के रूप में एक छोटे से कोष्ठक में घुसा पाया। उसमें बस इतना ही छपा था। मैं चिढ़ गया। हो-न-हो वह जरूर हतोत्साहित करनेवाला विशेष संवाददाता शफी ही होगा। उसे तो मैं एकदम नहीं सुहाता था। पर मेरे मरने के बाद भी वह मुझे ज्यादा तरज़ीह न देकर इतनी ओछी हरकत करेगा, इसके बारे में मैंने कभी सोचा नहीं था। हालाँकि पूरे प्रदेश में फैले इस शोक की लहर को वह रोक नहीं पाएगा और अखबार इससे पट जाएगा। मेरे दोस्त लोग उसे पढ़ेंगे।

उच्च न्यायालय के पास अखबार थोड़ा पहले ही बँट जाता है। मेरे वकील दोस्त कादिर के यहाँ अखबार सूरज की लालिमा आसमान में बिखरने से पहले ही पहुँच जाएगा। यह बात नहीं है कि कादिर-परिवार सुबह जल्दी उठता हो। सच तो यह है कि उस घर में 9 बजे से पहले कोई उठता ही नहीं। पर कादिर नियम का पक्का था। वह अक्सर इस बात को कहता कि बेशक अखबार पढ़ा जाए या नहीं पर वह सवेरे पहुँच जरूर जाना चाहिए।

और दिनों की तरह ही कादिर परिवार 9 बजे तक सोया ही रहा। कादिर देर रात गए तक काम करता रहा था। उसकी पत्नी तो वैसे भी सोई ही होगी। पेपर, ट्रे में गर्म नींबू पानी के साथ उसके सामने लाया गया। सिगरेट के बीच में ही कादिर गर्म पानी की चुस्की ले रहा था। वह इसे इसलिए पी रहा था ताकि उसकी अँतड़ियाँ काम करती रहें। उसने बिस्तर पर अखबार के मोटे-मोटे शीर्षकों पर ही केवल एक सरसरी नजर डाली थी। उसकी असली पढ़ाई तो तब शुरू हुई जब सिगरेट और नींबू ने अपना असर दिखाना शुरू किया। भाग्य ने मेरे साथ क्या गुल खिलाया यह बताने के लिए मुझे उसके पाखाना जाने का इन्तजार था।

अपने समय पर कादिर मन्द गति से मुँह में सिगरेट फँसाए और हाथ में अखबार लिए गुसलखाने में घुसा। वहाँ अपनी सुविधा से बैठ जाने के बाद वह इसे गौर से पढ़ने लगा। उसकी नजर अब कम महत्त्ववाले समाचारों की ओर गई। जब वह पृष्ठ 3 के स्तम्भ 1 पर पहुँचा, तो पल भर के लिए, हाँ पल भर के लिए

ही वह सिगरेट का कश लगाने से रुक गया। क्या वह उठ जाए और पत्नी को चीखकर आवाज लगाए ? नहीं—उसने सोचा। यह एक गैर-जरूरी प्रदर्शन हो जाएगा। कादिर एक बुद्धिवादी इंसान था। और उसमें इसका इज़ाफा तब और हो गया था जब उसने भावनाओं और विस्फोटों के अतिरेक में उस औरत से शादी रचाई थी। वह बेचारा चल बसा और इस बारे में कुछ भी नहीं किया जा सका। वह इस बात को जानता था कि उसकी पत्नी यह खबर सुनते ही फूट-फूटकर रोने लगेगी। लगभग यही कुछ वजह थी कि उसने सोचा कि वह इस बारे में अपनी असलियत में ही रहे—ठीक वैसे ही जैसे कि वह उसे अपने किसी हारे मुकदमे के बारे में बता रहा हो।

कादिर अपनी पत्नी को बखूबी जानता था। उसने उसे यह बात बड़े ही हल्के-फुल्के ढंग से कही। सुनते ही वह फूट-फूटकर रोने लगी। उसकी दस साल की लड़की कमरे में दौड़ती हुई आई। पल भर तो वह अपनी माँ को देखती रही फिर उसके संग विलाप करने लगी। कादिर ने थोड़ा कड़ा रुख अख्तियार करने का सोचा।

'तुम यह चिल्ल-पों क्योंकर मचा रही हो ?' उसने कड़ाई से कहा। 'क्या तुम्हें लगता है कि इससे वह वापस आ जाएगा।'

उसकी पत्नी यह जानती थी कि उससे बहस करना बेकार है। बहस में हमेशा उसी की जीत होती थी।

'मेरे विचार से हमें एक बार उनके घर जाना चाहिए। उनकी पत्नी बेहद दुखी होंगी।'—वह बोली।

कादिर ने अपना कन्धा उचकाया।

'डर है कि मैं समय नहीं निकाल पाऊँगा। उनकी पत्नी या यूँ कहें कि उसकी विधवा को ढाँढ़स बँधाने की बजाय मेरे मुवक्किलों के प्रति मेरी जिम्मेदारी पहले आती है। मुझे आधे घंटे में 'ट्रिब्यूनल' पहुँचना है।'

कादिर दिन भर ट्रिब्यूनल में ही रहा और उसकी पत्नी घर पर रही।

शहर के बड़े पार्क के पास ही एक और दोस्त खोसला रहा करता था। वह अपनी पत्नी, तीन बेटे और एक बेटी के संग शहर की उच्चवर्गवाली कॉलोनी में रहता था। वह एक न्यायाधीश था और नौकरशाही की जमात में ऊँचे स्थान पर था।

खोसला सुबह-सुबह ही उठ जाता था। वह सुबह थोड़ा पहले इसलिए उठ जाता कि उसके पास खुद के लिए बस यही एक समय होता था। दिन भर उसे अदालत में काम करना होता। शाम को वह टेनिस खेलता और फिर थोड़ा-सा

वक्त उसे अपने बच्चों के साथ गुजारना पड़ता, पत्नी से बातें बनानी होती। चूँकि वह एक चर्चित व्यक्ति था और अच्छी-खासी शोहरतवाला भी, सो उसके यहाँ मिलनेवालों का ताँता लगा रहता था। एक युवा व्यक्ति के रूप में वह चतुर-चालाक माना जाता था। जवानी के शुरुआती दिनों में ही उसके बाल झड़ने लगे थे और उसका गंजापन दिखाई पड़ने लगा था। खोसला इसे अपने बारे में विचार के प्रति कुदरती ताईद के रूप में देखा करता। शायद वह एक मेधावी व्यक्ति था। आईने में अपने इस गंजेपन को जितना ही निहारता, उसे उतना ही भरोसा हो उठता कि तकदीर ने उसके लिए एक असाधारण-सा भविष्य निश्चित कर रखा है। इसलिए वह दिनानुदिन मेहनत पर मेहनत करता चला जा रहा था। उसे अनेक छात्रवृत्तियाँ मिलीं और अपने अकादमिक जीवन में लोक-सेवा परीक्षा में सर्वोच्च स्थान पर रहा। उसने अपने अन्दर मौजूद आत्मविश्वास को देश की सबसे कठिनतम परीक्षा में जीत हासिल कर सही ठहराया। कुछ सालों तक तो वह एक सन्तुष्ट नौकरशाह का जीवन जीता रहा। दरअसल उसने अपने-आपको यह समझा लिया था कि लोग जिसे जीवन में सफलता कहते हैं, उसे वह मिल गई है।

पर कुछ सालों बाद ही उसका यह सन्तोष अचानक न जाने कहाँ गुम हो गया। हर बार वह अपने पीछे के थोड़े से बचे गुच्छेदार बालों में कंघी करता और फिर अपना हाथ विस्तृत सूनी-सपाट पेशानी पर फेरने लगता। वह अपनी उन महात्वाकांक्षाओं के प्रति सचेत हो गया जो पूरी नहीं हो पाई थी। उस जैसे सैकड़ों नौकरशाह थे। वे सभी सफल माने जाते थे। लोक-सेवा की नौकरी जाहिर तौर पर पर्याप्त नहीं थी। वह काम करेगा--वह लिखेगा, वह जानता था कि वह लिख सकता है। यह उसका चेहरा देखकर ही पता चलता था। इसलिए खोसला लिखने की ओर मुड़ गया। अच्छा लिखने के लिए वह पढ़ने में जुट गया। उसके पास एक बहुत बड़ा पुस्तकालय था और काम पर जाने से पहले वह वहाँ नियमित रूप से कुछ घंटे बैठने लगा था।

उस दिन सुबह, खोसला लिखने की मुद्रा में था। उसने खुद अपने लिए एक प्याली कॉफी बनाई और हत्थेवाली कुर्सी पर बिजली रेडियेटर की सहायता से बैठ गया। उसने मुँह में पेंसिल ली और सोचने लगा। वह यह सोच नहीं पाया था कि वह आखिर क्या लिखे। उसने अपनी डायरी लिखने की सोची। कल ही तो उसने किसी महत्त्वपूर्ण मुकदमे की सुनवाई में अपना पूरा दिन गुजारा था। यह कुछ दिनों तक और चलनेवाला है। अदालत कक्ष खचाखच भरा था और सबके सब बस उसी की ओर नज़रें गड़ाए देख रहे थे--यह एक अच्छा विषय लग रहा

था। सो उसने लिखना शुरू किया।

अखबार लानेवाले की दस्तक से खोसला को तनिक खलल पहुँची। उसने सांसारिक बातों की सच्चाई जानने के लिए अखबार के पन्ने उलटाए।

खोसला राष्ट्रीय या अन्तर्राष्ट्रीय महत्त्व की घटनाओं के बनिस्वत सामाजिक मामलों, जन्म, शादी, मृत्यु आदि के समाचार के बारे में कहीं ज्यादा उत्सुक रहता था। सो उसने पृष्ठ 3 का स्तम्भ 1 देखा। हठात उसकी नजर मेरी मृत्यु सूचना पर पड़ी और वह एक झटके में तन-सा गया।

अपनी पेंसिल से उसने अपनी नोट-बुक को थपथपाया और फिर जगाने के लिए खाँसते हुए, उसने अपनी पत्नी को यह समाचार कह सुनाया। पत्नी ने जम्हाई ली और फिर अपनी स्वप्निल-सी आँखें खोलते हुए उन्हें फैला उठीं।

'मुझे लगता है कि आज तुम अदालत नहीं जाओगे'—उसने कहा।

'नहीं...नहीं, कोई बहानेवाजी नहीं चलेगी। मुझे जाना ही पड़ेगा। और यदि मुझे जरा-सा भी वक्त मिला तो मैं रास्ते से ही वहाँ होता हुआ आ जाऊँगा—या नहीं तो हम रविवार को मिल सकते हैं।'

खोसला परिवार नहीं आया। और भी अनेक लोगों की शोक-संवेदनाएँ नहीं पहुँची। मैं पहले से ही खुद को दुखी महसूस कर रहा था।

तकरीबन दस बजे मेरे फ्लैट के नीचे खुले स्थान में कुछ लोग जमा हुए थे। उनमें ज्यादातर वे लोग थे, जिनके आने की मुझे कोई उम्मीद नहीं थी। अदालती परिधानों में कुछ वकील लोग आए थे और बाकी लोगों में अधिकतर वे थे जो यह देखने जमा हो गए थे कि आखिर वहाँ हो क्या रहा है। मेरे दो दोस्त भी आए थे, पर वे उस भीड़ से तनिक दूर ही खड़े रहे। एक—जो लम्बा-सा इकहरे बदनवाला था, देखने में मानो किसी कलाकार की तरह लग रहा था। अपने एक हाथ से उसने सिगरेट को मुँह में लगाया और फिर दूसरे हाथ से बार-बार अपने चेहरे पर आ रहे बालों को पीछे टारता जा रहा था। वह एक लेखक था। वह अन्त्येष्टि जैसी चीजों में शरीक होने में यकीन नहीं करता था। पर अपनी सामाजिक जिम्मेदारी समझते हुए हमें वहाँ अपनी उपस्थिति तो दिखानी ही पड़ती है। यह बात उसे एकदम नापसन्द थी। मानो शव संक्रमणीय हो, सो वह एकदम धुआँधार तरीके से सिगरेट पर सिगरेट पिए चले जा रहा था और अपने व बाकी दुनिया के बीच एक धुएँ का बादल-सा खड़ा किए जा रहा था।

मेरा एक दूसरा दोस्त साम्यवादी था। ठिगनी, दुबली-सी काठी, घुँघराले

बाल और बाज के से हाव-भाव। उसके पंजर और हाव-भाव के छद्मावरण ने किसी ज्वालामुखी तक को झुठला रखा था। हर चीज के प्रति उसका नज़रिया खालिस मार्क्सवादी था और उसमें भावनाओं के लिए कोई जगह नहीं थी। मृत्यु उसके लिए गौण घटनाएँ थीं, मायने तो बस कारण रखता था। उसने लेखक से अदबदार तरीके से फुसफुसाते हुए पूछा–

'तुम कहाँ तक जानेवाले हो ?'

'मैंने कॉफी हाउस तक जाने की सोची है।'–दूसरे ने कहा। 'क्या तुम पूरे रास्ते जाओगे ?'

'कोई लाल-वाल का भय नहीं है'–साम्यवादी जोर देते बोला। 'दरअसल मुझे किसी एक मीटिंग में दस बजे पहुँचना है और मैं इससे साढ़े नौ बजे तक निजात पा लेना चाहता हूँ, पर जानते हो हम लोगों को समय के महत्त्व के बारे में जरा-सा भी पता नहीं है। मैं अभी तुम्हारे साथ पार्टी कार्यालय तक चलूँगा और फिर बाद में साढ़े ग्यारह बजे तुमसे कॉफी हाउस में मिलूँगा। और हाँ, संयोग से यदि तुम्हें मुर्दागाड़ी के कोचवान से बात करने का मौका मिले तो उससे यह पूछना कि वह ताँगावाला यूनियन का सदस्य है या नहीं ? खुश रहो !'

थोड़ी देर में ही, एक मुर्दागाड़ी जिसे कि एक मरियल-सा भूरे रंग का घोड़ा खींच रहा था, मेरे दरवाजे की सीढ़ियों के पास आकर रुका। घोड़ा और कोचवान दोनों ही इस अवसर की गम्भीरता से लापरवाह थे। कोचवान बड़े शान्त मन से सुपारी चबाते हुए उस जमावड़े की ओर देखे जा रहा था। वह मन ही मन यह सोच रहा था कि क्या उसी प्रकार उसे यहाँ से बख्शीश भी मिलनेवाली है। तभी वह जानवर वहाँ पेशाब करने लगा, लोग झटके से खरंजे के ऊपर से छिटककर उड़नेवाले पेशाब से बचने के लिए इधर-उधर छिटक गए।

भीड़ को ज्यादा देर तक इन्तजार नहीं करना पड़ा। मेरा शव जो श्वेत वस्त्र में लिपटा हुआ, कसकर बँधा था, मुर्दागाड़ी में डाल दिया गया। परम्परानुसार कुछ फूल मेरे ऊपर फैलाकर बिछा दिए गए। शव यात्रा चलने के लिए तैयार थी।

हम चलने ही वाले थे कि मेरा एक दोस्त वहाँ साइकिल से पहुँचा। वह काफी कुछ काला-सा थुलथुल व्यक्ति था। साइकिल के कैरिअर में उसने कई किताबें लाद रखी थीं। वह किसी विद्वान, गम्भीर स्वभाव का प्रोफेसर जैसा दिख रहा था। जैसे ही उसकी नजर मुर्दागाड़ी में मेरे शव पर पड़ी तो वह झट साइकिल से नीचे उतर गया। दिवंगत व्यक्तियों के प्रति उसकी महती श्रद्धा थी और उसकी

अभिव्यक्ति में वह बेहद खास था। उसने हॉल में जाकर साइकिल खड़ी की, उसे सिकड़ी से बाँधा और फिर भीड़ के साथ चल पड़ा। जब मेरी पत्नी मुझे अन्तिम विदाई देने सीढ़ियों से नीचे उतर, वहाँ पहुँची तो वह स्पष्ट रूप से हिल-सा गया था। अपनी जेब से उसने एक छोटी-सी किताब निकाली और फिर सोचपूर्ण मुद्रा में उसके पन्ने उलटने लगा। उसके बाद लोगों की भीड़ को चीरते हुए वह मेरी पत्नी की ओर बढ़ा। अपनी आँखों में आँसू भरे उसने वह किताब मेरी पत्नी की ओर बढ़ाई।

'मैं गीता की एक प्रति लाया हूँ, यह ढाँढ़स देगी।'

भावनाओं से सराबोर वह फिर अपनी आँखों में भर आए आँसू को पोंछने के लिए झट तेजी से भीड़ में न जाने कहाँ गुम हो गया।

'यही'—उच्छ्वास लेते वह बुदबुदाया, 'इंसान के वजूद का अन्त है। यह सत्य है।'

सामान्योक्तियों पर सोचना उसे बेहद प्रिय था। पर उसके लिए तो सभी सामान्योक्तियाँ गूढ़-दुर्बोध थीं और किसी एक मौलिक चिन्तन जैसी ताज़गी और ओज़ रखती थीं।

'किसी बुलबुले जैसा'...वह अपने में बुदबुदाया, 'इंसान की ज़िन्दगी भी किसी बुलबुले के समान ही क्षणिक होती है।'

लेकिन ऐसा तो होता नहीं है कोई मर जाए और गायब हो जाए। पदार्थ कभी असार में परिवर्तित नहीं हो सकता। वह मात्र अपना रूप बदल सकता है। गीता में इसे बड़ी खूबसूरती से कुछ यूँ कहा गया है—

'जैसे मनुष्य जीर्ण वस्त्रों को त्यागकर नवीन वस्त्र धारण करता है ठीक उसी प्रकार आत्मा भी...आदि-आदि।'

प्रोफेसर गहरी सोच में डूब गया। वह यह सोच रहा था कि उसके दोस्त ने अब कौन-सा नया वस्त्र धारण किया होगा।

उसकी टाँगों के बीच कुछ हलचल होने से उसकी विचार-तन्द्रा में खलल पड़ी। एक नन्हा-सा कुत्ते का पिल्ला प्रोफेसर के पैरों के पास खड़ा उसकी पतलून चाट रहा था और ऊपर उसकी ओर देख रहा था। प्रोफेसर एक दयालु व्यक्ति था। वह न चाहते हुए भी नीचे झुककर उस पिल्ले को प्यार से थपथपाने लगा और उसे अपना हाथ चाटने दिया।

प्रोफेसर का दिमाग भटकने लगा। वह कुछ बेचैनी-सी महसूस करने लगा। उसने पहले पार्थिव शरीर की ओर देखा और फिर पैरों के पास खड़े उस रोएँदार पिल्ले को। वह भी तो आखिरकार ईश्वर की सृष्टि का ही एक अंश था।

''जैसे मनुष्य जीर्ण वस्त्र उतारकर नवीन वस्त्र धारण करता है, वैसे ही आत्मा भी करती है...

'नहीं-नहीं'—वह अपने-आप से कह उठा। वह अपने दिमाग में ऐसी पापपूर्ण बातें न घुसने दे। पर वह अपनी सोच को रोक नहीं पाया। यह असम्भव नहीं था। गीता में भी ऐसा ही कहा गया है। और वह फिर नीचे झुककर उस पिल्ले को और ज्यादा प्यार और दोस्ताने तरीके से सहलाने लगा।

शव-यात्रा आरम्भ हो गई थी, मैं सबसे आगे उस शीशे की मुर्दागाड़ी में बेहद कष्टकर तरीके से लेटा हुआ था। कोई आधा दर्जन लोग मेरे पीछे-पीछे चले आ रहे थे। वे नदी की ओर बढ़ते चले गए।

तब तक मुख्य सड़क का रास्ता पार हो चुका था। मैंने खुद को अकेला पाया। कुछ वकील लोग उच्च न्यायालय के पास ही रह गए थे। मेरे लेखक मित्र 'कॉफी होम' के पास कट लिए थे और अभी दनादन सिगरेट फूँके जा रहे थे। स्थानीय कॉलेज के पास मेरे प्रोफेसर दोस्त ने मुझे उत्कंठापूर्ण नजरों से टकटकी लगाकर देखा और फिर ढलान पर सरसराकर उतरते हुए अपनी कक्षा में घुस गया।

मैं खुद को तनिक बौना महसूस करने लगा। मुझसे छोटे कद के लोगों में इससे कहीं ज्यादा भीड़ जुटती है। यहाँ तक कि किसी मरे हुए मुफलिस को भी एकपहिए ढेले पर ले जाया जाता है और उसे फेंकने के लिए दो जमादार तो होते ही हैं। यहाँ तो बस केवल एक ही इंसान मौजूद रह गया था और वह था इक्के का कोचवान। और वह भी जिसकी क्षयशील काया को वह उसकी अन्तिम यात्रा पर ढोए ले जा रहा था, उसकी आत्मा की अतिपातकता से बेपरवाह ही लग रहा था। जहाँ तक घोड़े का सवाल था तो यकीनन वह भी बिगड़ैल था।

श्मशान घाट की ओर का रास्ता किस्म-किस्म की दुर्गन्धों से पटा था। वह तब अपनी उस चरम सीमा पर पहुँच जाता जब कोई मुख्य सड़क के बगल से श्मशान घाट की ओर जाते उस सँकरे रास्ते को पकड़ता, जहाँ कि बगल से शहर का इकलौता गन्दा नाला बह रहा था। यह एक मन्द, खूब काले पानीवाला, जिसके ऊपर हमेशा बुलबुले फूट रहे हों, जैसा नाला था।

सौभाग्य कहें कि मुझे अपनी मरणोपरान्त की महिमा के गलत आकलन पर चिन्तन करने का थोड़ा-सा वक्त मिल गया। कोचवान ने एक विशालकाय पीपल पेड़ के पास जहाँ से एक रास्ता श्मशान घाट की ओर जाता था, घोड़े को रोक दिया। इस पीपल के पेड़ के नीचे एक ताँगा-स्टैंड था और घोड़ों के पानी पीने के लिए यहाँ एक बड़ी-सी नाली बनी थी। बैठे-बैठे ही कोचवान अपना हाथ रोपता

हुआ ताँगा-कोचवानों से माचिस माँगने के लिए नीचे धप्प से उतरा।

सभी ताँगा-कोचवान वहाँ उस मुर्दागाड़ी के इर्द-गिर्द जमा हो गए और चारों तरफ से घूम-घूमकर देखने लगे। 'जरूर कोई धनी व्यक्ति होगा'—उनमें से किसी एक ने कहा। 'पर इसके साथ तो कोई नहीं है'—दूसरे ने जिज्ञासावश पूछा। 'मुझे लगता है कि यह कोई दूसरी अंग्रेजी परम्परा है, अन्त्येष्टि में किसी का साथ में न जाना।'

अब मैं पूरी तरह से ऊब चुका था। मेरे सामने तीन रास्ते थे। पहला तो यह कि श्मशान घाट का रास्ता पकड़ूँ और वहाँ पहुँचे अन्य दूसरे लोगों के समान स्वयं को लपलपाते अग्नि की ज्वाला में अर्पित कर दूँ—शायद दूसरी किसी बेहतर दुनिया में पैदा होने के लिए, बल्कि सम्भवतः अस्तित्वहीनता में लुप्त हो जाने के लिए। दूसरा रास्ता सीधे शहर की ओर जाता था, जहाँ दुश्चरित्र और बदनाम लोग रहते थे। वे शराब पीते, जुआ खेलते और क्वाँरी कन्याओं से गलत सम्बन्ध बनाते। उन लोगों की दुनिया नितान्त भोगवादी है। उन लोगों ने उन तमाम प्रकारों से, जिन्हें कि इन्द्रियाँ भोगने में समर्थ थी, अपने जीवन का भरपूर उपभोग किया। तीसरा तरीका वापस लौटना था। अपना एक मन बनाना किसी के लिए भी मुश्किल कार्य होता है। ऐसी स्थिति में सिक्का उछालना अक्सर मददगार साबित होता है। सो मैंने भी सिक्का उछालने की सोची। शेर—इस संसार से दूर जाने की हिम्मत करना, नम्बर—शहर के उन भोगवादियों की जमात में जाकर शामिल होना। पर यदि शेर या नम्बर में से कुछ नहीं आता और सिक्का ठीक सीधा खड़ा हो जाता है तो मैं एक बार फिर उसी तुच्छ स्थिति में लौट आऊँगा यानी जोखिमपूर्ण कार्य करने के साहस से वंचित रह जाऊँगा और मेरा मौजपूर्ण जीवन जीना भी छिन जाएगा।

1943

सन् 1948 में, मैं लन्दन स्थित भारतीय उच्चायोग में जनसम्पर्क का कार्य देखते हुए प्रेस अधिकारी था। कृष्ण मेनन उच्चायुक्त थे। एक दिन, सान्ध्य अखबार में परमादरणीय मांडी की रानी की मौत की खबर उसके मुख-पृष्ठ पर उनकी फोटो के साथ छपी। यह साफ-सहज दिख रहा था कि अपनी मौत के समय रानी जवान और बेहद खूबसूरत थी।

अगले दिन सुबह, जब मैं अपने कार्यालय में था, तो वहाँ मुझसे कोई मिलने

आया। वह लम्बा-सा कोई अंग्रेज था—सर पर काली टोपी, काला कोट और धारीदार पतलून पहने। उसने अपना परिचय मुझे यह कहते हुए दिया कि 'मैं केन्यन व केन्यन शव-यात्रा व्यवस्थापक, श्री केन्यन हूँ। आपने हमारे बारे में जरूर सुना होगा।'

वाकई, मैंने सुना है। मैंने लन्दन के विभिन्न हिस्सों में बने उनके कार्यालय देखे थे, प्रदर्शन खिड़कियों में करीने से सजी पॉलिसदार ओक ताबूत और गुलदानों में रखे श्वेत लिलि फूलों के गुलदस्ते। इंग्लैंड में शव-यात्रा सम्बन्धी व्यवस्थाओं का वह सबसे बड़ा फर्म था। मैंने श्री केन्यन को यह यकीन दिलाया कि मैं उनके महत्त्व से बखूबी वाकिफ हूँ।

'शुक्रिया श्रीमान !' उन्होंने कहा और एक पार्सल जो कि उनके हाथों में था, मेरी मेज पर रख दिया। 'श्रीमान', उन्होंने अपनी बात जारी रखते हुए कहा कि 'आपने मांडी की रानी की मौत की खबर तो जरूर सुनी होगी।'

मैंने उन्हें बताया कि यह ख़बर कल के सान्ध्य आखबार में पढ़ी थी।

'यह अफसोसजनक नहीं है ?'—वे अपना चेहरा गम्भीर बनाते बोले।

'बेहद अफसोस की बात है।'—मैं भी अपना चेहरा वैसा ही बनाते हुए बोला।

श्री केन्यन अपने साथ लाए उस पार्सल को खोलने लगे। 'श्रीमान, जो गुजर गए हैं, उनके अन्तिम-रस्म के इन्तजाम में हालाँकि हमारा उल्लेखनीय अनुभव है, पर यह कार्य हमारे लिए एकदम नया है।' उन्होंने पार्सल के धागे खोलते हुए उसमें से एक भड़कीले रंग की, सुनहरे किनारेवाली एक सिल्क साड़ी निकाली—'परमादरणीय रानी की पीछे छोड़ी गई अपनी वसीयत के अनुसार उनकी अन्त्येष्टि के समय उन्हें वही साड़ी पहनाई जाए जो कि उन्होंने अपनी शादी के दिन पहनी थी। हमारे खुद के लम्बे-चौड़े अनुभवों के बावजूद हमें यह नहीं पता कि हिन्दुस्तानी औरतें अपनी साड़ी भला किस प्रकार पहनती हैं। इसी सिलसिले में मैं आपसे यहाँ मदद के लिए आया हूँ।'

मैं इस पर तपाक से बोल उठा—'मुझे बेहद खेद है श्री केन्यन, कि मुझे साड़ी उतारने का हालाँकि थोड़ा-बहुत अनुभव तो है, पर साड़ी पहनाने का तो कतई नहीं।'

श्री केन्यन बेहद क्षुब्ध हो उठे। साड़ी को उन्होंने वापस डब्बे में रखा और यही कोई छह फुट कुछ इंच की अपनी लम्बाई में वापस आ गए। सिर पर टोपी रखी और फिर मेरे कमरे से नपे-तुले कदमों से बाहर निकलते बोले—'शुभ दिन महोदय !'

वे सीधे तीसरी मंजिल पर उच्चायुक्त के कार्यालय पहुँच गए। और वहाँ उन्होंने मेरी इस गुस्ताख़ी के बारे में शिकायत दर्ज़ करवा दी। उच्चायोग में टाइपिंग पूल में काम करनेवाली लड़कियों के झुंड में से किसी एक के द्वारा उन्हें साड़ी पहनने का तरीका बता दिए जाने के बाद जब वे वहाँ से चले गए तो उच्चायुक्त ने मुझे बुलाया।

'इस तरह के फालतू के मसखरेपन से क्या कभी बाज नहीं आओगे ?' और फिर एक लम्बी मुस्कान बिखेरते मेरी ओर देखा।

भाग : 1

मृत्यु एवं मरण पर

मृत्यु के बारे में दलाई लामा

''मैं न तो पुनर्जन्म में विश्वास करता हूँ, न फैसले का दिन या फिर उसके बाद के स्वर्ग या नर्क में ही। इनमें से किसी का भी कोई वैज्ञानिक साक्ष्य नहीं मिलता। मेरे लिए तो मौत ही आखिरी पूर्ण विराम है, इस बारे में भला आपका क्या खयाल है ?''—मैंने पूछा।

दलाई लामा पहले तो ठठाकर हँस पड़े, फिर बोले—'मेरे हिसाब से तो ये सब तुम्हारे ऊपर निर्भर करता है कि तुम अपनी पसन्द-नापसन्द के अनुसार किसे स्वीकारते-अस्वीकारते हो या फिर किसको मानते हो। यह सब कुछ पूरा-का-पूरा तुम पर निर्भर करता है।'

मैंने एतराज़ जताया—'क्या यह मान लेना ईमानदारी की बात नहीं होगी कि खुद आपको भी नहीं पता कि मौत के बाद आखिर क्या-कुछ होता है।

दलाई लामा तनिक नरम पड़ते से बोले—'यहाँ जो सबसे जरूरी चीज है, वह यह कि तुम एक अच्छा और ईमानदार इंसान बनो। उसके बारे में बहस करने से भला क्या फायदा ?'

'पर मैं तो मौत से बेहद डरा हुआ हूँ, जिन्दगी मजेदार चीजों से भरपूर है। मैं इसे कतई गँवाना नहीं चाहता।'

'पर यह कष्टों से भी परिपूर्ण है'—उन्होंने इसमें आगे जोड़ते हुए कहा।

'बिलकुल, मैं सहमत हूँ, पर यह अब तक मुझे नहीं सता रहा, जब कुछ वैसा होगा तो तब शायद मैं जीना पसन्द न करूँ। पर इस समय तो मैं मरना नहीं चाहता। मरने के डर पर भला मैं कैसे विजय पाऊँ ?'

मौत के बारे में बहुत-सी चीजें ऐसी हैं, जो हम नहीं जानते। देहावसान होते ही मानसिक शक्ति तो समाप्त हो जाती है परन्तु अन्यान्य कारक, जो कि मस्तिष्क-कोशिकाओं से भिन्न हैं, मौजूद ही रहते हैं। पिछले साल वैज्ञानिकों ने बौद्ध अनुयायियों पर एक प्रयोग किया। ध्यान या समाधि के माध्यम से उन्होंने पूरे 40 मिनट तक अपनी साँस रोके रखी।

उनके दिल की धड़कन बन्द हो गई थी या नहीं, यह तो मुझे नहीं पता पर उन्हें मृत इसलिए घोषित नहीं किया जा सका क्योंकि वे फिर से जीवित हो उठे थे। इससे यह सिद्ध हो गया कि मस्तिष्क से परे भी कुछ है—वही मानस या फिर तेज हो सकता है। मस्तिष्क भले ही काम करना बन्द कर देता हो पर मानस नहीं। आप इस तेज को साध कर सकते हैं। इसी वजह से कुछ लोगों को अपना पिछला जन्म बखूबी याद रह जाता है। उन्होंने मुझे एक अम्बाला की और दूसरी कानपुर की—उन दो लड़कियों के उदाहरण दिए, जिन्हें अपने पिछले जीवन के बारे में स्पष्ट रूप से स्मरण था। अब उन दोनों लड़कियों के चार-चार माँ-बाप हैं, दो इस जन्म के और दो पिछले जन्मवाले। ऐसी चीजें घटती ही रहती हैं। इस सन्दर्भ में मेरी अपनी एक मान्यता है। इसलिए हम पुनर्जन्म में विश्वास करते हैं। चूँकि ये चीजें घटती हैं, इसलिए हम इसका किसी वैज्ञानिक साक्ष्य की तरह आदर करते हैं और स्वीकारते हैं। भूत के शरीर के क्रम में हमारा यह आज का शरीर उसकी अगली कड़ी है। एक नवजात शिशु, गर्भाधान—पिता के शुक्राणु का माता के अण्डाणु में प्रवेश करने से लेकर अजन्मे शिशु का एक अगला क्रम है। गर्भधारण हमेशा नहीं हो पाता। यहाँ एक तीसरा कारक मस्तिष्क या चेतना है, जो इसे नैरन्तर्यता देती है।

उन्होंने अपनी इस बात को समझाते हुए गर्म पानी की एक केतली की ओर इशारा किया। इसमें इसकी उष्णता आग के सम्पर्क में आने के कारण से हुई है, यदि यह शीत के सम्पर्क में आता तो जम भी सकता था। पर यहाँ जल की अविच्छिन्नता के अभाव में यह न तो उष्ण हो सकता था और न शीत ही। शरीर तथा मस्तिष्क के साथ भी ऐसा ही कुछ है। पूर्व-मानस के अभाव में वर्तमान-मानस के होने का तो सवाल ही नहीं उठता।

मैंने अपना आखिरी सवाल, जिसे पूछने के बारे में मैंने पहले से सोचा नहीं था, किया—इंसान प्रार्थना क्यों करता है ? यहाँ तक कि हत्यारे लोग भी किसी की हत्या करने के अपने उद्देश्य पर निकलने से पहले अपने कार्य में सफलता की प्रार्थना करते हैं। अधिकांश लोग-बाग धन-दौलत या फिर अच्छे स्वास्थ्य की कामना के लिए प्रार्थना करते हैं।'

'बौद्ध लोग प्रार्थना को सर्वशक्तिमान से दिशा-निर्देश के लिए उनके प्रति गुहार के रूप में लेते हैं। इसका प्रभाव परिसीमित है। दरअसल इंसान अपने कर्म का जिम्मेदार स्वयं है। यदि कोई व्यक्ति अनुचित कार्य करता है, तो भगवान बुद्ध भी उसकी मदद नहीं कर सकते। हर व्यक्ति खुद अपने-आप का मालिक होता है।'

मैं मौत और उसके बाद के जीवन के सवाल पर वापस लौट आया—'परम पूजनीय ! मैं जानता हूँ कि बौद्ध ईश्वर के अस्तित्व को एक मुक्त प्रश्न के रूप में मानते हैं। मैं उसका पक्षधर हूँ, पर पुनर्जन्म की आपकी मान्यता को मैं कतई स्वीकार नहीं कर सकता। इसके पक्ष में एक भी वैज्ञानिक साक्ष्य उपलब्ध नहीं है।'

दलाई लामा एक बार फिर, उन्हीं बच्चों की कहानी बयाँ करने लगे, जिन्हें अपने पिछले जन्म की चीजों के बारे में याद था—माँ-बाप का नाम, अपने जन्म स्थान का नाम वगैरह-वगैरह।

मैंने उन्हें टोका—'परम पूजनीय ! ये तो हिन्दू, जैन, बौद्ध या फिर सिक्ख परिवारों में पले-बढ़े उन बच्चों की अबोध कल्पनाएँ हैं, जिसे उन्होंने घर के अपने बड़े-बूढ़ों से पिछले जन्म, अगले जन्म की बातें करते सुना है। क्या आप मुझे किसी एक ऐसे मुसलमान बच्चे का उदाहरण दे सकते हैं, जिसे अपना पिछला जन्म याद हो ?'

दलाई लामा अट्टहास लगाते बोले—'वैसे तुम्हारी यह बात गौरतलब है ! पर यदि मैं पुनर्जन्म के सिद्धान्त में विश्वास न करूँ, तो मुझे अपने इस काम से हाथ धोना पड़ जाएगा।'

आचार्य रजनीश : मरने का डर

इकलौती बार, जब मैं आचार्य रजनीश से मिला था, तो मैंने उनसे मृत्यु के बारे में पूछा। हमारी इस चर्चा में कोई गम्भीर बात नहीं थी, क्योंकि वह उसी थोथे तर्क के इर्द-गिर्द घूमती रही कि मृत्यु को जानना अनिवार्य है, इससे भला हम क्योंकर डरते हैं, क्या इस भय पर विजय पाने का कोई रास्ता है ? क्या हममें से कोई भी यह जानता है कि मृत्यु के पश्चात् हमारे साथ क्या-कुछ घटता है ? वगैरह-वगैरह। आचार्य ने अब 'डेथ : द ग्रेटेस्ट फिक्शन' शीर्षक से एक सौ पृष्ठों की पुस्तिका में अपने सभी विचारों को एक जगह लाकर रखा है। एक बार तो मुझे इतने गम्भीर और उद्वेलित करनेवाले विषय पर उनके नजरिए से निराशा ही हुई, 'मृत्यु कोई कपोल-कल्पना नहीं है, यह एक गूढ़ यथार्थ है, जीवन के किसी भी चीज से कहीं ज्यादा सच्चा।'

आचार्य अपनी अप्रतिम शैली से पेचीदे-से-पेचीदे विषय को छोटी-सी घटनाओं का उदाहरण देकर उसे एकदम सरल कर देते हैं। उनका यह एक अलग तरीका जिसमें वे ईश्वर की मान्यता और दार्शनिकों के दावे की खिल्ली उड़ाते हैं, मन को एकदम हल्का-फुल्का करनेवाला है। पर इस बार उनसे सहमत नहीं हुआ जा सकता।

उन्होंने मृत्यु से हुए अपने प्रथम साक्षात्कार को लेकर प्रवचन देना आरम्भ कर दिया। वे उन दिनों केवल सात साल के थे। वे अपने बीमार दादाजी को एक बैलगाड़ी में लेकर अस्पताल ले जा रहे थे, उनके साथ बतौर संगी उनकी दादी और बैलगाडी हाँकनेवाला था। बीच रास्ते में ही दादाजी, जिनकी उम्र बमुश्किल 50 साल की थी, ने अपने प्राण छोड़ दिए। जाते-जाते जो उनके अन्तिम शब्द थे, वो ये कि 'हे मेरे ईश्वर, यह जीवन जो तुमने मुझे प्रदान किया, उसे मैं सधन्यवाद वापस तुम्हें लौटा रहा हूँ।' बैलगाड़ी में बैठे हममें से कोई नहीं रोया। जब दादी को यह बताया कि उनके बूढ़े पति की साँस रुक गई है, तो वह रजनीश को सान्त्वना देते बोली : ठीक ही है, कोई बात नहीं, वे काफी दिनों तक जिए, और की याचना उचित नहीं है..., याद रखना, ये पल भुलाने के लिए नहीं होते, कभी

भी ज्यादा की याचना मत करो, जो है, वही पर्याप्त है। उसके बाद उन्होंने एक गाना गाना शुरू कर दिया।

आचार्य हमें यकीन दिलाते हैं कि मृत्यु मनुष्य की यात्रा का अन्त नहीं है, बल्कि ईश्वर के पास पहुँचने का द्वार है। यह सत्य है कि किसी आत्मीय की मृत्यु से एक प्रकार की रिक्तता पैदा हो जाती है, पर चूँकि जीवन स्वयं ही निरर्थक है, अतः उसके लिए रोने-धोने की कोई तुक नहीं बनती। मृत्यु से किसी को भी डरने की जरूरत नहीं है, बल्कि इसे एक गहरी लम्बी बेफिक्र निद्रा के रूप में लें, जिससे जगने पर आपको सुहावनी उषा का दर्शन होगा। वे लिखते हैं कि वे लोग जो मृत्यु से डरते हैं, वे सोते हुए भी निश्चिन्त नहीं रह पाते क्योंकि सोना भी एक प्रकार की छोटी-सी मृत्यु ही है जो हमें हर रोज आती है। जो लोग मृत्यु से डरते हैं वे प्रेम से भी डरते हैं क्योंकि प्रेम, मृत्यु ही है। जो मृत्यु से डरते हैं, वे सभी प्रकार की उत्तेजनावस्थाओं के अनुभव से डरते हैं, कारण हर उत्तेजना की अवस्था में अहंकार का नाश होता है।

अब यह मेरी समझ से परे है। मैं प्रेम से भयभीत नहीं हूँ। मैं उत्तेजनावस्था को शारीरिक आनन्द का चरम रूप मानता हूँ, पर बावजूद इसके मैं मृत्यु से डरता हूँ।

आचार्य अपनी बात के समर्थन में और तर्क देने लगे, जिससे मैं अचम्भित-सा रह गया। उन्होंने बल देते हुए कहा कि मृत्यु को प्राप्त हो रहा एक इंसान अपने पीछे के सम्पूर्ण जीवन को देख रहा होता है। 'इसलिए मृत्यु के क्षण में जो कुछ आप करते हैं, वही इस बात का निर्धारण करता है कि आपका अगला जन्म कैसा होगा'—उन्होंने कहा।

मैं आचार्य रजनीश की इस बात का पक्षधर हूँ कि जीवन का यथासम्भव भरपूर आनन्द उठाया जाना चाहिए। (हालाँकि यह रजनीश के अपने पहले के वक्तव्य कि 'जीवन निरर्थक है' को ही काटता प्रतीत होता है) पर मैं यह नहीं समझ पाता हूँ कि उनका वस्तुतः इससे क्या आशय है, जब वे यह कहते हैं कि 'मेरे धर्म में मृत्यु को उत्सव के रूप में मनाया जाता है, क्योंकि यहाँ मृत्यु की बात है ही नहीं। यह तो मात्र दूसरे जीवन में प्रवेश है।' वे हिब्रू परिवार के धर्मों (यहूदियत, ईसाईयत और इस्लाम) में यह त्रुटि मानते हैं कि वे मात्र एक जन्मवाद को स्वीकारते हैं। उनके अनुसार, यही वजह है कि इन धर्मों को माननेवाले पाश्चात्य लोगों में हमेशा चीजों को पूरा करने की जल्दी रहती है। वे लोग कभी अध्यात्म की संकल्पना को समझ नहीं पाए हैं। वहीं पुनर्जन्म में विश्वास करनेवाले भारतीय लोगों को समय की कमी का अहसास नहीं होता, सो वे असफल परन्तु आध्यात्मिक होते हैं।

आचार्य रजनीश का कहना है कि धर्म की मान्यता मृत्यु की वजह से ही है। यदि मृत्यु नहीं होती तो शायद ही कोई धर्म की परवाह भी करता। यहाँ वे अपनी बात पर ठीक हैं। पर तब धर्म यहाँ क्यों है ? ऐसी सभी अवास्तविक बातें हिन्दुस्तान में कुछ ज्यादा ही दिखाई पड़ती हैं, जहाँ कि दूसरे अन्य देशों के मुकाबले पुनर्जन्म में विश्वास करनेवाले लोगों की संख्या कहीं ज्यादा है। जब वे यह कहते हैं कि मृत्यु एक सुन्दर-सी निद्रा है, स्वप्नरहित निद्रा है, निद्रा जोकि आपके लिए दूसरे शरीर में निःशब्द, शान्तिपूर्ण तरीके से प्रवेश करने के लिए आवश्यक है, उनके पीछे आखिर क्या प्रमाण है। वे अपनी बात के समर्थन में पुनः कहते हैं कि 'जिनकी मृत्यु अचेतनावस्था में होती है, उनका जन्म किसी अन्य ग्रह पर, अन्य कोख में होगा।'

आचार्य के लिए यह उचित नहीं होगा कि वे हमसे अपनी बात को ग्रहण करवाने या फिर आत्मा के देहान्तरण के सिद्धान्त को मानने के लिए कहें। यह मेरा अनुभव है...जब मैं यह कहता हूँ कि आत्मा एक शरीर से दूसरे शरीर को धारण करती है, तो मेरे लिए यह एक अनुभव है। मुझे अपने अतीत का स्मरण है। मेरा कायान्तरण हुआ है, मेरे लिए इस पर सन्देह करने जैसी कोई बात नहीं है। पर मैं आपको आखिर यह नहीं कह सकता कि इसे आप भी स्वीकारें। वे, डेजावू (पूर्व दृष्ट) की चर्चा करते हैं–किसी एक नई जगह पर जाने पर कतिपय लोगों का अनुभव। जो यह महसूस करते हैं कि वे इससे पहले भी यहाँ कभी आए हैं, क्योंकि वस्तुतः वे पूर्व के जीवन में ऐसा कर चुके हैं। कोई नास्तिक या बौद्धिक व्यक्ति शायद ही कभी इस दलील को माने।

मैं आचार्य रजनीश के जीवन के प्रति उनके सामान्य दृष्टिकोण से सहमत हूँ। वे कहते हैं कि मेरे दर्शन के 'तीन एल' हैं–जीवन (life), प्रेम (love) और ठहाके (lughter)। जीवन बीज मात्र है, प्रेम पुष्प है और ठहाके उसकी सुगन्ध। मात्र जन्म ले लेना पर्याप्त नहीं है, व्यक्ति को जीने की कला सीखनी चाहिए, यह चिन्तन का 'क' है। फिर व्यक्ति को प्रेम करने की कला आनी चाहिए, यह चिन्तन का 'ख' है। और तब फिर वह ठहाके लगाने की कला सीखें, यह चिन्तन का 'ग' है। इस प्रकार चिन्तन के क, ख, ग, ये तीन अक्षर हैं।

मृत्यु के बारे में आचार्य के विचार को स्वीकारना ज़रा मुश्किल है। खुद को भगवान कहलाए जाने की इजाजत दे देने से वैसे भी उन्होंने 'मैं नहीं जानता' यह कहने का अधिकार खो दिया है। मृत्यु के बाद हमारे साथ क्या घटता है, यह हममें से कोई नहीं, यहाँ तक कि भगवान रजनीश भी नहीं जानते। और जब तक हम यह नहीं जानते हम यूँ ही इससे भयभीत होते रहेंगे।

क्या आपने कभी मृत्यु के बारे में सोचा है ?

आयकर विभाग के सेवानिवृत्त आयुक्त एस. पराशर, जो कि कसौली बचाओ समिति की प्रेरक शक्ति थे, को एक परेशान करनेवाली आदत यह थी कि वे मेरी ओर ऐसा प्रश्न उछाल देते, जिसका मुझे उत्तर पता नहीं होता। यह दूसरी बार था जबकि वे मुझसे पूछ बैठे थे कि 'क्या कभी आपने मृत्यु के बारे में सोचा है ?'

''यकीनन हाँ''—मैंने जवाब दिया। 'मैं हमेशा उसके बारे में सोचता रहता हूँ। जितना सम्भव हो सका, उसके बारे में मैंने पढ़ा भी है। पर मुझे उसका जवाब नहीं मिल पाया।' मैं उन्हें अपनी चन्द पसन्दीदा पंक्तियाँ सुनाने लगा—

दरवाजे तो दिखते थे पर चाबी थी नदारद,
पर्दे थे उधर, वजह उससे आगे देख नहीं पाता था;
उसकी मेरी चर्चा खूब हुआ करती थी
आगे न तो वह था और मैं ही भला कहाँ ?

'उमर खैय्याम !' वे चहकते बोले। पर यकीनन आपके यह मानने से कि मैं इस पर कुछ नहीं जानता, उससे आगे काफी-कुछ है। शरीर के जाते ही इसके साथ शायद मन-मस्तिष्क भी चला जाता है। बस आपकी स्मृति कुछ लोगों के दिमाग में रहती है, जब तक कि वे जिन्दा हैं। उसके बाद वह भी चली जाती है। आप अपने नाम पर एक परोपकारी ट्रस्ट पीछे छोड़ जा सकते हैं, आप किताबें लिख सकते हैं, जो आपके बाद पढ़ी जा सकें। मेरे कहने का यह मतलब नहीं है। 'चैतन्य' के बारे में आपका क्या खयाल है ?

'किसका चैतन्य ?'—मैंने पूछा। यह आखिर कहाँ ठहरता है ? 'चैतन्य की सामान्य धारणा' की अपेक्षा इसे थोड़ा और अधिक मूर्त होना पड़ा।

वे इसे विस्तार से समझाने लगे। उनमें ज्यादातर बातें मेरी समझ से परे थीं। मैंने उन्हें वापस धरातल पर लाने की कोशिश की। 'अधिकांश चिन्तक' शब्दों के साथ खेलते हैं, उनमें कुछ मृत्यु को जीवन का एक अभिन्न अंग मानते हैं। मैं इससे भली-भाँति सहमत हूँ। कुछ लोग जीवन की तुलना ट्रेन के किसी यात्रा से

करते हैं, कोई किसी एक स्टेशन पर उतर जाता है, तो कोई थोड़ी दूर और आगे की यात्रा कर लेता है। भोलानाथ जी अपनी पुस्तक 'सिक्रेट्स ऑफ डेथ' में लिखते हैं कि, 'ईश्वर के अस्तित्व को भले कोई नकार दे, पर उसके लिए मृत्यु को नकारना कतई सम्भव नहीं होगा।' जीवन वह है जो चलता रहे और मृत्यु वह है जो आए ही आए। जब हम गुजर जाते हैं तो क्या हममें से किसी का कुछ शेष रह जाता है ?

अधिकांश लोग, जिन्होंने इस विषय पर लिखा है, मृत्यु की अपेक्षा मरने के स्वाभाविक भय के इर्द-गिर्द घूमते रहे हैं। वे इस बात का झूठा यकीन दिलाते रहते हैं कि मृत्यु से डरने की कोई जरूरत नहीं है। जॉन डान्ने (1573-1631) इसे मात्र 'विश्राम और निद्रा की एक अवस्था के रूप में वर्णित करते हैं,' 'मृत्यु अहंकारी मत बनो, यद्यपि कुछ लोगों ने तुम्हें शक्तिशाली और दुर्दांतक कहा है, पर तुम ऐसी चीज नहीं हो, जिसके बारे में तुम सोचते हो उन्हें समाप्त कर देते हो, मरना नहीं तुम अभागे मृत्यु जब तक कि तुम मुझे मार नहीं देते।' डान्ने के अनुसार 'मृत्यु पूर्व की एक छोटी-सी निद्रा है, हम सनातन रूप से जगते हैं। और फिर मृत्यु रह नहीं पाती है—मृत्यु तुम मरोगी।' ये उसी प्रकार के हिम्मत बँधानेवाले शब्द हैं, जब कोई व्यक्ति भूतों के डर से अँधेरे में जोर-जोर से चिल्ला रहा होता है। जॉन कीट्स (1795-1821) जिनकी मृत्यु 24 साल की छोटी अवस्था में ही हो गई थी और जिन्हें इस बात का भी कोई भ्रम नहीं था कि उनकी मृत्यु के पश्चात् कुछ जीवित भी बच जाएगा। वे इस बात को बखूबी जानते थे कि उन्हें काफी-कुछ अंशदान करना है, पर साथ ही महसूस किया कि वे तो केवल 'वक्त की पैदाइश भर हैं,' उसके बाद प्रेम और प्रसिद्धि नगण्यता में तब्दील हो जाएगी। 'नगण्यता; मूल शब्द है'—मैंने पराशर से कहा। मृत्यु हमारे शरीर, मस्तिष्क को नष्ट कर देती है, शरीर या मस्तिष्क ने जो कुछ हमारे जीवन में अर्जित किया उस हर-एक चीज को वह मिटा डालती है। पराशर मेरे जवाब से सन्तुष्ट नहीं थे। पर उनके पास भी यह अटकल लगाने के सिवाय कि चैतन्य शेष रह जाता है, और कोई जवाब नहीं था। कहाँ ? हवा में या फिर शून्य अन्तरिक्ष में ? वे मेरा हौसला अफजाई करते कहने लगे कि मुझे इस विषय पर और गहराई से सोचना चाहिए। यह बखूबी जानते हुए भी कि यह मुझे किसी निष्कर्ष की ओर नहीं ले जाएगा, मैंने उनसे ऐसा करने का वादा किया।

तैयार रहें

यदि उन व्यक्तियों को छोड़ दिया जाए, जो खुद अपने हाथों अपनी जान ले लेते हैं या फिर जिन्हें किसी अदालत से फाँसी की सजा दी गई होती है, के अलावा बिरले ही लोग ऐसे हैं, जिनकी कि मौत के साथ मुलाकात की कोई तारीख मुक़र्रर हो। बूढ़े और बीमार लोग भले यह महसूस करें कि उनका समय नजदीक आता जा रहा है, पर कोई भी यह सही-सही नहीं जानता कि वह कब और किस दिन है ? हममें से अधिकांश लोग मृत्यु के एकदम समीप पहुँचने का सहसा तब अनुभव करते हैं, जबकि किसी बस, ट्रेन या हवाई जहाज में सफर करते हुए अचानक वह दुर्घटनाग्रस्त हो जाता है। मैं अपने ऐसे कुछ अनुभवों, जैसे कि जिस विशाल वृक्ष के नीचे मेरी कार खड़ी थी, अचानक आँधी-तूफान की वजह से वृक्ष की टहनी का वहाँ गिर पड़ना और उससे चन्द पल पहले ही मेरा कार लेकर वहाँ से निकल जाना, के बारे में लिखा है। मैं उन खालिस्तानी आतंकवादियों की भी फेहरिस्त में था, जिन्हें मैं बिलकुल नहीं जानता था, ऐसे ही किसी एक आतंकवादी ने मेरे घर के अन्दर झाँककर देखा और कसौली तक मेरा पीछा करता रहा, जहाँ उसने यह भाँप लिया कि पुलिस मेरे साथ किसी परछाईं की तरह लगी हुई है। उसके दिल्ली वापस लौटते ही वह धर लिया गया और बाद में अपनी कभी पहले की की गई हत्या के अपराध में पुणे की जेल में उसे फाँसी पर लटका दिया गया।

हम हमेशा अपने दिमाग में यह जरूर रखें कि मृत्यु तो अवश्यम्भावी है। मोमेंटो मोरी—स्मरण रहे, हमें जरूर मरना है। बिना इस पर कोई गहरा-गम्भीर सोच-विचार किए, हमें इसके लिए तैयार रहना चाहिए। शायर असदुल्लाह खान ग़ालिब ने बड़ी खूबसूरती से इसे कुछ यूँ कहा है !

रौ मे है रख्स-ए उमर कहाँ देखे थामे ?
नई हाथ बाग पर है नह पे है रकाब में

(उम्र सरपट भागती जा रही है/कौन जाने कहाँ जाकर रुके ये ?/न तो हमारे हाथों में कोई लगाम है/न ही है पैरों में कोई रकाब ही।) पिछले से पिछले

साल, कसौली में मुझे ऐसे ही एक मृत्यु की आसन्नता का अनुभव हुआ था। मैं 88 वर्ष का था और उम्र के लिहाज से अच्छी हालत में था। मैं उम्र-जनित रोगों; रक्तचाप का बढ़ना-घटना, अंड-कोष का बढ़ना, जिगर का ठीक से काम न करना आदि जैसी कई प्रकार की चीजों से निज़ात पाने के लिए सुबह-शाम लगातार नाना प्रकार की गोलियों का सेवन करता था। मानसून का समय अब खत्म होने ही वाला था और हवा में काफी नमी थी। मैं इस बात से बेखबर था कि मेरे दवाइयों के जखीरे में फफूँदी लग गई है और अब वे बेअसर हो गई हैं।

एक दिन अपराह्न जब मैं सोकर उठा और अपना शाल, रफ करने के लिए नोट-पैड को उठाकर बारामदे, जो कि बगीचे में जाकर खुलता था और जहाँ अमूमन सूरज के डूबने तक मैं बैठा रहता था, की ओर बढ़ा कि तभी यकायक मुझे लगा कि छत मेरे ऊपर गिर पड़ी है और खाने में रखी किताबें भड़भड़ाकर मुझ पर आ गिरी हैं। ज़मीन पर सिर और नाक टकराते हुए मैं औंधे मुँह गिरा। पल भर के लिए तो मैं ज़मीन पर यूँ ही छितराया पड़ा रहा। उस समय मेरे आस-पास कोई नहीं था, जिसे कि मैं मदद के लिए पुकारूँ। मैं उठ नहीं सका था। मैं ज़मीन पर किसी केंकड़े की तरह दीवार की अलमारी या फिर किसी फर्नीचर का सहारा लेने के लिए सरकने लगा, ताकि उठ सकूँ। मैंने तो सोचा कि मेरा अन्त आ गया है। फिर मुझे अपने अधूरे कामों का स्मरण हो आया, जिसे कि मुझे पूरा करना था। अखबारों के सम्पादक और प्रकाशक इससे मायूस हो उठेंगे, जिनके लिए मैं 60 सालों से बिना चूके, निर्धारित समय-सीमा के भीतर अपना कार्य पूरा करके सौंपता था। मैंने अपने लिए तनिक और वक्त की मोहलत पाने की प्रार्थना नहीं की। मुझे अल्लामा इक़बाल की वे उत्प्रेरक पंक्तियाँ याद आ गईं—

बाग-ए-बहिश्त से मुझे हुक्म-ए-सफर दिया था क्यों ?
कार-ए-जहाँ दराज़ है, अब मेरा इन्तजार कर।

(मुझे इस जन्नत के बगीचे से निकलने का हुक्म क्यों दिया। मुझे अपने बचे ढेरों अधूरे काम पूरे करने हैं, अब बेहतर है कि तुम मेरा इन्तजार करो।)

मैंने उन घने बादलों में बैठे उस बड़े मियाँ से कहा कि इस समय उनके पास आने की फुर्सत नहीं है, और यह अब उन पर है कि वे मेरे आने का इन्तजार करें।

मैंने जैसे-तैसे अपने पलंग की एक टाँग पकड़ी और फिर उसी के सहारे उठ खड़ा हो गया। डॉ. कुट्टी को मैंने यह जानने के लिए बुलवाया कि आखिर बात क्या थी, जो ऐसा हुआ। उन्होंने मेरे रक्तचाप की जाँच की—वह चिन्ताजनक

रूप से काफी कम था। जिन गोलियों को मैं खाता था, उन्होंने उनकी जाँच की और उन्हें अनुपयोगी घोषित कर दिया। उन्होंने मुझे नमक और चीनी का घोल पिलाया, मैं अपनी कहानी कहने के लिए जिन्दा हूँ।

हममें से हर किसी को अपने अवश्यम्भावी अन्त के लिए तैयार रहना चाहिए। चाहे यह जिस किसी के लिए उपयोगी हो, मैं कुछ व्यावहारिक सुझाव दे रहा हूँ। यह किसी व्यक्ति के लिए खुद या फिर दुनिया के साथ शान्तिपूर्वक तरीके से रहने में सहायक सिद्ध होगा। यदि आप जमीन-जायदाद वाले व्यक्ति हैं, तो जब आपकी दिमागी हालत और शरीर दोनों ही स्वस्थ हों तो अपनी वसीयत बनाना न भूलें। यदि आप नौकरी पेशा हैं तो यह सेवानिवृत्ति के बाद करना सबसे बेहतर होगा। अपनी वसीयत को उन लोगों को दिखा दें, जिन्हें कि उससे लाभ प्राप्त होनेवाला है, और खुद के जीवित रहते ही उनकी रजामन्दी ले लें ताकि आपके जाने के बाद वे आपस में किसी प्रकार का कोई झगड़ा-फसाद न करें। यदि आप अपने नौकरों, कर्मचारियों या दोस्तों या फिर दान के लिए अपना पैसा रख छोड़ना चाहते हैं तो बेहतर है कि लाभ पानेवाले लोगों के ऊपर यह दायित्व सौंपने की बजाय, कि वे आपकी वचनबद्धता का आगे पालन करेंगे, सब अपनी जीता-जिन्दगी ही निपटा लें। नहीं तो अधिक सम्भावना है कि वे इसकी उपेक्षा ही करें।

धन-दौलत से स्वयं को मुक्त करना शुरू कर दें। बैंक में अपनी जमा-पूँजी उतनी ही रखें जिससे कि आपका मासिक खर्च निबट जाए और कुछ अलग से अपने आकस्मिक खर्चों, जैसे कि डॉक्टर की फीस, दवाई, अस्पताल का खर्च, यदि आपको कभी अस्पताल में भर्ती होना पड़ जाए, के लिए जोड़कर रखें। अपनी अन्त्येष्टि क्रिया के खर्चे को न भूलें। अपने सभी कर्जे उतार दें, जब आपकी मृत्यु हो तो किसी के भी प्रति आपकी किसी प्रकार की कोई देनदारी न हो। आपकी वित्तीय स्लेट जहाँ तक सम्भव हो, साफ-स्वच्छ हो, थोड़ा-बहुत जमा और कहीं कोई उधार नहीं।

यह बात आपकी निजी स्वामित्व की चीजों जैसे घड़ी, कलम, रेडियो, टी. वी., अतिरिक्त सूट, टाई, पगड़ी, कमीज आदि पर भी लागू होती है। अपने पास उन्हीं चीजों को रखें, जिनकी आपको भावी कार्यों के लिए आवश्यकता पड़े, हरदम यह ध्यान रखें कि आपके साथ कुछ नहीं जाएगा।

अपने सामाजिक जीवन को बेहद न्यूनतम स्तर पर ले आएँ। पार्टियों में आना-जाना उन युवाओं के लिए है, जिनके पास खाने-पीने और तुच्छ बातों में लिप्त रहकर बर्बाद करने के लिए पर्याप्त समय है। अब आपके पास यूँ व्यर्थ

गँवाने के लिए ज्यादा समय नहीं है। यथासम्भव कोशिश करें कि सर्जनात्मक उपभोगों के संग अपने घर में ही संन्यास ले लें। वही भोजन करें जो सुपाच्य-पौष्टिक हो और अच्छी मदिरा-स्कॉच का सेवन करें। साथ ही साथ जिनसे आप प्यार करते हैं, उनसे तनिक दूरी बनाकर रखें और उनकी भावनाओं को बिना ठेस पहुँचाए उनकी कद्र करें। याद रहे कि उस अपरिचित जगत के लिए अन्तिम यात्रा करते समय आपके साथ कोई और नहीं होगा।

अपने में एकांगिता की प्रवृत्ति जगाएँ। एकांगिता वरदान स्वरूप है। यदि आपको बागवानी, बोनसाई उगाने, किताबें पढ़ने, पक्षियों-वृक्षों को निहारने और बदलते मौसमों से आनन्दित होने का शौक है, तो आपको सहज ही लगेगा कि बिना कोई अकेलापन महसूस किए आप बखूबी अकेला रह सकते हैं।

खासकर, जब जाने का वक्त आ जाए तो बिना किसी प्रकार के कोई पश्चाताप या किसी के प्रति गिले-शिकवे के, किसी एक मर्द की तरह जाएँ। अल्लामा इक़बाल ने बड़ी खूबसूरती से इसे फारसी की अपनी शायरी में कुछ यूँ बयाँ किया है—

निशान-ए-मर्द-ए मोमिन बा तू गोयम
चून मर्ग आयद तबस्सुम बर लब-ए-ओश्त

(आप मुझसे किसी आस्तिक की पहचान पूछें—जब उसे मौत आती है, तो उसके होंठों पर मुस्कान रहती है।)

उग्रवादियों की फेहरिस्त में

पिछले सप्ताह, एक दिन डाक से मुझे एक छपा हुआ पर्चा प्राप्त हुआ, जिसमें यह लिखा था कि उसके सभी पानेवाले और उनके परिवार के सभी सदस्यों को एक-एक कर दस दिनों के अन्दर-अन्दर खत्म कर दिया जाएगा, क्योंकि हम लोग खालिस्तान के घोषित दुश्मन हैं। पिछले चार सालों में मुझे इसी तरह से अनेकों धमकियों भरे ख़त और फोन मिलते रहे हैं। पहली बार यह छपा हुआ था और इसमें मेरे वजूद को मिटा डालने के लिए समय-सीमा भी दी गई थी, इससे पहलेवालों में प्रायः गालियाँ भरी रहती थीं और मुझे चेतावनी दी गई होती थी कि मैं अपनी अन्तिम यात्रा के लिए बोरिया-बिस्तर बाँध लूँ—बोरी-बिस्तरा गोल कर ले और तेने सोध दिएँगे—(अपने सामान बाँध लो, हम तुम्हें सही रास्ता दिखाएँगे)।

इस पर बिना अपनी नींद उड़ाए, मैं इन चीजों के साथ जीना सीख गया था। अपनी उम्र के इस पड़ाव पर मैं किसी अस्पताल के बिस्तर पर पड़े रहकर अपने नीचे पेशाब-पाखाना पात्र लगाकर रखने से बेइज्जत होने के बजाय शीघ्र विदा होना चाहूँगा—और लगे हाथ शहादत की चमक-दमक भी बटोर लूँगा।

मैं इसमें अपनी कोई बहादुरी के कारनामे नहीं दिखा रहा। एक सिक्ख होने के बावजूद मैं जरा डरपोक किस्म का आदमी हूँ। मैं जानता हूँ कि बुलेट उस व्यक्ति का आखिरी तर्क होता है, जिसे यह महसूस हो जाता है कि वह वैचारिक बहस में हार गया है, और यही मेरे भावी हत्यारे लोग कर रहे हैं। मैं उन्हें यह यकीन दिलाता हूँ कि वे जिस किसी भी प्रकार के भ्रम के तहत यह जी-तोड़ प्रयास कर रहे हैं और यदि यह सोचते हैं कि उनकी धमकियों से मैं खालसा-पंथ के हाराकिरि-खालिस्तान के खिलाफ लिखने से रुक जाऊँगा, तो वे अफसोसनाक तरीके से गलत सोच रहे हैं। यदि जरूरत पड़ी, तो मैं यह साबित कर दूँगा कि कलम अभी भी तलवार, कलाशनिकोव या फिर भरी हुई किसी राइफल से कहीं ज्यादा ताकतवर है।

हालाँकि इस छपे पर्चे के कुछ पहलू से मैं खिन्न-सा हो उठा था। उन्होंने

मेरे लिए ही तो मात्र एक पर्चा छपवाया नहीं होगा, सैकड़ों, शायद हजारों लोगों को यह पर्चा मिला होगा। मरनेवालों की इस फेहरिस्त में मेरा नाम काफी नीचे होगा; वे मेरे पास तो तभी आएँगे, जब उन्हें मुझसे कोई ज्यादा महत्त्वपूर्ण व्यक्ति नहीं मिल पाएगा। इस बात से मुझे अपने स्वाभिमान को चोट लगती-सी दिखी। यदि मैं उन लोगों की फेहरिस्त में हूँ, तो मुझे इसमें अपना नाम सबसे ऊपर चाहिए। कदाचित मेरी इहलीला के वे भावी समापक मुझे यह आखिरी सम्मान जरूर देंगे।

बुढ़ापा : मृत्यु की आसन्नता

मेरी डाक में काफी मात्रा में ऐसे सज्जनों के पत्र होते हैं, जो कि स्वयं को वरिष्ठ नागरिक और पेंशनधारक कहते हैं। उन सबके सामान्य सुर यही होते हैं कि अपने देश में, ऐसे वृद्ध लोग जो कि स्वयं की रक्षा करने में असमर्थ हैं, उनके लिए कुछ भी नहीं किया जा रहा है। उनमें से अधिकांश 60 और 70 की उम्र से ऊपरवाले पुरुष वर्ग से हुआ करते हैं, कुछेक की उम्र 80 से ऊपर भी होती है। मैं उनके पत्रों के जवाब बिना, किसी प्रकार की कोई सहानुभूति जताए देता हूँ। यदि मैं उनसे ज्यादा उम्रदराज नहीं हूँ तो उनके आस-पास का तो हूँ ही। सत्तर की उमर पार करने के बाद भी मैं अपनी उम्र के चालीस के दशक से कहीं ज्यादा कड़ी मेहनत करता हूँ। और कमाता भी पहले से कहीं ज्यादा हूँ। मैं अपना समय पूजा-पाठ, मन्दिर-गुरुद्वारे जाने, नाती-पोतों की देखभाल में या फिर हाथ में छड़ी लेकर पार्क में हवा खाने में कतई नहीं गँवाता। मैं मानता हूँ कि वृद्ध व्यक्ति (मैं इसकी न्यूनतम आयु 80 मानता हूँ), जिनकी कोई देखभाल करनेवाला नहीं है, या जो बीमार हैं या फिर जिन्हें बुढ़ापे ने घेर रखा है, को वृद्धाश्रमों में जगह मिलनी चाहिए। पर और दूसरे लोग टी.वी. देखने या फिर अपने बीते दिनों की कहानी दोस्तों को सुना-सुनाकर उन्हें उबा देने के अलावा यूँ ही खाली बैठे रहने से अलग कोई और काम नहीं करते। यह शायद ही माफ किए जाने के काबिल है। बेहतर है कि इस तरह की पराजयवादिता शायरों पर ही छोड़ दी जाए !

न पूछ कौन है, क्यों राह में लाचार बैठे हैं
मुसाफिर हैं, सफर करने की तमन्ना हार बैठे हैं।

(मत पूछ मुझसे, मैं कौन हूँ, और क्यों बैठा हूँ/यूँ असहाय सड़क के किनारे/मैं वह मुसाफिर, जिसने खो दी है/अपने लक्ष्य को पाने की चाहत।)

अपनी जवानी के दिनों के किस्से दुहराने की कोशिश न करें, न तो आप उन्हें एकदम हू-ब-हू सुना सकते हैं और न ही उन दिनों की तरह करके दिखा ही सकते हैं। यह खुद को हरानेवाला और हतोत्साहित करनेवाला साबित हो सकता है—

जवानी जाती रही, और हमें
पता न चला
इसी को ढूँढ़ रहे हैं, कमर
झुकाए हुए।

(जवानी बीत गई और मैं इसे जान न पाया कभी/ढूँढ़ रहा मैं अपनी उसी कमर से/जो दुगुनी उम्रदार हो चली।)

'हिन्दुस्तान टाइम्स' के सम्पादक के रूप में वह मेरा तीसरा वर्ष था, जब मेरे अनुबन्ध का पुनर्नवीनीकरण होना था, तो मेरे अन्नदाता के.के. बिड़ला ने मुझसे पूछा था—"सरदार साहब, आपका रिटायर होने का विचार नहीं ?" तब मैं 69 का था। मैंने जवाब में कहा था—"बिड़ला जी, रिटायर तो मैं निगमबोध घाट (श्मशान घाट) में ही होऊँगा।"

वैसे दरअसल, मैं स्वयं को दफनाए जाने के विचार में हूँ ताकि मेरे गुजर जाने के बाद मेरी सड़ी हुई अँतड़ियाँ मेरी मातृभूमि की मिट्टी को और अधिक उर्वर बना दें।

घर में रहनेवाले मेहमान के रूप में मृत्यु

'नौ वर्षों तक मृत्यु मेरे साथ रही'—चेहरे पर एक अतृप्त-सी मुस्कान लाकर उन्होंने कहा था। वे भारत के पूर्व प्रधानमन्त्री विश्वनाथ प्रताप सिंह थे। मैं उनके साथ अपने पिछवाड़े के बगीचे में सुनहरी फैली धूप, पतझड़ के मौसम की हवा, जिसमें अंगूरों के पकने से एक खास प्रकार की महक थी, और बसन्त की आहटवाले उस माहौल में बैठा था। सामने बिल्ली के तीन बच्चे एक-दूसरे की पूँछ पर झपट्टा मारते हुए खेल रहे थे। ईश्वर स्वर्ग में विराजमान थे और यहाँ धरती पर सब कुछ ठीक-ठाक चल रहा था।

"क्या आप ईश्वर को मानते हैं"—मैंने उनसे पूछा।

"बिलकुल नहीं" उन्होंने स्पष्ट शब्दों में जवाब दिया।

इस प्रजातान्त्रिक समाज में किसी को सर्वशक्तिमान मानने की संकल्पना मुझे कदापि स्वीकार्य नहीं है। कोई भी किसी दूसरे से ज्यादा ताकतवर नहीं है, सभी बराबर हैं।

वी.पी. सिंह को पिछले नौ वर्षों से खून का कैंसर और अस्थि मज्जा कैंसर है, उनकी किडनियाँ बेकार हो गई हैं। उन्हें हर सात दिन पर बाहर से खून चढ़ाया जाता है। उन्होंने मुझे एक कविता सुनाई—

हर हफ्ते मैं उससे (मौत से) कहता हूँ,
यह समय तुम्हारा है, तुम मुझे हर लो
वह कहती है नहीं, अभी नहीं।

मैंने उनकी इस कविता के बदले में अल्लामा इक़बाल की अपनी पसन्दीदा शायरी सुनाई—

बाग-ए-बहिश्त से मुझे हुक्म-ए-सफर दिया था क्यों ?
कार-ए-जहाँ दराज़ है, अब मेरा इन्तजार कर।

(मुझे जन्नत के बगीचे से निकलने का हुक्म भला क्योंकर दिया ? मेरे अभी ढेरों काम अधूरे पड़े हैं, बेहतर है, अब मेरा इन्तजार करो।)

वी.पी. सिंह वाह-वाह कह उठे।

मैंने अपनी बात जारी रखते हुए कहा—जब भी कभी मुझे लगता है कि मेरा अन्त निकट आ गया है, तो उन घने बादलों में बैठे बड़े मियाँ से कहता हूँ कि मियाँ साहिब मैं आपके पास तभी आ पाऊँगा जबकि मुझे फुर्सत मिलेगी।

सिंह ने स्वीकारने के लहजे में अपना सिर हिलाया।

"क्या आप पूजा-पाठ करते हैं ?" मैंने उनसे पूछा।

नहीं, कभी नहीं, उन्होंने जोर देकर कहा, पर फिर अपने को सुधारते हुए बोले—मैंने ऐसा एक बार तब किया था, जबकि मेरी माँ मृत्युशय्या पर लेटी थी। मैंने ईश्वर से उसे बख़्श देने की प्रार्थना की। उसकी हालत सुधर गई और फिर वह दो साल तक और जीवित रही। पर मैंने अपने लिए कभी कुछ नहीं माँगा। मुझे यह बात किसी सौदेबाजी जैसी लगती है कि मैं आपकी स्तुति करूँगा, यदि आप मुझे धन-दौलत, सफलता और अच्छा स्वास्थ्य प्रदान करें।

तभी मेरी नजर उनकी सोने की उँगूठी, जिसमें वैदूर्य पत्थर जड़ा था, पर पड़ी। आप यह सौभाग्यशाली आभूषण क्यों पहनते हैं ? मैंने पूछा। उन्होंने उसे उतार लिया और बोले—"यह मेरे बेटे ने मुझे दी थी। मैं इसे तब पहनता हूँ जब वह मेरे पास होता है। उन्होंने अपनी कमीज के नीचे से खींचते हुए एक माला निकाली। वह सोने के छल्ले में पिरोई रूद्राक्ष की माला थी। मैं इसे इसलिए पहनता हूँ कि अजीत ने इसे दुरात्माओं को भगाने के लिए ख़ास मेरे लिए बनवाई थी।" उनके बगल में बैठी अजीत कौर के चेहरे पर खुशियों से भरी एक मुस्कुराहट बिखरती चली गई। मृत्यु के सन्दर्भ में हमारी चर्चा यहीं खत्म हो गई थी।

मृत्यु का अनुभव

ऐसे व्यक्तियों के अनुभवों पर काफी मात्रा में साहित्य उपलब्ध है, जो चिकित्सकीय दृष्टि से मृत घोषित कर दिए गए थे अर्थात् उनके हृदय की धड़कन बन्द हो गई थी पर कुछ मिनटों पश्चात् ही फिर वापस आ गई। उनमें ज्यादातर का कहना है कि उन्हें अपने ऊपर लोटते हुए सम्बन्धियों के रोने-धोने की आवाज सुनाई पड़ रही थी और साथ ही था देदीप्यमान प्रकाश और मृदु संगीत। नास्तिक इन अनुभवों को, ईश्वर की सत्ता, स्वर्ग, नर्क और जीवन के बाद की अवस्था में विश्वास करनेवाले लोगों में एकसमान रूप से पाए जानेवाले, 'पूर्व-परिस्थितिगत शेषांशों के रूप में, एक सिरे से खारिज कर देते हैं। इनमें से कोई भी मान्यता प्रो. ए.जे. अय्यर, जो पहले तो मृत घोषित कर दिए गए पर चार मिनट के बाद ही उनका हृदय फिर से धड़कने लगा, पर लागू नहीं होती। अपने मरणोत्तर अनुभवों पर उनके लेखों की एक शृंखला प्रकाशित हुई है।

सबसे पहले, मैं आपका परिचय अय्यर साहब से करा दूँ, जिन्होंने आज से लगभग 30 साल पहले रात्रि भोजन पर मेरे यहाँ पधारकर मुझे सम्मानित किया था। सर अल्फ्रेड जूलियस अय्यर (जन्म 1910) की शिक्षा-दीक्षा 'एटन' और क्राइस्ट चर्च कॉलेज, ऑक्सफोर्ड में हुई थी। वे तर्कशास्त्र के प्रोफेसर बने और विभिन्न प्रतिष्ठित विश्वविद्यालयों, जिनमें कि उनकी मातृ-संस्था भी शामिल है, में घूम-घूमकर पढ़ाया। सन् 1936 में, तार्किक प्रत्यक्षवाद के भाष्य के रूप में 'लेंग्वेज, ट्रूथ एंड लॉजिक' के प्रकाशन से उन्होंने अपना खूब नाम कराया। उनकी अन्य रचनाओं में 'द फाउंडेशन ऑफ एम्पिरिकल नॉलेज (1940)' तथा 'द प्राब्लम ऑफ नॉलेज (1956)', शामिल हैं। अय्यर इंग्लैंड के अग्रगण्य स्वतन्त्र चिन्तक और एक सन्देहवादी के रूप में जाने जाते हैं।

दो महीने पहले जब उनकी मृत्यु हुई तो चार मिनट बाद ही वे फिर से जी उठे। उन्होंने अपने इस अनुभव को 'द अनडिस्कवर्ड कंट्री' शीर्षक से एक लेख में व्यक्त किया। उन्होंने उसमें यह स्वीकारा कि "मेरे हाल के अनुभव ने मेरे इस दृढ़ विश्वास को जरा कमजोर किया है कि मेरी वास्तविक मृत्यु ही मेरा अन्त है।"

बाद के अपने एक लेख में उन्होंने मृत्यु के पूर्णविराम सिद्धान्त में कहा कि यह मेरी मान्यता ने नहीं बल्कि मेरे अनुभवों ने कमजोर किया है और वह उस मान्यता के प्रति मेरा दृढ़ नजरिया है कि मृत्यु के पश्चात् कोई जीवन नहीं है।

क्या अय्यर वाकई मर गए थे और दूसरी ओर पहुँच गए थे ? उनका इलाज कर रहे डॉक्टरों का कहना था कि यद्यपि उनके हृदय ने धड़कना बन्द कर दिया था पर उनका मस्तिष्क काम कर ही रहा था। पर साथ ही वे यह भी कहते हैं कि जैसे ही हृदय की धड़कन बन्द होती है वैसे ही मस्तिष्क का काम करना भी त्वरित गति से अवरुद्ध होने लगता है और चार मिनट के भीतर ही रुक जाता है। अय्यर का मरणोत्तर अनुभव किसी एक क्षीण मस्तिष्क की सबसे बढ़िया स्मृतियाँ हैं।

अय्यर यहूदी, ईसाई और मुसलमानों के शरीर के पुनर्जीवित होने की मान्यता को एक सिरे से खारिज कर देते हैं। उनमें से कोई हमें यह नहीं बताता कि मृत व्यक्ति किस रूप में पुनर्जीवित होगा—उसी अवस्था में, जिस अवस्था में उसकी मृत्यु हुई थी या फिर एक स्वस्थ युवा व्यक्ति के रूप में ? उनके बारे में क्या कहना है जिनकी मृत्यु शैशवस्था में, अपंगता में होती है या फिर वे जो मानसिक विकलांग के रूप में जन्मे होते हैं। क्या पुनर्जन्म होने पर भी हमारा लिंग वही रहेगा ? क्या हम अपने इस वर्तमान जीवन की स्मृतियों को भावी जीवन में अपने साथ ले जाएँगे ?

अय्यर, उसी प्रकार से हिन्दू, जैन, बौद्ध और सिक्खों द्वारा माने जानेवाले पुनर्जन्म के सिद्धान्त को भी अस्वीकार करते हैं। हालाँकि वे इस बात से सहमत हैं कि यदि कभी कोई ऐसा समय आए, जब लोग वस्तुतः अपने पूर्वजन्म के अनुभवों को अद्यावधि उपलब्ध होनेवाली मात्रा की अपेक्षा अधिक बाहुल्यता में स्मरण कर सकें तो 'पुनर्जन्म लाइसेंसीकरण' की बात भी उठ सकती है। तब तक यह विज्ञान-कल्पनाओं से बढ़कर कुछ नहीं है।

मृतकों से ज्ञान

बहुत पहले से ही कब्रिस्तान, मेरे लिए मनबहलाव की एक पसन्दीदा जगह रही है। यूँ किसी एक रात में मैं किसी एक मृत-व्यक्ति के रूप में नहीं देखा जाऊँगा, कारण मेरे अन्दर यह नश्वर भयावह आत्मा जो मौजूद है। बल्कि किसी सुहाने दिन मैं किसी सुसज्जित पार्क या बगीचे के बनिस्पत किसी कब्रिस्तान में टहलना चाहूँगा। एक ओर ऐसे लोग ज्यादा नहीं हैं, जो मेरे इस उत्साह से इत्तफाक रखते हैं, दूसरी ओर सैकड़ों वे हैं, जो मेरे पैरों के पास पड़े हुए मुझे अपनी जीत का अहसास दिला रहे हैं कि मैं अब भी बचा हुआ हूँ। मैं उनके समाधि लेखों को पढ़ता हूँ और फिर बुदबुदा उठता हूँ–'बेचारा प्राणी ! मेरे बाद आया और मुझसे पहले चल बसा। और फिर उसके बाद अगली कब्र के पत्थर को पढ़ने के लिए बढ़ जाता हूँ।

वाशिंगटन में, मैं काफी खुशकिस्मत रहा कि रहने के लिए मुझे अर्लिंगटन कब्रिस्तान, जो कि हजारों एकड़ में फैला देश का सबसे बड़ा कब्रिस्तान था और जिसका हरियालियों से भरा-पूरा पहाड़ी ढाल, पोटोमेक नदी में जाकर विलीन हो रहा था, के बगल में एक फ्लैट मिल गया। हर रविवार को सुबह-सुबह चाहे ओले-बर्फ पड़े या फिर बारिश ही क्यों न हो मैं फर्लांग-दर-फर्लांग कब्र के पत्थरों के बगल से गुजरता चला जाता था। चूँकि अर्लिंगटन मुख्य रूप से लड़ाई में मारे गए लोगों और उनकी पत्नियों के दफन-घर थे, इसलिए वहाँ अधिकांश कब्रों पर केवल दफन-इंसानों के नाम, उनके जन्म और मृत्यु की तारीख थीं। केवल पुरानी कब्रों पर समाधि-आलेख खुदे देखे जा सकते थे जो उसमें सो रहे इंसान की दुनियावी महिमा का गान करते थे। संयुक्त राज्य अमेरिका के कई राष्ट्रपति भी अर्लिंगटन में दफन थे। मुझे यह जानकर काफी आश्चर्य हो रहा था कि इनमें कइयों को हिंसक अन्त नसीब हुआ था। इनमें सबसे ज्यादा चर्चित-प्रतिष्ठित राष्ट्रपति जॉन एफ. कैनेडी थे। उनकी कब्र पहाड़ के शिखर पर बनी थी और आकर्षण का प्रमुख केन्द्र थी।

दुनिया के सभी भागों के पर्यटक यहाँ बसों में भर-भरकर आते, अहर्निश

जलनेवाली ज्योति के संग अपना फोटो खिंचवाते और उस छोटे से गोल रंगमंच के चारों ओर पत्थरों पर खुदे उनके प्रेरणादायक सन्देशों को पढ़ते। पवित्र स्थल में परिवर्तित करनेवाले इस कैनेडी रहस्यात्मक माहौल के अलावा यहाँ एक प्रकार का मनोहारी विहंगम दृश्य भी देखने को मिलता है, जो लोगों को बरबस अपनी ओर आकृष्ट कर लेता है। यहाँ से आप पोटोमेक नदी के उत्तरी छोर से लेकर दक्षिणी छोर तक को सहज निहार सकते हैं। साथ ही, नदी के उस पार, कैपिटल हिल तक कैनेडी केन्द्र तथा लिंकन-वाशिंगटन की समाधि भी देखी जा सकती है। किसी एक साफ-सुहाने दिन में यह एक बढ़िया शानदार नजारा प्रस्तुत करता है।

अमेरिकी लोग, हालाँकि अपना झंडा फहराने के मामले में काफी आगे हैं (तारे और धारीदार झंडे उनकी अधिकांश इमारतों में सहज ही फहरते देखे जा सकते हैं), पर वे वीर-पूजा में हमारे जितना यकीन नहीं रखते। उसके ठीक उलट उनके देश में लोग राजनैतिक नेताओं, उद्योगों के मुखियाओं और प्रसिद्ध व्यक्तियों के जीवन के असुन्दर-कामुक पक्षों को उजागर कर अपना मन बहलाते हैं। सुबह के वक्त, कई बार मैं कैनेडी की कब्र पर गया था, पर वहाँ मुझे कभी-कभार ही कोई अमेरिकी व्यक्ति दिखता, जबकि रूसी, चीनी, जापानी और भारतीय पर्यटक वहाँ बसों में भर-भरकर पहुँचते थे। अर्लिंगटन कब्रिस्तान का शिखर अपेक्षाकृत काफी पुराना था और आत्मा के लिए सामान्य साजो-सामानों, बाइबिल के उद्धरणों और दिवंगतों के स्तुति-गानों से सजा-धजा था। साथ ही अनेकों कब्रों पर अश्वारोही मूर्तियाँ भी लगी थीं।

सोवियत दूतावास के मेरे दोस्त ने मेरा ध्यान इस ओर आकर्षित करते हुए कहा कि 'जानते हो, जब घोड़ा अपना एक पैर उठाए रखता है, तो इसका मतलब होता है कि उसकी मौत युद्ध के मैदान में हुई है।'

''घोड़े की या घुड़सवार की''—मैंने पूछा

घोड़े की नहीं, बल्कि घोड़े पर जो सवार है उसकी। यह यूरोप और उत्तरी अमेरिका में पालन की जानेवाली एक सुस्थापित वैधानिक परम्परा है।

शर्त रही, आप यह नहीं जानते थे। हम इस परम्परा का पालन नहीं करते हैं। शिवाजी की अधिकांश प्रतिमाओं में घोड़े का एक अगला पैर उठा रहता है। पर उनकी मृत्यु युद्ध में नहीं हुई थी। जिनकी प्रतिमाओं में इसका होना उचित होगा, उनमें टीपू सुल्तान और झाँसी की रानी लक्ष्मीबाई सरीखे योद्धा हो सकते हैं।

मृत्यु के पश्चात् जीवन

दिल्ली विश्वविद्यालय के संस्कृत के प्रोफेसर डॉ. सत्यव्रत शास्त्री, उत्तरी अमेरिका की अपनी व्याख्यान-यात्रा से उत्तरप्रदेश संस्कृत अकादमी का 25,000 रुपए के पुरस्कार की घोषणा सुनने के लिए वापस लौटे थे।

अपने अनेकों विषय, जिन पर कि उन्होंने व्याख्यान दिए, उनमें से एक विषय 'उपनिषद में मृत्यु की संकल्पना' भी था। उन्होंने मुझे बताया कि इटली में उनके श्रोताओं में आयुर्विज्ञान के डॉक्टर और वैज्ञानिक भी थे। वे लोग डॉ. शास्त्री की बातों से बेहद प्रभावित थे। मैं यह भली-भाँति समझता हूँ कि यहूदी, ईसाई और इस्लामिक मान्यताओं पर पले-बढ़े बुद्धिमान पश्चिम के लोगों को हिन्दू, जैन, बौद्ध, सिक्ख के संसार की संकल्पना—जन्म, मृत्यु और उनके अपने पुनर्जन्म, कयामत के दिन, स्वर्ग और नर्क के सिद्धान्त से कहीं ज्यादा सुघड़ लगते हैं।

प्रश्न का उत्तर अभी भी शेष है। मृत्यु के पश्चात् जीवन है, क्या इस बात को मानने के पीछे कोई तार्किक आधार है ? हमारे धर्मग्रन्थ (हिन्दू, जैन, बौद्ध और सिक्ख) स्पष्ट रूप से कहते हैं कि 'हाँ है।' इस मान्यता का अधिकांश तत्त्व उपनिषद् से गृहीत है और यह गीता में, सार रूप में वर्णित है। इसमें कहा गया है कि मृत्यु की स्थिति में शरीर का तो नाश हो जाता है पर आत्मा जीवित ही रहती है। जैसे मनुष्य अपना वस्त्र बदलता है वैसे ही आत्मा एक शरीर से दूसरा शरीर धारण करती है। कठोपनिषद् में यह स्पष्टतः कहा गया है कि जन्म, क्षरण तथा मृत्यु मात्र भौतिक शरीर में होते हैं, और इस शरीर से परे भी कुछ होता है, जिसका कि कभी नाश नहीं होता। यह आत्मा है जो हृदय की गुहा में निहित रहती है।

हर सातवें वर्ष पर शरीर की सर्वादि कणिकाएँ परिवर्तित हो जाती हैं और उनका नवीनीकरण हो जाता है, पर उसके बावजूद व्यक्ति-विशेष वही रहता है, उसकी पहचान कभी नहीं बदलती।

प्रश्न उठता है कि इस पहचान का आधार क्या है ? शास्त्री जी इसके जवाब

में कहते हैं कि मनुष्य के अन्तस में अपरिवर्तनीय 'किंचित' है वही मेधा एवं अस्तित्व का स्रोत है और हमारा आपेक्षिक अस्तित्व उसी पर निर्भर होता है। आत्मा अथवा यह स्थायी सत्ता अजन्मी है...और मृत्यु रहित है।

आत्मा जिस रहस्य से आच्छादित रहती है, उसका उत्तर निषेध में है—यह नहीं, वह नहीं। यह सर्वव्यापी परमात्मा है और व्यष्टि रूप में जीवात्मा। जब पश्चात् का पूर्व से मिलन होता है—ज्योति जोत मिलय—आपका तेज, शाश्वत तेज में लीन हो जाता है (आदिग्रन्थ) तो तब आत्मा जन्म, मृत्यु, पुनर्जन्म के चक्र से मुक्त होकर मोक्ष पद को प्राप्त करती है।

साथ ही, हिन्दू धर्मशास्त्र में आत्मा के देहान्तरण के साथ क्षणिक विराम के सिद्धान्त—विस्मृति की वह अवस्था जिसमें आत्मा किंचित विरमते हुए इस निर्णय की प्रतीक्षा में होती है कि पूर्वजन्म में किए गए सुकर्मों के कारण वह एक सदाचारी मनुष्य के रूप में जन्म ले या कुकर्मों के कारण सजा रूप में कीड़े-मकोड़े के रूप में, के माध्यम से पुरस्कार या फिर दंड देने की व्यवस्था भी मौजूद है।

शास्त्री जी का मानना है कि "नैष तर्कानां मतिर्पनेय (मृत्यु के पश्चात् क्या रह जाता है, इसे कोई तर्क-वितर्क कर नहीं समझ सकता)।

इसका कोई भी वैज्ञानिक प्रमाण नहीं मिल सकता कि आत्मा मृत्यु के पश्चात् भी विद्यमान रहती है, उसे तो बस हमेशा महसूस किया जा सकता है, प्रमाणित कथमपि नहीं किया जा सकता।

तो फिर तर्क-वितर्क में हम क्यों परिश्रम करें, जो इसमें विश्वास करते हैं वे आगे भी इसे मानते रहेंगे और जो लोग नहीं करते वे इन सुन्दर-सुन्दर शब्दों की बाजीगरी से अपना पाला बदलनेवाले नहीं। जहाँ तक मेरा सवाल है, मेरे लिए तो मृत्यु एक अन्तिम पूर्ण विराम है। इसके बावजूद मैं इस रहस्य को हल करने में बेहद उत्सुक हूँ, और आत्मा की सत्ता में विश्वास करनेवाले लोगों के साथ इस प्रार्थना में शरीक हूँ कि

असतो मा सद्गमय
तमसो मा ज्योतिर्गमय
मृर्त्योमा अमृतगमय

(असत्य से ले चल सत्य की ओर/अन्धकार से ले चल प्रकाश की ओर/और ले चल मृत्यु से अमरत्व की ओर।)

परिजन की मृत्यु से उबरने की कोशिश

इस विषय पर दो विचारधाराएँ हैं—प्राच्य और पाश्चात्य। पूरब के लोगों का मानना है कि माता-पिता, पति-पत्नी या फिर बच्चे जैसे किसी परिजन की मृत्यु के सदमे से उबरने की कोशिश का सबसे अच्छा तरीका तो यही है कि हम जी भरकर तब तक रो लें जब तक कि हमारे आँसू सूख न जाएँ। मर्सिया गाना या छाती पीटने की परम्परा एक तरह से अचूक औषधि मानी जाती है। इसके बाद दिवंगत आत्मा की याद में चौथा, चालीसवाँ, भोग, अन्तिम अरदास या फिर प्रार्थना-सभा का आयोजन किया जाता है। मित्र, इस धारणा से मिलने आते हैं कि दुख बाँटने से हल्का हो जाता है। पश्चिम के लोगों का मानना है कि शोक एक बेहद निजी मामला है और लोगों के बीच इसका प्रदर्शन ठीक नहीं है। आँसू बहाना एक प्रकार का पुरुषोचित व्यवहार नहीं है। व्यक्ति को ऊपर से उदासीनता दिखानी चाहिए और खुद ही उसकी मृत्यु के सदमे से उबरना चाहिए।

अभी हाल में ही मुझे भी इसी प्रकार के एक सदमे से गुजरना पड़ा था। नास्तिक होने की वजह से मुझे पूजा-पाठों से शान्ति नहीं मिल पाई। स्वभाव से एकाकी होने की वजह से, मैंने अपनी पत्नी की मृत्यु पर सान्त्वना प्रकट करने आए दोस्तों, रिश्तेदारों को हतोत्साहित ही किया। उनमें से अधिकांश मेरे आग्रह को अनसुना करते हुए मुझसे मिलने आए। वह मुझे अपनी भावनात्मक चोट पर एक प्रकार का रहम जैसा लगता था। मैंने पहली रात अँधेरे में अकेले कुर्सी पर बैठे गुजार दी। बीच में कभी-कभार मैं रोया भी पर फिर जल्दी ही अपनी शान्तचित्तता में लौट आया। कुछेक दिनों में, मैं सुबह से शाम तक अपने रोज़मर्रा के कार्यों में जुट गया। इससे मेरा ध्यान इस निरी सच्चाई से बँट गया कि अब बाकी के दिन उस सूने घर में अकेले ही गुजारने हैं। पर मित्रगण थे कि वे बार-बार मुझे फोन करते और मेरा सन्तुलन बिगाड़ देते। इसलिए एकान्तवास हेतु गोवा जाने के लिए मैं अपना सामान बाँधकर तैयार हो गया। पर तब भी मुझे यकीन नहीं था कि इससे कोई फायदा होगा।

दुख से उबरने के लिए हर व्यक्ति को अपना-अपना तरीका ढूँढ़ना होगा।

जो ईश्वर में विश्वास करते हैं, वे उधर ही मुड़ जाते हैं। बाइबिल के 34वें पद के वचन यहाँ प्रासंगिक हैं—"परमेश्वर टूटे हृदयवालों के करीब है और उन भग्न उत्साहियों की रक्षा करता है।" प्रभु यीशु पौर्वात्य की तरह थे, और अपने मित्र की मृत्यु पर हर-किसी के सामने रोने से तनिक भी नहीं शरमाए। इसलिए बाइबिल (जॉन 11-33-38) में इसका उल्लेख है कि 'जब यीशु ने बहुतों को रोते देखा और उन यहूदियों को भी रोते पाया जो उनके साथ आए थे तो उनका साहस टूट गया और मुश्किल में पड़ गए—तुम उसे कहाँ लेकर गए हो ?'—उन्होंने पूछा। 'आएँ, इधर देखें परमेश्वर'—उन लोगों ने जवाब दिया। यीशू फफक पड़े। इस पर यहूदियों ने कहा—'देखो, वे उसे कितना प्यार करते थे।'

जैसा कि कोई भी यह उम्मीद करेगा, आचार्य रजनीश ने इस गहनतम विषय पर प्रकाश डाला है, इसमें उन्होंने दुख से उबरने के रास्ते भी बताए हैं। अपने उपदेशों के संग्रह 'वाकिंग इन जेन, सिटिंग इन जेन' में उन्होंने इटली के पेरेल्ली का एक उदाहरण दिया है और उसका वह तरीका भी कि कैसे वह अपनी पत्नी की मृत्यु के सदमे से उबरता है—उसकी पत्नी की अन्तिम क्रिया के समय पेरेल्ली ने एक भयंकर दृश्य उपस्थित कर दिया, इतना भयंकर और हृदय-विदारक कि उसके दोस्तों को वस्तुतः उसे अपनी पत्नी मारिया के साथ दफनाए जाने के लिए कब्र में कूदने से बलात रोकना पड़ा। वह तब भी दुख में सराबोर था, उसे किराए के 'लाइमोसिन' से घर लाया गया और फिर उसके तुरन्त बाद से वह पूर्णतः शान्त हो गया।

एक सप्ताह बीत गया, और जब उसके बारे में कुछ भी सुनाई नहीं पड़ा तो उस बेचारे व्यक्ति के बारे में चिन्तित उसकी मृत पत्नी का भाई आखिरकार उसके घर पहुँचा। दरवाजे की घंटी यही कोई दस मिनट तक बजाने के बाद भी जब कोई जवाब नहीं आया तो बेहद घबराकर उसके साले ने सामने का दरवाजा तड़पते हुए पार किया और सीढ़ियों से जब ऊपर गया तो देखता है कि उसकी बहन का पति तो घर की नौकरानी के साथ व्यस्त है।

सोने का वह कमरा अस्त-व्यस्त था—इधर-उधर शैम्पेन की खाली बोतलें लुढ़की हुई थीं। यह तो बड़ी विचित्र-सी बात है पेरेल्ली !—साले ने क्षुब्ध स्वर में कहा, "तुम्हारी पत्नी और मेरी बहन को गुजरे अभी केवल हफ्ता भर ही हुआ है और तुम यहाँ ये कर रहे हो। तुम्हारी ये क्रिया ? पेरिल्ली अपने काम में इतना व्यस्त था कि बस उसने केवल अपना सिर उसकी ओर मोड़ते हुए कहा—'मैं कैसे जानूँ कि मैं क्या कर रहा हूँ। मैं इतना दुखी हूँ, इतना दुखी हूँ।'

एक समय जैन, हिन्दू और सिक्ख उन लोगों के मरने पर उत्सव मनाते

थे जो यथेष्ठ जीवन जी चुके होते थे। उनकी अर्थियों को बैलून और झंडियों से सजाया जाता था और घर से लेकर श्मशान घाट तक उनकी शवयात्रा के आगे-आगे पीतल वाद्ययन्त्र वाली बैंड पार्टी सैन्य धुन अथवा फिल्मी संगीत बजाते चलते। यह खेद की ही बात है कि आजकल बेहद कम लोग इस परम्परा का पालन कर रहे हैं। वृद्ध लोग, खासकर उनकी जो एक लम्बे अरसे तक बीमार चल रहे थे, की मृत्यु को कष्ट से उनकी मुक्ति के रूप में देखना चाहिए और इस अवसर पर उत्सव मनाना चाहिए।

भाग : 2

जीवन पश्चात्

जुल्फिकार अली भुट्टो : फाँसी की सजा से तख़्ते तक

पिछले दो दिनों से मैं इस्लामाबाद और रावलपिंडी में ही था। बेमौसम हो रही बरसात से दोनों ही शहर अस्त-व्यस्त हो चले थे। बादलों से ढँकी मरघला की पहाड़ियों से सर्द हवाएँ चली आ रही थीं। तिस पर भी लोग-बाग इस सर्द-बारिश में अपने-अपने घरों से निकलकर अखबार के स्टॉल के पास उर्दू-अखबारों के ताजा अंकों को देखने के लिए जमा होते जा रहे थे।

4 अप्रैल की सुबह में भुट्टो को फाँसी दे दी जाएगी, जैसे ही यह पहली खबर आई तो उस समय मैं सदर-बाजार में था। 'ददागत' की प्रतियाँ धड़ाधड़ बिकने लगीं और लोग इसे खामोशी से पढ़ने लगे थे। कइयों के आँसू बह निकले और कइयों ने गहरी साँस भरी पर आवाज उठाने की हिम्मत किसी की नहीं हुई। बाजार में जहाँ-तहाँ हथियारों से लैस पुलिसवाले तथा सेना की टुकड़ियाँ मौजूद थीं, जिन्होंने आम नागरिकों को चुप रहने पर विवश-सा कर दिया था। हालाँकि पूरे शहर में उदासी का आलम था फिर भी लोगों में सैनिकों या पुलिसवालों की हिंसा का कोई खौफ़ नहीं था। वे भी मानो अपने देश के अनिश्चित भविष्य को लेकर की जा रही लोगों की आशंकाओं से इत्तफाक रखते थे।

भुट्टो को लटकाया जानेवाला है—लोग-बाग इस बात को मानो मन ही मन स्वीकार कर चुके थे। भुट्टो के पक्ष में जो भी समर्थन, या फिर मौजूदा सरकार के प्रति जो भी असन्तोष था, वह मूक हो चला था। भुट्टो के अधिकांश समर्थकों को गिरफ्तार कर लिया गया था। हालाँकि कोई विश्वसनीय आँकड़ा तो उपलब्ध नहीं था पर माना जा रहा था कि यही कोई 25 हजार से भी ऊपर लोग, गिरफ्तार हो चुके थे। सम्भावना जताई जा रही थी कि ये आँकड़े कहीं उसके चौगुने न हों। मो. अब्दुल हफीज़ पीरजादा, जो कि भुट्टो मन्त्रीमंडल में कानून मन्त्री थे, ने इस संख्या को 2 लाख जितना भारी-भरकम बताया। यह एकदम स्पष्ट था, हालाँकि प्रशासन तुरन्त कोई कार्रवाई करने से हिचकिचा रहा था, पर इस बात के प्रति भी दृढ़ था कि विरोध की तनिक भी सुगबुगाहट, जो जन-आन्दोलन का रूप लेने की ओर अग्रसर हो उसे पहले ही कुचल दिया जाए। विरोध निश्चित रूप से होंगे

पर देर से होंगे और शायद आम-चुनाव जो कि अगले नवम्बर महीने में करवाने का वादा है, के आस-पास होने की सम्भावना है।

पाकिस्तान के राजनीतिक परिदृश्य में एक कौतुहल भरा विरोधाभास था। अधिकांश लोगों का यही मानना था कि भुट्टो को यदि जेल से बाहर कर दिया जाए और फिर यदि आज स्वतन्त्र एवं निष्पक्ष चुनाव हो जाए तो उनकी पार्टी, सबको पीछे छोड़ते हुए भारी बहुमत से चुनाव जीतेगी। पर साथ ही दूसरी ओर राजनीतिक विश्लेषक यह भी मानते थे कि भुट्टो के पक्ष में अचानक कोई विद्रोह उठ खड़ा हो, इसकी भी गुंजाइश बेहद कम है। इस विरोधाभास की व्याख्या कुछ यूँ की गई कि भुट्टो निस्सन्देह पाकिस्तानी जनता में अपने लुभावने नारे एवं उनसे किए गए वादों–मसलन भूख से आजादी (रोटी), बदलने के लिए कपड़े (कपड़ा) और सिर पर छत (मकान), के कारण बेहद लोकप्रिय रहे हों पर वे लोग यह बखूबी जानते थे कि भुट्टो का न ही इन वायदों को पूरा करने का कोई इरादा है और न ही इनको पूरा करने के लिए उनके पास कोई साधन ही। भूखे, घृणा के पात्र, बेघर इन लाखों लोगों के लिए यह एक मृगतृष्णा से बढ़कर कुछ नहीं था।

"भुट्टो ने आपको क्या दिया ?"–भुट्टो के एक विरोधी नेता ने भूमिहीन किसानों (कामिस) की भीड़ से चिढ़कर पूछा। जवाब भी उसी तेजी से मिला–'अपने किए गए वायदों के अनुसार उन्होंने हमें बेशक कुछ न दिया हो पर अपने हक की लड़ाई के लिए 'जबान' तो दी।'

वे भुट्टो ही थे, जिन्होंने इस्तिसाल (शोषण अर्थ में अरबी से) शब्द की इजाद की और कल-कारखानों में काम करनेवाले मजदूरों से कहा कि वे जमींदारों के द्वारा शोषित किए जा रहे हैं। और साधारण सैनिकों से कहा कि उनके अधिकारी उनका गलत उपयोग कर रहे हैं।

'अब और इस्तिसाल मत सहो, मैं इसे खत्म करके रहूँगा,' उन्होंने वायदा किया।

अधिकांश लोग 'इस्तिसाल' शब्द का अर्थ नहीं समझते थे और इसका मतलब यह लेते थे कि ऐसी चीज जिसके बिना भी उनका काम चल सके। भुट्टो एक चालाक, अपने देश के नेताओं में सबसे चुस्त-दुरुस्त, और शायद विश्व के राजनेताओं के साथ उन्हीं के स्तर की चालाकी की चाल चलनेवाले व्यक्ति के रूप में चर्चित रहे थे। लोगों को इस बात से कतई कोई गुरेज नहीं था कि वे खुद वाधेरो (जमींदार) हैं और शानो-शौकत की जिन्दगी जीते हैं। उससे क्या, यदि उनकी कई बीवियाँ हैं और एक-दो प्रेमिकाएँ हैं। या फिर वे कभी-कभार पिये हुए दिखते हैं, असभ्य भाषा और गन्दी गालियों का प्रयोग करते हैं, कुछ लोगों को

कभी टक्कर मार दी हो, या पीटा गया हो या फिर जेल की सलाखों के पीछे ही डाल दिया गया हो। ज्यादातर राज्य के मुखिया ऐसा ही करते हैं और बाद में इनसे बच निकलते हैं। उन लोगों के अनुसार भुट्टो ने जो गलती की वह यह कि एक तो उन्होंने अपराध के सुराग छोड़ दिए और दूसरा खुद को पकड़वाने दिया।

भुट्टो के दृष्टिकोण से पाकिस्तान के पढ़े-लिखे, शहरी-सम्भ्रान्त लोग सहमत नहीं थे। उन्हें भुट्टो के कुशासन के वो दिन याद आ जाते थे, जिनमें अनेकों विपक्षी राजनीतिज्ञों को मौत के घाट उतार दिया गया था, उनके परिवार के लोगों, जिनमें औरतें भी थीं, को बेइज्जत किया गया था और हजारों निर्दोष औरत-मर्दों को सलाखों के पीछे डाल दिया गया था। भुट्टो के लिए पाकिस्तान के लोगों के विचार उल्लेखनीय रूप से अलग-अलग थे। कुछ भुट्टो की अभी भी पूजा करते थे और कुछ उनकी भर्त्सना। एक औरत जिसके पति को बेरहमी से पीटा गया था और सलाखों के पीछे डाल दिया गया था, वह गुस्से से उबलते हुए मुझसे बोली–"काश ! मैं उसे अपने हाथों से लटका पाती, मैं उसे एक बार क्या दस बार लटकाती।" उस समय जो जरूरत थी वह थी बस घावों पर मरहम करने की। और जो इकलौता आदमी यह कर सकता था, वे थे ज़िया-उल-हक़। पर जीवनदान याचिका की अन्तिम तारीख बीत जाने तक न तो भुट्टो की पत्नियाँ आगे आईं और न ही उनके बच्चे जो कि उनके जीवन की भीख माँगें। सो स्वतः ही यह भावना पनपी कि राष्ट्रपति जिया जीवनदान प्रदान करने के अपने इस अधिकार से वंचित रह गए और सान्त्वना प्रदान करने का अवसर खो बैठे।

भुट्टो को जीवन-दान मिल जाए इसके लिए मो. अब्दुल पीरजादा (भुट्टो के कानून मन्त्री) और मो. अजीज हसन (भुट्टो के विदेश मन्त्री), इन दोनों ने बेशक कोशिशें कीं। साथ ही अन्य चार व्यक्ति जिन्हें कि भुट्टो के साथ ही सजा सुनाई गई थी ने दया की गुहार, यह कहकर लगाई कि उनकी रज़ा कसूरी से कोई जातीय दुश्मनी नहीं थी और वे लोग तो बस भुट्टो की आज्ञा का पालन कर रहे थे। सजा पानेवालों में से एक–अरशद इक़बाल की माँ रबिया खानम ने भुट्टो की भरसक निन्दा करते हुए उन्हें एक क्रूर-तानाशाह, जिनकी आज्ञा-उल्लंघन का साहस शायद ही कोई कर सके, कहा। इस सजा को अमली जामा पहनाने के लिए, ज़िया-उल-हक़ को जिस चीज ने सबसे ज्यादा उकसाया, वह था लक्ष्य-व्यक्ति, मो. अहमद कसूरी की दी गई दलीलें, जिस पर कि मारनेवाले निशाना साधने से चूक गए थे और बदले में उनके पिता की हत्या हो गई। प्रेस के साथ अपने साक्षात्कार में मो. रज़ा कसूरी ने कहा कि जीवित भुट्टो पाकिस्तान के लिए हरदम खतरा बने रहेंगे और यदि उन्हें फाँसी नहीं दी गई तो उनकी (कसूरी की) माँ

राष्ट्रपति भवन के आगे धरना देगी। कसूरी ने कहा कि यदि भुट्टो की सजा सज़ा-ए-मौत से आजीवन कारावास में बदल दी जाती है या फिर माफ कर दी जाती है तो वे देश के लिए हमेशा खतरा बने रहेंगे। यदि राजनीति के दबावों में आकर कहीं वे छोड़ दिए जाते हैं तो वे बाहर से शैतान की भूमिका निभाएँगे। खुद भुट्टो भी दया करना नहीं जानते थे। उनके शब्दकोश में यह शब्द ही नदारद था। इसलिए वे खुद भी इसके हकदार नहीं हैं। लगभग यही कुछ भावना कई मौलवियों, जिनमें प्रमुख मौलाना मुहम्मद हुसैन हजारी, वरिष्ठ उपाध्यक्ष, उलेमा काउंसिल ऑफ पाकिस्तान नेशनल एलायंस थे, ने भी व्यक्त की थी। मौलाना ने भुट्टो को इंसानियत के नाम पर एक काला धब्बा कहा और उन्हें देश के विखंडन का जिम्मेदार बताया।

'यह मामला काफी लम्बा खिंच गया'—विदेश मन्त्रालय के एक वरिष्ठ अधिकारी ने मुझसे कहा था। होना तो यह चाहिए था कि मौत की पुष्टि के तुरन्त बाद मामले को इस तरफ या उस तरफ करके जल्दी ही निपटा देते। भुट्टो के प्रतिपक्षी इससे एकदम सहमत थे, वे इसमें आगे जोड़ते बोले कि यदि ज़िया-उल-हक़ भुट्टो को 5 जुलाई 1977 की रात को गिरफ्तार करने के बजाय गोली मरवा देते तो वे इन तीन महीनों की पीड़ा से खुद को और देश को बचा लेते। गरबा-कुस्तान रोज़-ए-अव्वल—यानी आप बिलौटे को मारना चाहते हैं तो वह उसके पैदा होनेवाले दिन ही कर दें।

दिनांक 18 मार्च 1978 को सुबह 8:30 बजे जुल्फिकार अली भुट्टो के जीवन के नाटक के अन्तिम दृश्य के मंचन के लिए पर्दा उठा। दृश्य लाहौर हाई-कोर्ट के मुख्य अदालत-कक्ष का था। यह एक बड़ा-सा हॉल था जो दो जोड़े लकड़ी की रैलिंग से तीन भागों में बँटा था। उत्तरी कोने की तरफ थोड़ी ऊँचाई पर पाँच न्यायाधीश अपने विग और काले चोले में बैठे थे। उनके ठीक सामने हॉल के मुख्य भाग में हाईकोर्ट बार के सदस्यगण, जिनमें अभियोजन और बचाव पक्ष के वकील भी थे, उसी प्रकार काले परिधानों में बैठे थे। लकड़ी की एक और रैलिंग से बँटे, ठीक उनके पीछे जनता के नुमाइन्दे थे। पश्चिमी छोर पर न्यायधीशों और वकीलों के बगल में पाँचों अभियुक्त खड़े थे और उनके पीछे सशस्त्र पुलिस खड़ी थी। उनमें प्रमुख जुल्फिकार अली भुट्टो अनुकरणीय हल्के रंगवाले कपड़ों में टाई लगाए थे।

फैसले के इस दिन के बारे में पहले से कोई सूचना नहीं दी गई थी। इस मामले के वकीलों को रजिस्ट्रार ने थोड़ी देर पहले ही फोन कर उन्हें मुख्य-कक्ष में हाजिर होने को कहा था। अभियुक्तों को कोटलखपत जेल से 'ब्लैक-मारिया'

में भारी सुरक्षा इन्तजामों के बीच यहाँ लाया गया। पर बात चारों तरफ फैलती चली गई थी और अदालत-कक्ष ठसाठस भर गया था।

सभी की नजरें कार्यवाहक मुख्य न्यायाधीश मुस्ताक हुसैन पर टिकी थीं। उन्होंने लाहौर में नवम्बर 1974 की 10-11 तारीख के दिन हुई नवाज रज़ा कसूरी की हत्या के मामले में पाँचों न्यायाधीशों द्वारा लिए गए सर्वसम्मत अदालती निर्णय के सार को पढ़कर सुनाया। सभी अभियुक्तों ने निर्दोष होने की बात कही। चार अभियुक्तों ने अपना बचाव-पक्ष प्रस्तुत किया। इकलौते जुल्फिकार अली भुट्टो ने इस कार्यवाही में भाग लेने से इंकार कर दिया।

न्यायमूर्ति मुश्ताक हुसैन ने जजों के पैनल के निष्कर्षों को पढ़कर खत्म किया और फिर सजा सुनाने की ओर बढ़े—मृत्युपर्यन्त गर्दन में फन्दा डालकर लटकाया जाए।

सभी की नजरें जजों से हटकर अभियुक्तों और खासकर जुल्फिकार अली भुट्टो की ओर चली गईं। चेहरे पर बिना किसी प्रकार का कोई भाव लाए उन्होंने सजा सुनी और फिर जजों की ओर से अपना मुँह फेर लिया।

वे अपने खयालों में खोए रहे। आप देख सकते हैं कि वे हतप्रभ रह गए हैं, वकीलों में से एक ने कहा। पर उन्होंने डर या क्रोध, उनमें से कोई भी भाव नहीं प्रकट किया, लगता है मानो उन्होंने जज को सुना ही न हो। या फिर सोचा हो कि वे एक प्रकार की मनहूस पहेली घटते देख रहे हैं।

किसी भी प्रकार की कोई नारेबाजी नहीं हुई। न ही स्वीकार के या फिर घृणा के भाव ही व्यक्त किए गए। उस समय अदालत में न तो भुट्टो की पत्नी नुसरत और न ही उसकी बेटी बेनज़ीर ही मौजूद थी। जहाँ-तहाँ सशस्त्र पुलिस की तैनाती थी।

वकील जिन चार अन्य अभियुक्तों की नुमाइन्दगी कर रहे थे, उनके पास वे मशविरा करने गए। भुट्टो ने उच्च न्यायालय की इन कार्यवाहियों का बहिष्कार किया था सो उनसे बात करनेवाला उस समय कोई नहीं था और कुछ समय तक वे अपने-आप में ही खोए रहे।

अब वापस कोटलखपत जेल की बात करते हैं। भुट्टो के लिए वहाँ छह कमरे अलग रखे गए थे। वे सीधे अपने कमरे में गए और उन्हीं कपड़ों में धम्म से बिस्तर पर गिर पड़े। उनकी आँखें एकटक छत की ओर टिकी थी। 'वे एकदम निश्चेष्ट घंटे भर या उससे कहीं ज्यादा समय तक वहीं पड़े रहे'—जेल के एक अधिकारी ने बताया, 'जब मैंने उनके पास जाकर यह पूछा था कि क्या वे कुछ खाना चाहते हैं तो मैंने गौर किया कि वे रो रहे हैं। उन्होंने मेरी बात का कोई

जवाब नहीं दिया।'

सुबह 11:00 बजे उनके वकील याहया बख़्तियार उनसे मिलने पहुँचे। दोनों एक-दूसरे को बाँहों में भरकर रो पड़े। 'क्या यही अन्त होनेवाला है'—भुट्टो ने पूछा। 'नहीं'—बख़्तियार ने जोर देकर कहा। 'हम इस सजा के खिलाफ आगे अपील करेंगे। वे कुछ देर तक आपस में बातें करते रहे। भुट्टो का साहस फिर से जी उठा और अब वे काफी हद तक आपे में आ गए थे।

जेल के कानूनों के अनुसार मौत की सजा पाए कैदियों को एक खास प्रकार की बनी कोठरी में रखा जाता है और उन पर निरन्तर कड़ी नजर रखी जाती है कि कहीं वे खुद अपनी जान न ले बैठें। केवल सुबह और शाम को उन्हें आधे घंटे के व्यायाम या टहलाई के लिए बाहर निकलने दिया जाता है।

सुबह 5 बजे, भुट्टो को फाँसी के सजायाफ्ता मुजरिमों की कोठरी में डाल दिया गया पर उनके हठ करने पर उन्हें अपना कपड़ा पहनने, अपना बिस्तर, कुर्सी और घर का खाना खाने की छूट दे दी गई। उन्हें लिखने-पढ़ने की सामग्री, पत्रिकाएँ तथा अखबार जो भी माँग की गई मुहैया करा दिया गया। पर गहरी उदासी ने उनको एक बार फिर घेर लिया और जेल के एक अधिकारी के अनुसार वे अपने बिस्तर पर मानो किसी मरे हुए चूहे की तरह पड़े रहे। यह सिलसिला दो दिनों तक चलता रहा।

ऐसा लग रहा था कि विभिन्न राज्याध्यक्षों के द्वारा अखबारों में प्रकाशित क्षमादान की अपील से उनके डूब रहे उत्साह को तनिक बल मिला और उन्हें यह यकीन होने लगा था कि दुनिया के कोने-कोने से उठ रहे विरोध के स्वर पाकिस्तान के शासक और न्यायालय को उन्हें किसी प्रकार का कोई नुकसान पहुँचाने से रोकेंगे और यहाँ तमाम कोशिशें, उनकी हिम्मत को तोड़ने की हैं। उन्होंने अपने चेहरे पर तनाव-परेशानी के कोई भाव व्यक्त करने की नहीं सोची।

याहया बख़्तियार ने उच्चतम न्यायालय में अपील की याचिका दायर की थी। चूँकि न्यायालय रावलपिंडी में स्थित था, अतः उन्हें और उनके साथ के अभियुक्तों को मई महीने के मध्य में रावलपिंडी जेल भेज दिया गया। विडम्बना देखिए कि वह उस भवन के एकदम निकट था, जहाँ से कुछ महीने पहले, वे पूरे पाकिस्तान पर हुकूमत चलाया करते थे। वे चार कमरे, जो मौत की सजा प्राप्त महिला मुजरिमों के लिए थे, उनके रहने के लिए तैयार कर दिए गए। एक सोने का कमरा तो एक पढ़ने का, गुसलखाना और रसोई, सब उनके लिए थे। इस खास कैदी की सुख-सुविधा के लिए एक बार फिर जेल के नियमों की अनदेखी हुई थी। उन्हें अस्पतालों जैसी स्टील-चारपाई के बदले निवारवाली चारपाई, रबड़-फोम

वाला गद्दा, अपना कम्बल, पंखा और बिजली जिनके स्विच उनकी हदों में ही थे, उपलब्ध करवाए गए। उनके लिए मेज, कुर्सी, टेबल लैम्प, किताबें-पत्रिकाएँ आदि सब चीजों का बन्दोबस्त किया गया। उनका खाना और हवाना सिगार घर से आता। वे अपना ही कपड़ा पहनते। उनके पास अपने कपड़ों से भरी दो अटैचियाँ थीं। और हजामत के लिए अपने सामान का इस्तेमाल करते। उन्हें अपने वकील के साथ रोज एक घंटे बात करने की इजाजत दे दी गई थी और अपनी इच्छानुसार समय में टहलाई के लिए आधा घंटा। चूँकि रावलपिंडी में सर्दी तेज पड़ती थी इसलिए उन्हें इलेक्ट्रिक हीटर भी मुहैया करवाया गया था। दोपहर को उनकी पत्नी और बेटी उनके साथ चाय पीने आतीं। अक्सर बेनज़ीर उनके साथ एक ही बिस्तर पर लेटी रहती और वे दोनों फुसफुसाते हुए बातें करते कि उनकी बातें वहाँ हरदम मौजूद कोई जेल अधिकारी न सुन ले या फिर खुदा-न-खास्ता, छुपाए गए सूक्ष्म टेपरिकार्डरों में कहीं वे रिकार्ड न हो जाएँ।

6 फरवरी सन् 1979 को उच्चतम न्यायालय ने भुट्टो की अपील को खारिज कर दिया। वे अदालत में मौजूद नहीं थे। यह समाचार उन्हें जेल के अधीक्षक ने सुनाया। उनकी बस यही प्रतिक्रिया रही कि "यह बेहद खेद की बात है।" और फिर उसके बाद उनकी यह जिज्ञासा कि 'क्या यह सर्वसम्मति से था ?' अधीक्षक ने बिना रुके झट जवाब दिया।–"हाँ"। "यह बेहद हैरत की बात है।"–भुट्टो ने टिप्पणी की।

जब यह खबर सिहाला (पिंडी से 15 मील दूर) में अपने ही घर में नजरबन्द नुसरत भुट्टो को मिली, तो वह कार से वहाँ पहुँच पुलिस घेरा तोड़ते हुए जेल के द्वार पर गुस्से से टूट पड़ी। उन्हें अपने पति से मिलने की इजाजत दे दी गई। वे उनकी बाँहों में जाकर ढह गईं। जैसे ही वह घुसीं तो भुट्टो का जो उनसे पहला प्रश्न था वह यही कि "क्या यह निर्णय सभी की सहमति से था ?" नुसरत ने उन्हें बताया कि उच्चतम न्यायालय के सात जजों में से तीन ने उन्हें सन्देह का लाभ दिया है। "फिक्र मत करो"–उन्होंने भुट्टो को भरोसा दिलाया। हम इस पर पुनर्विचार याचिका दायर करेंगे।

जब मौत की सजा की पुष्टि हो गई तो जेल के अधिकारियों ने उनसे दूसरे मौत की सजा प्राप्त मुजरिमों जैसा व्यवहार करने का फैसला लिया। उनसे उनके हजामत बनाने का सामान ले लिया गया, निवार-चारपाई (निवार खुद को लटकाने के लिए इस्तेमाल किया जा सकता था) हटा ली गई और उनके घर का खाना बन्द कर दिया गया। भुट्टो ने अस्पताल की चारपाई पर सोने से मना कर दिया, बदले में उन्होंने रबड़-फोम की गद्दी नीचे जमीन पर बिछा दी और यही उनका

अन्तिम समय तक बिस्तर बना रहा। शाम तक, सरकार ने थोड़ी नरमी बरती और उन्हें घर का बना खाना खाने की इजाजत दे दी।

24 मार्च, सन् 1979 को उच्चतम न्यायालय ने पुनर्विचार याचिका खारिज कर दी। आशा की अन्तिम किरण भी बुझ गई। बतौर वकील याहया बख़्तियार की भूमिका अब खत्म हो गई, पर उन्होंने अदालत से यह गुहार लगाई कि उन्हें भुट्टो से मिलने दिया जाए। एम.ए. रहमान की नुमाइन्दगी में अभियोजन पक्ष ने इस पर अपना कोई एतराज़ नहीं जताया। अदालत कक्ष के बाहर इन्तजार कर रहे प्रेस वालों को याहया बख़्तियार ने बताया कि दूसरे पुनर्विचार याचिका का आधार अभी भी मौजूद है। इस बीच जेल अधीक्षक ने भुट्टो को अपने ज्ञापन में यह लिखा कि उनकी मृत्यु की सजा की पुष्टि हो गई है, और उनके पास अब रहम की गुहार के लिए सात दिन का समय है। जब वे यह ज्ञापन लेकर भुट्टो को देने गए और उन्हें उसकी कार्बन प्रति पर हस्ताक्षर करने को कहा तो उन्होंने ऐसा करने से साफ मना कर दिया और उसे बेहद अशिष्ट तरीके से चले जाने को कहा–'हाँ, हाँ, मैं इन सब चीजों के बारे में जानता हूँ।'

अगले दिन (25 मार्च, 1979), लाहौर उच्च न्यायालय ने उन पाँचों सजा प्राप्त मुजरिमों के खिलाफ यह बताते हुए एक ब्लैक वारंट जारी कर दिया कि उन्हें 4 अप्रैल 1979 के बाद सजा दी जानेवाली है। पर असली तारीख को गुप्त रखा गया था।

भुट्टो ने जितने भी रिश्तेदारों से मिलना चाहा, उन्हें उसकी इजाजत मिल गई। उनकी पहली पत्नी अमीर बेगम, चाचा, चचेरे भाई-बहन, जिनमें भुट्टो के मन्त्रिमंडल में रह चुके मन्त्री मुमताज भुट्टो भी शामिल थे, हफ़ीज पीरज़ादा आदि उन अनेकों आगन्तुकों में से थे, जो उनसे जेल में मिलने आए थे। सभी मुलाकातियों की तलाशी ली गई और किसी को भी कोठरी के अन्दर घुसने की इजाजत नहीं दी गई थी। लोहे के दरवाजे के सामने एक छह फुट चौड़ी लकड़ी की मेज रख दी गई थी ताकि मुलाकातियों से उनका किसी भी प्रकार का कोई शारीरिक सम्पर्क न बन पाए (या साइनाइड या कोई जहर की शीशी न पकड़ा दी जाए)।

एक रात भुट्टो ने जेल के उप-अधीक्षक को बुलवाया और उससे बोले कि वह हफ़ीज पीरज़ादा को बुलवाए। भुट्टो ने हफ़ीज पीरज़ादा से दया की गुहार के लिए कोई एक खास अनुरोध तो नहीं किया, परन्तु जिन शब्दों का उन्होंने इस्तेमाल किया था वे कुछ यूँ थे–'मरना बहुत मुश्किल होता है,' और दरअसल 1 अप्रैल 1979 को भुट्टो से अपनी आखिरी मुलाकात के बाद उन्होंने एक दया की याचिका भी दायर की थी। यह इस बात की ओर इंगित करता है कि भुट्टो

ने अपने निश्चय से बिना डिगे, कभी भी जीवनदान की याचना नहीं की। पर उन्हें अभी भी यह उम्मीद बरकरार थी कि किसी भी तरह कोई—जनरल जिया के हाथों को ऐसा करने से रोक देगा। जेल से बाहर निकलते ही प्रेसवालों ने पीरजादा से पूछा कि क्या भुट्टो ने क्षमा-दान की अपील की है ? उन्होंने जवाब दिया—"नहीं, उन्होंने नहीं की है, पर मैं ऐसा करूँगा।"

4 अप्रैल को उन्हें फाँसी पर चढ़ा दिया जाएगा, यह फैसला उससे दो दिन (2 अप्रैल) पहले लिया गया। कानूनन फाँसी सुबह 5:30 बजे (जाड़े में 6 बजे) में लगाई जानी थी। पर प्रदर्शन आदि से बचने के लिए और शव को हवाई जहाज से लरकाना और फिर आगे नाओ देरो उनके गाँव के पारिवारिक कब्रिस्तान में उसे दफनाने के लिए सूली पर चढ़ाने का वक्त सुबह 2 बजे का मुकर्रर हुआ। इस बीच जल्लाद तारा मसीह को बहावलपुर से लाहौर लाया गया। अटकलें तेज थीं कि सजा मिलनेवाले आदमी को फाँसी के लिए कोटलखपत जेल ले जाया जा सकता है।

3 अप्रैल सन् 1979 को सुबह 11 बजे नुसरत और बेनज़ीर भुट्टो को सिहला से रावलपिंडी जेल लाया गया। उन दोनों ने जेल के अधिकारियों से यह जानने के लिए जोर डाला कि क्या यह उनकी भुट्टो से आखिरी मुलाकात है ? पर उन्हें इसका कोई सीधा-साफ जवाब नहीं मिला—'आप यही समझ लो।' जब पत्नी और बेटी ने इसके बारे में भुट्टो को बताया तो उन्होंने जेल अधीक्षक को बुलवाया और उससे उन्हें इस बात की पुष्टि हुई कि जहाँ तक मुलाकातों का सम्बन्ध है, तो यह आखिरी है। पर फाँसी किस समय होनी है, इसका खुलासा नहीं किया गया।

मेज के आमने-सामने नुसरत और बेनज़ीर भुट्टो तीन घंटे तक बातें करती रहीं। इस बीच भुट्टो एक नादानी कर बैठे और उन्होंने लरकाना में अपने घर की दीवार के पीछे छुपाए गए कुछ कागजातों के बारे में निर्देश दिया। चार घंटे के भीतर ही पूरे घर को छान लिया गया और कागजात ढूँढ़ निकाल लिए गए।

पत्नी और बेटी के साथ भुट्टो की आखिरी मुलाकात हृदय-विदारक है। अपने पिता का आलिंगन या फिर कम-से-कम उनके पैर ही छू लेने की गुजारिश नहीं मानी गई। चाँदी की ट्रे जिसमें भुट्टो को चाय दी गई उन्हें इन शब्दों के साथ वापस कर दिया कि अब साहिब को इसकी जरूरत नहीं पड़ेगी। जाहिर था कि सजा के हुक्म की तामील का समय नजदीक आ गया था। नुसरत और बेनज़ीर दोपहर 2:30 बजे जेल से गए और राष्ट्रपति ज़िया-उल-हक़ से मिलने की माँग की। जेल अधीक्षक ने राष्ट्रपति भवन को जब फोन लगाया तो उसे वहाँ

से कहा गया कि उन महिलाओं से कहो कि उन्हें जो कुछ भी कहना है एक कागज पर लिखकर दें।

चार बजे शाम को मजिस्ट्रेट कागज-कलम लेकर भुट्टो के पास पहुँचा और उनसे कहा कि वे अपनी आखिरी इच्छा लिख कर दें, जिसे वह सत्यापित कर देगा। भुट्टो ने घंटे भर या फिर उससे कहीं ज्यादा ही समय अपना आखिरी सन्देश लिखने में बिताया। पर कोई कभी यह नहीं जान पाएगा कि आखिर उन्होंने इसमें क्या कुछ लिखा था क्योंकि उन्होंने अपने सिगार के लाइटर से उस कागज को वहीं राख बना डाला।

शाम 6 बजे उन्होंने गर्म पानी और अपने हजामत बनाने के सामान को यह कहकर माँगा कि मैं किसी मुल्ला की तरह दिखते हुए नहीं मरना चाहता और उसके बाद उन्होंने अपनी ठुड्डी के पास की दाढ़ी काट दी, खुद को शीशे में देखा और फिर अपने आप से ही मजाकिए अन्दाज में टिप्पणी की–'अब मैं तीसरी दुनिया के किसी देश के नेता की तरह लग रहा हूँ।'

एक मौलवी तसबीह (माला) और मुसल्ला (नमाज का आसन) लेकर भुट्टो की आखिरी नमाज में मदद करने पहुँचे। भुट्टो ने वह माला अपने गले में डाल ली और मौलवी को मुसल्ला लेकर वहाँ से चले जाने को कहा क्योंकि उन्हें अपने खुदा से मिलने में किसी की भी मदद की दरकार नहीं थी।

उसके बाद वे अकड़खाँ अपने में नहीं रहे। वे चटाई पर लेट गए और एक प्रकार की बेहोशी की अवस्था में चले गए। ज्यों-ज्यों फाँसी देने का वक्त नजदीक आता गया, जेल के अन्य कैदियों को जमाकर पाक कुरआन की आयतें पढ़ने का हुक्म दिया गया। इन हलचलों से केवल भुट्टो ही बेखबर रहे। सुबह 1:30 बजे मजिस्ट्रेट और डॉक्टर के संग जेल के अधिकारीगण उन्हें उनकी अन्तिम यात्रा के लिए बने चबूतरे की ओर ले जाने के लिए वहाँ पहुँचे। जेल-अधीक्षक ने उन्हें हिलाया और कहा–'भुट्टो साहिब, जाने का वक्त आ गया है।'

इसके बाद क्या-कैसे हुआ, इस पर लोगों का अलग-अलग कहना है। एक के अनुसार भुट्टो जैसे ही जगे और ज्यों ही आदमी को सामने हथकड़ी लिए खड़ा देखा तो वे दहशत में आ गए। वे इस समय को बिता देने के अनेकों बहाने ढूँढ़ने लगे–'वे नहाना चाहते हैं, अपनी अन्तिम इच्छा लिखना चाहते हैं, एक कप कॉफी पीना चाहते हैं।' परन्तु इन सबको दृढ़ता से पर विनम्रतापूर्वक मना कर दिया गया। किसी एक दूसरे के कहे अनुसार उन्होंने जगने से ही मना कर दिया। जेल-अधीक्षक यह देख डर गया कि कहीं उन्होंने खुद ही अपनी जान तो नहीं ले ली और डॉक्टर को बुलवाया। डॉक्टर को नाड़ी मिल गई। उसने उनके दिल की

धड़कन को आला लगाकर सुना और उनकी आँखों की पपनियाँ खोलकर इस बाबत आश्वत हुआा कि वे जिन्दा हैं। दोनों ही वर्णनों के अनुसार वे जगने में असमर्थ या अनिच्छुक थे और उन्हें स्ट्रेचर पर उठाकर रखा गया था। चूँकि वे चित्त पड़े थे इसलिए फाँसी की सजा प्राप्त कैदी को अन्तिम यात्रा के लिए ले जाने के समय जेल के नियमों के मुताबिक उनके हाथों को पीछे से हथकड़ी लगाए जाने के बजाय उनके हाथों में आगे से हथकड़ी लगाई गई थी।

जेल पर कहीं कोई धावा न बोल दे इस तरह की तमाम कोशिशों से बचने के लिए पूरी एहतियात बरती गई थी। पी.एल.ओ. और यहाँ तक कि कई विदेशी सरकारों के नामों के बारे में भी काना-फूसी होने लगी थी कि वे भुट्टो को हर सम्भव तरीके से अपनी जान पर खेलकर बचा लेंगे। एहतियातों में पैराशूटों और दुश्मनों के हेलीकॉप्टर पर नजर रखना भी शामिल था। फलस्वरूप उस समय जेल में सेना के जवान भारी संख्या में मौजूद थे। अन्दाजा लगाया गया है कि 250 से भी ऊपर की तादाद में लोगों ने अपनी आँखों से उन्हें फाँसी चढ़ते देखा था।

चबूतरा फाँसी की सजा प्राप्त मुजरिमों की कोठरी से थोड़ी दूरी पर था। भुट्टो को स्ट्रेचर पर लेकर दल, फाँसी के तख़्ते के पास 1:45 पर पहुँचा। स्ट्रेचर जैसे ही नीचे रखा गया और जेल-अधीक्षक भुट्टो के नजदीक पहुँचा कि वे अचानक उठकर बैठ गए। उन्होंने अस्फुट से स्वर में कुछ कहा जिसकी व्याख्या कुछ यूँ की गई कि नुसरत अकेली रह जाएगी। हथकड़ी जब खोली गई और उनका हाथ पीछे से बाँधा गया तो यह कहा जाता है कि उन्होंने गाँठ के कसकर बाँधे जाने का विरोध किया। फिर बिना किसी सहारे के वे फाँसी के तख़्ते की सीढ़ियाँ चढ़ते चले गए। इससे पहले कि तारा मसीह उनके सिर में काला टोप पहनाता उनके होंठ हिल उठे थे। एक के अनुसार वे बुदबुदा उठे थे कि 'खत्म करो इसे !' पर किसी एक दूसरे के अनुसार उनके होंठ हिले तो बेशक थे पर उनसे कोई आवाज नहीं निकली थी।

फन्दा सुबह के ठीक 2:00 बजे खींच दिया गया और फुर्तीला, चमकदार, जुल्फिकार एक समय के पाकिस्तान के राष्ट्रपति और प्रधानमन्त्री, जिन्ना के बाद का देश का सबसे लोकप्रिय नेता (कैद-ए-आज़म) मौत के गहन अन्धकार में डूब गया।

अपनी मौत के वक्त भुट्टो सलवार-कमीज, जिसे कि उन्होंने 'आवामी सूट' का दर्जा दिलाया था, पहने थे। उनकी कलाई पर एक सोने की जेनिथ घड़ी, और तीन हीरे जड़ी एक सोने की अँगूठी उँगली में मौजूद थी। पिंडी मस्जिद का एक सीधा-सादा-सा नौकर हयात मुहम्मद ने जब उनके शव को नहलाया, कफन

ओढ़ाया, तो उसके बाद किसी का ध्यान इस ओर गया कि हीरे जड़ी अँगूठी तो नदारद है। जेल-अधीक्षक ने तुरन्त तारा मसीह और हयात मुहम्मद को गिरफ्तार कर उनकी तलाशी लेने का हुक्म दिया। अँगूठी जल्लाद तारा मसीह की जेब से निकली। घड़ी और अँगूठी दोनों ही अगली सुबह बेनज़ीर भुट्टो के सुपुर्द कर दी गईं।

शव को हवाई जहाज से लरकाना और फिर वहाँ से नाओ देरो ले जाया गया। भुट्टो की पहली पत्नी अमीर बेगम, जो कि उनसे 15 साल बड़ी थीं, उनके चाचा, चाची और दूसरे रिश्तेदारों को मृत-व्यक्ति का चेहरा देखने की इजाजत दे दी गई। चेहरे पर गाम्भीर्य और एक प्रकार की प्रशान्तता थी, मानो कि वे गहरी निद्रा में सो रहे हों। गर्दन पर एक लम्बे-गहरे घाव के निशान के अतिरिक्त कहीं किसी प्रकार का कोई और चोट का निशान नहीं था। (इस कहानी में कोई सच्चाई नहीं है कि जिसे फाँसी पड़ती है उसकी गर्दन लम्बी और आँखें-जीभ उबलकर बाहर आ जाती हैं।)

भुट्टो की सजा उनके कुकृत्यों की याद को पोंछ देगी और उन्होंने जो अपने देश के लिए अच्छा कार्य किया उन पर बल डालेगी। उन्हें पहले से ही शहीद माना जा रहा है। खबर है कि लोग उनकी आत्मा की शान्ति के लिए उनकी कब्र पर फातिहा पढ़ रहे हैं।

कइयों के बारे में तो उनकी कब्र को चूमने, उसकी धूल लेने और उसे माथे पर लगाने की जानकारी भी मिली है। खैबर से लेकर कराची तक के हर खेड़ा, गाँव, कस्बा, शहर के लोग एकत्रित होकर घैवाना नमाज-ए-जनाजा (शव की अनुपस्थिति में अन्त्येष्टि नमाज) पढ़ रहे हैं। भुट्टो की आत्मा पहले ही अपने मकबरे से बाहर निकल आई है, वह दिन दूर नहीं जबकि शासन करनेवाले सेनाध्यक्षों के भ्रामक सपने की शक्ति को वह एक भयानक अनुभव में न बदल दें।

आनेवाले समय में भुट्टो की शहादत से लाभ पानेवाले में अनिवार्यतः जिन लोगों के नाम बताए जाएँगे उनमें उनके चचेरे भाई को लगाकर पाकिस्तान पीपुल्स पार्टी के चोटी के नेता मुमताज अली भुट्टो, मो. अब्दुल हफ़ीज पीरज़ादा, जनरल टिक्का खान, जिन्हें कि पाकिस्तान में बेहद सम्मान भरी नजरों से देखा जाता है और विशेषकर उनकी बेटी बेनज़ीर भुट्टो का नाम शामिल है।

युवा तानाशाह : संजय गांधी

वह जून 1990 की झुलसा देनेवाली दुपहरिया थी, जब न तो कहीं कोई इंसान या फिर जानवर ही छाँव से बाहर इधर-उधर दिखाई पड़ रहा था। और ऐसे में मैं उस चिलचिलाते सूरज के नीचे इंडिया गेट के गोलचक्कर के पास पसीने से तरबतर हुई उस भीड़ का हिस्सा बना खड़ा था। मैं गुजर गए अपने उस युवा दोस्त को अन्तिम विदाई देने आया था। मुझे आज से 16 साल पहले का वह दिन याद आया जब मैं ठीक इसी जगह पर ऐसी ही भीषण गर्मी में अपने मित्र के पूर्वज की शवयात्रा देखने खड़ा था। उसके पूर्वज 50 वर्षों से भी ज्यादा समय तक एक राष्ट्रीय छवि वाले व्यक्ति रहे थे और बाद में 17 वर्षों तक हिन्दुस्तान के प्रधानमन्त्री रहे। उसकी अन्त्येष्टि के लिए पर्याप्त बन्दोबस्त किए गए थे। मेरा दोस्त राजनीति का एक उभरता चेहरा था, जो वयस्क होते ही बदनामी और निन्दा में घिरता चला गया, उसे तंग किया जाता रहा और जेल में डाला-निकाला जाता रहा। वह अभी हाल ही में संसद में घुसने में सफल रहा था। फिर भी उसकी अन्तिम-यात्रा पर उमड़ी भीड़ उसके पूर्वज पर जुटी भीड़ से कहीं ज्यादा थी। किसी ने उर्दू की इस शायरी में ठीक ही कहा है कि–

ऐ गुलचीन-ए-अजल तुझसे नादानी हुई,
फूल वो तोड़ के गुलशन में वीरानी हुई।

(अरे ओ जीवन के फूल तोड़नेवाले, तुमने एक बहुत बड़ी नादानी की है, तुमने एक वो फूल तोड़ लिया, जिसने कि पूरे बाग को ही वीरान कर दिया।)

शवयात्रा के आगे-आगे युवा लोगों की टोलियाँ चल रही थीं जो बढ़-चढ़कर यह दम्भपूर्ण नारे लगाए जा रही थी कि–

जब तक सूरज-चाँद रहेगा,
संजय तेरा नाम रहेगा।

घर वापस लौटकर मैं इस अजीबोगरीब बात पर सोच में पड़ गया। इसका एक मात्र कारण जो मैं यह सोच पाया कि उसके जीवन के पिछले साल-दो साल में एक 'संजय-कल्ट' विकसित हुआ, जो शायद ही किसी की नजर से गुजरा हो।

यह काफी कुछ व्यक्ति-विशेष की पूजा पर आधारित 'चे ग्वेरा' के कल्ट जैसा था, जो खूँखार तरीके से रहता, रीति-परम्पराओं की उपेक्षा करता, जिससे लोग मोहब्बत की बजाय खौफ करते और सबसे ज्यादा यह कि उसे खुद किसी का भी खौफ नहीं होता। यह सब कुछ संजय पर लागू होता है। मुझे उसका वह कहना याद है कि वह नेता जिससे लोग मोहब्बत करें के बनिस्पत वह नेता जिससे लोग खौफ करें, ज्यादा इज्जत पाता है। 'यही वजह है कि जब मैं उनको कुछ करने के लिए कहता तो वे बखूबी इसे अंजाम देते।'

संजय के अनुयायियों का नेता अब कौन होगा ? इसकी तनिक भी जिम्मेदारी राजीव अपने कन्धों पर लेंगे, मुझे ऐसा नहीं लगता। वे अपने-आप में रहनेवाले, अमहत्वाकांक्षी और एक पारिवारिक प्रकृति के व्यक्ति हैं। कमलनाथ, जगदीश टाइटलर या फिर युवा सिन्धिया के कन्धों पर भी यह भार नहीं डाला जा सकता, क्योंकि उनमें से किसी में भी न तो जान पर खेलने की वह हिम्मत ही है और न ही वैसी अकड़, जो संजय के साथ हुआ करती थी। इस पन्थ-नायक का एकमात्र सम्भावित उत्तराधिकारी, जो हो सकता है, वह है मेनका। वह अपनी दिवंगत पति जैसी ही है—एकदम निर्भीक, और जगाने पर सिंह पर सवार दुर्गा की हू-ब-हू सच्ची अवतार।

टिक्का खान : बंगलादेश का कसाई

ज़्यादातर हिन्दुस्तानियों के दिमागों से वह नाम बेशक धुँधला पड़ता चला गया हो पर हमारे पड़ोसी बंगलादेशियों के दिमागों में वह यकीनन लाल रंग से गुदा हुआ रहेगा। पाकिस्तान के जनरल याहूया ख़ान ने उन्हें पूर्वी पाकिस्तान में बढ़ रहे असन्तोष को दबाने के लिए भेजा था। उन्होंने ऐसा अपने इकलौते ज्ञात तरीके से किया। पंजाबी बहुल सेना को उन बेचारे बंगलादेशियों को लूटने, बलात्कार करने और किसी पर भी पाकिस्तान के खिलाफ होने के तनिक शक पर भी बेहिचक मौत के घाट उतार देने की खुली छूट दे दी गई थी। विश्व मीडिया ने ढाका में उनके कार्यकाल को व्यापक रूप से 'कवर' किया। उन्हें बंगलादेश के कसाई के रूप में जाना जाने लगा। उनकी मौत 86 वर्ष की अवस्था में इस्लामाबाद में 28 मार्च, सन् 2002 को हो गई।

बंगलादेश को आजादी हासिल हो जाने के बाद, मैं पाकिस्तान के नए शासक जुल्फिकार अली भुट्टो के न्यौते पर पाकिस्तान गया था। मैं जनरल टिक्का खान (तब तक सेवानिवृत्त हो चुके थे) से उनके पक्ष की कहानी सुनने के लिए बेचैन था। उन्होंने साक्षात्कार लेने के मेरे अनुरोध को ठुकरा दिया। वे किसी भी हिन्दुस्तानी और खासकर सिक्ख पत्रकार को तो कदापि नहीं देखना चाहते थे। मैंने अपने दोस्त मंजूर कादिर खान को मेरी वकालत करने को कहा। उसने जनरल टिक्का खान को यह भरोसा दिलाया कि मैं पाकिस्तान के प्रति किसी भी प्रकार की कोई दुर्भावना पाले नहीं हूँ, और मैं पूरी ईमानदारी से वही बयाँ करूँगा जो कि उन्हें उस विद्रोह, जिससे कि बंगलादेश बना, के बारे में अपनी भूमिका पर कहनी है।

वह एक यादगार साक्षात्कार में बदल गई। जनरल टिक्का खान मुझसे अपने बँगले पर मिले। मैं यह देखकर एकदम हैरत में था कि देखने में वे कितने असैनिक से लगते थे—सिपाही से कहीं ज्यादा एक बैंक का क्लर्क। वे ठिगने और गठीले बदन के थे। कड़कदार आवाज। जिस कमरे में मैं उनके साथ बैठा था, वहाँ उनका एक 6 फीट 6 इंच लम्बा पठान भी मौजूद था, वह किसी गऊ की

तरह विनम्र था। उस कमरे में चारों तरफ मैंने अपनी नजरें दौड़ाईं, वह कमरा जैसा कि किसी वरिष्ठ सेना के अधिकारी के यहाँ देखा जा सकता है, पारिवारिक फोटो और ट्रॉफियों से अँटा पड़ा था। दीवार पर जगह-जगह पवित्र कुरआन के उद्धरण लगे थे, जिनमें आतिशखाने के ऊपर प्रमुख रूप से प्रदर्शित एक उद्धरण मुझे आज भी याद है।

जनरल काफी गुस्सैल थे। उनका सारा-का-सारा गुस्सा बंगलादेशियों के विरुद्ध न होकर सीधे हिन्दुस्तानियों पर था। दगा, धोखा, झूठ जैसे शब्द उनके मुँह से किसी ज्वालामुखी के लावे की तरह फूट रहे थे। उन्होंने दावा करते कहा कि 'बंगलादेश का कसाई' नामक उनका यह उपनाम हिन्दुस्तानी प्रेस की करामात है।

'हम तो खुदा से खौफ खानेवाले मुसलमान ठहरे'—वे इसे बार-बार दुहराए चले जा रहे थे। 'हमारे सैनिक बेहद अनुशासित हैं और बलात्कार-हिंसा जैसी बातों में शामिल होनेवाले नहीं हैं।'

उन्हें जो भी कहना था मैंने उन्हें कह लेने दिया और फिर यथासम्भव रूप से बेहद नम्र होते हुए उनसे पूछा—"पाकिस्तानी सेना हिन्दुस्तानी सेना के खिलाफ भला इतनी कमजोर क्यों रही ?"

"दग़ा"—उन्होंने एकबार फिर दुहराया। हमें युद्ध घोषित किए जाने के लिए मजबूर करने से बहुत पहले ही हिन्दुस्तानी सेना, पूर्वी पाकिस्तान में घुस आई थी।

मैंने उन्हें इस ओर से इशारा करते कहा कि शायद ही कहीं कोई सोची-समझी किसी एक खास जगह कोई लड़ाई भी हुई थी। जहाँ भी कहीं हिन्दुस्तानियों को कोई प्रतिरोध का सामना करना पड़ा, तो उन्होंने लड़ाई से पूरी तरह बचते हुए मुक्तिवाहिनी को, पाकिस्तानियों को अपनी हदों में रखने के कार्य के लिए छोड़ दिए।

जनरल साहब का अर्दली जिसने इस युद्ध को अपनी आँखों से देखा था अचानक फूट पड़ा—"आवाम हमारे खिलाफ था।"

जनरल साहब को अपने अर्दली के बीच में इस प्रकार से बोल पड़ने की बात नहीं सुहाई और उन्होंने झट उसे झिड़क दिया। मैंने उनकी दुखती रग दबाई—"जनरल साहब, आम लोगों के आपके खिलाफ उठ खड़े होने की कोई-न-कोई वजह तो होगी ?"

वे मेरी इस बात को टाल गए और बार-बार यह दुहराने लगे, 'यह सब हिन्दुस्तानियों का दुष्प्रचार है।' मैंने उन्हें कहने दिया। विदा लेने से पहले मैंने कुरान के उस उद्धरण की ओर संकेत किया, जो उनके आतिशखाने की शोभा बढ़ा

रहा था। उन्होंने अरबी में उसे जोर से पढ़ा—नसर मिन अल्लाह फतह उन करीब (अल्लाह उसे जीत नसीब करे जिसका उद्देश्य जायज हो)।

'जनरल साहब ! अल्लाह ने हम हिन्दुस्तानियों को जीत नसीब कराई।'

उन्हें लगा कि मैंने उन पर गलत तरीके से वार किया है। सरदार साहब, मुझे शक है कि आप पवित्र कुरआन की इस आयत को उसके सही सन्दर्भ में जानते हैं।

मैंने अपना सिर हिलाया, हाथ मिलाया और विदा होने की इजाज़त ली।

एम.ओ. मथाई : नेहरू का प्रतिशोधी

हालाँकि मैं इस भावुकता में कतई विश्वास नहीं करता कि किसी व्यक्ति के मरने के बाद उसके बारे में कुछ भी गलत न कहा जाए, फिर भी मैं मथाई के खिलाफ एक शब्द नहीं कहने जा रहा हूँ। मैं तो बस उस प्रथा के खिलाफ बोल रहा हूँ, जिसे बेहतर शब्दों में 'मथाईवाद' कहा जा सकता है। पर ऐसा करने से पहले, इस व्यक्ति के बारे में, जिसकी मृत्यु हाल में ही हुई है, जरा आपकी यादों को ताजा कर दूँ। सन् 1952 तक उसके परिवार या फिर उसकी अपनी मित्र-मंडली के सिवाय शायद ही किसी ने उसके बारे में सुना भी था। द्वितीय विश्वयुद्ध के दौरान वह अमेरिकी सेना में मामूली-सी किरानीगिरी करता था। सन् 1946 में, वह जवाहरलाल नेहरू के साथ जुड़ गया और फिर धीरे-धीरे उनका विश्वास जीतकर उनके परिवार के किसी एक सदस्य की तरह बन बैठा। वह प्रधानमन्त्री का विशेष सचिव नियुक्त किया गया। इस पद ने न केवल उसे जवाहरलाल नेहरू, फिरोज व इन्दिरा गांधी के निजी जीवन में झाँकने का एक अच्छा मौका दिया बल्कि साथ ही दी प्रधानमन्त्री पद को छोड़कर बिना किसी जिम्मेदारी या किसी के प्रति जवाबदेही की एक बेहिसाब ताकत। स्वयं उसी के शब्दों में–"कोई भी फाइल या कागज मेरे बिना प्रधानमन्त्री तक नहीं पहुँचता था। कोई भी चीज मुझसे हुए बिना आगे नहीं बढ़ पाती...कार्यालय के लोग मुझे उपप्रधानमन्त्री कहने लगे थे...और गद्दी के पीछे की ताकत मानते थे।" इसमें कोई अचरज की बात नहीं कि वह घमंडी बन गया–"कुछ को यदि छोड़ दिया जाए तो अधिकांश मन्त्रियों के बारे में मेरा यही मानना है कि वे महज औसत या फिर घटिया दर्जे की जमात हैं।" यहाँ तक कि पंडितजी को भी यह कहने के लिए विवश होना पड़ा कि वह एक ऐसा व्यक्ति था, जो अक्सर छोटे-छोटे मामलों में मूर्खाना व्यवहार करता था और कभी-कभी तो अपनी लगभग पूरी ताकत ही झोंक देता था।

सत्ता के मद ने मथाई को भ्रष्ट बना दिया था। अपने पद से फायदा उठाने के लिए उसके पास मौके की कमी नहीं थी। अपनी डींगे हाँकते हुए उसने एक बार कहा भी कि मैंने न जाने कितने ही मन्त्रियों, राज्यपालों और गैर-अधिकारी

राजदूतों की नियुक्तियों में अपना अहम् रोल निभाया है। अपने चैरिटेबल ट्रस्ट के लिए उसने अनेकों धनाढ्यों (जिनमें बिड़ला भी शामिल है) को जबरन चन्दा देने के लिए परेशान किया। जाहिर तौर पर पद के इस मकाम तक पहुँचने में खुद मथाई में ऐसी कोई योग्यता-क्षमता नहीं थी बल्कि उसके पीछे का सच यह था कि वह हर व्यक्ति को यह भरोसा दिलाने में कामयाब रहा कि वह नेहरू से जो चाहे करा सकता है। वह जोड़-तोड़ करते हुए यहाँ तक पहुँचा और सन् 1959 तक जब तक कि उसे निकाल बाहर न कर दिया गया, तीनमूर्ति भवन का सर्वेसर्वा बना रहा।

नेहरू की कलगी से उस सरीखे पंख के निकलते ही वह अपने असली नीचता भरे स्वभाव पर आ गया और उसने उस विश्वास को ठेस पहुँचाई, जो नेहरू परिवार ने उसमें जताया था। एक उदार व्यक्ति होने के नाते नेहरू उसे माफ करते हुए वापस रख लेना चाहते थे। जब यह बात मथाई को पता चली तो वह गुर्राकर बोल उठा–'केवल कुत्ता ही अपनी उल्टी फिर से चाटता है।'

अपने निकाले जाने के अठारह साल बाद तक भी मथाई अपनी इस तल्खी को पगुराता रहा। नेहरू की मृत्यु और इन्दिरा गांधी के सत्ताच्युत होने के बाद मथाई खुद को उस परिवार, जिसका कि उसने नमक खाया था, के खिलाफ जहर उगलने में महफूज महसूस करने लगा था। अपनी किताब 'रेमिनिसंसेज ऑफ द नेहरू एज' जो कि जनता सरकार के शासन-काल में प्रकाशित हुई थी, में उसने नेहरू के एक के बाद एक, कई औरतों के साथ सम्बन्धों को उजागर किया और फिरोज गांधी को एक कम दिमागवाला, छिछोरा आदमी, कहते हुए उसकी इज्जत को आँच पहुँचाई। इन्दिरा को उसने उसकी पत्नी न कह रखैल बताया और साथ ही यह भी कहा कि वह एक बेहद घमंडी किस्म की औरत थी, जो प्रधानमन्त्री बनने के बाद अपने पिता से हमेशा दो कदम आगे ही बढ़ने की कोशिश में लगी रहती। 'बेचारी ! मेरा खयाल है कि औरतें मुगालते में जरूरत से ज्यादा ही रहती हैं।' 'रेमिनिसन्स' का सबसे दुर्भाग्यपूर्ण अंश 'वह महिला' नाम का वो 29वाँ अप्रकाशित अध्याय था, जिसे प्रकाशक ने अपने अधिकार के तहत पवित्र इरादे के साथ छपने से रोक तो लिया पर साथ ही पाठकों की कामुक भूख को बढ़ाते हुए उसने यह छापा कि यह अध्याय लेखक के बेहद निजी अन्तरंग अनुभवों के आधार पर डी.एच. लारेंस की तर्ज़ पर आधारित था, जिसे स्वयं लेखक ने अन्तिम क्षणों में वापस ले लिया (जाहिर तौर पर यह संकेत लारेंस की पुस्तक 'लेडी चैटरलीज लवर' की ओर था, जिसमें घर की मालकिन और पशु-पक्षियों की देखभाल करनेवाले नौकर के बीच परवान चढ़े इश्क की कहानी है)।

मथाई अब नहीं है। उम्मीद है कि यह अध्याय 29 उसके साथ ही सुपुर्द-ए-खाक हो गया। पर मथाईवाद आज भी जस-का-तस जिन्दा है। एक मथाई जाता है तो दूसरा आ जाता है। हर उस जगह जहाँ कि सत्ता का जमावड़ा है, ऐसे लोग होते हैं जो दिन-रात खुशामद और अपना भक्ति-भाव प्रदर्शित कर उसके नजदीक आ जाते है। और फिर नजदीकी की वजह से अपना प्रभुत्व बनाते हैं व अपना दबदबा बनाए रखने के लिए गोपनीय सूचनाएँ इकट्ठा कर लेते हैं। वे काफी-कुछ जानने लग जाते हैं और तब उन्हें सेवानिवृत्त करना या फिर उनसे मुक्ति पाना एक जोखिम भरा काम हो जाता है। ऐसे लोग बेहद खतरनाक होते हैं। मैक मथाई पर मेरा यह विलम्बित 'विदाई-सन्देश' नोएल कावर्ड से लिया गया है—'वह एक ठिगना आदमी था और यही उसकी समस्या थी, ऐसा व्यक्ति जिसकी टाँगें छोटी हों, उन पर कभी भी विश्वास न करें, क्योंकि उसका दिमाग, उसकी पेंदी के काफी करीब होता है।'

माउंटबेटन : व्यर्थ का शहंशाह

दो संक्षिप्त मुलाकातें—पहली लन्दन में और दूसरी उसके कुछ ही महीनों बाद टोरंटो (कनाडा) में, ये दोनों ही मेरे दिमाग में आज भी ताजा हैं। उन दिनों मुझमें वैसी नब्ज नहीं थी कि मैं अपनी प्रतिक्रियाओं को कागज पर उतार सकूँ। वे भाग्य के शहंशाह और एक प्रकार का भय पैदा करनेवाले व्यक्तित्व थे, जिनके लिए स्तुति-गान के अतिरिक्त और कुछ भी गाना बेमेल ही प्रतीत होता। जिएगलर द्वारा लिखी गई बेहतरीन जीवनी—'माउंटबेटन', ने मुझे यह आश्वस्त किया कि सम्राट या तो वस्त्रहीन थे या फिर अत्यन्त महीन-झीना-सा वस्त्र पहने थे, मेरी शंका निर्मूल नहीं थी।

पहली मुलाकात अनियोजित थी। लार्ड माउंटबेटन 'इंडिया हाउस' के स्वागत-भोज में मुख्य अतिथि थे। किन्हीं त्रुटियों के कारण वे अपने आने के समय से पन्द्रह मिनट पहले ही पहुँच गए थे और तब तक मेजबान कृष्ण मेनन भी उनके स्वागत के लिए उपस्थित नहीं थे। मैं उनके स्वागत के लिए भागा-भागा नीचे पहुँचा, और गलतफ़हमी के लिए क्षमा-याचना करते हुए अपने अस्थायी ऑफिस—जिस पर वैसे भी काउंटिस माउंटबेटन, बर्मा की नाम-पट्टी लगी थीं, उनकी पत्नी के लिए ही सुरक्षित थी, में तनिक रुककर विश्राम करने का अनुरोध किया।

आदरणीय लार्डशिप काउंटों की वेश-भूषा में नहीं थे। वे एडमिरल के गहरे नीले रंग वाली पोशाकें, जो कि स्वर्ण-बैजों, फीतों और छाती पर तमगों से सुसज्जित थी, भव्य रूप से पहनकर पधारे थे। चकाचौंध करते से स्वागत में भव्य पदार्पण, जैसा कि उन्होंने सोच रखा था, के बदले उन्हें इस मामूली से किरानियों जैसे इंसान के साथ समय गुजारना पड़ रहा था। मैंने उन्हें बहलाने की पूरी कोशिश की। मैंने उनसे विभाजन और उसके बाद के उन विपत्ति भरे दिनों के बारे में पूछा। इसका जवाब उन्होंने उकताए से, हाँ-हूँ कहते हुए दिया। मैंने उन्हें छेड़ते हुए पूछा—'लार्ड माउंटबेटन महोदय ! बहुत लोग यह महसूस करते हैं कि यदि आप अपनी रफ्तार धीमी रखते तो आबादी का एक ओर से दूसरी ओर जाना

आसान हो जाता और फिर शायद हम उस भयंकर खून-खराबे से बच जाते।

उन्होंने चिढ़ते हुए जवाब दिया—'मेरे आलोचकों का आज मेरे बारे में क्या कहना है, मुझे उसकी तनिक भी परवाह नहीं है। मैं तो इतिहास की कसौटी पर परखा जाऊँगा।'

मैं उनकी इस टीम-टाम से हतप्रभ रह गया। हालाँकि इसे सही ही ठहराया क्योंकि मैं एक परिष्कृत से अंग्रेज सज्जन से हवा में अमरता की कल्पना की उम्मीद नहीं बाँधे था। यह पक्का नहीं था।

अगली मुलाकात से लार्ड माउंटबेटेन के चरित्र का एक अन्य पहलू उजागर हुआ। उन्हें टोरंटो में एक अन्तर्राष्ट्रीय व्यापार मेले का उद्घाटन करना था। तभी अचानक हमें यह बताया गया कि लार्डशिप ने इच्छा प्रकट की है कि उनके साथ-साथ चलनेवाला व्यक्ति कनाडा का भारतीय उच्चायोग उपलब्ध कराए। हम यह सुनकर बेहद खुश हुए कि वायसराय और गर्वनर जनरल जैसे पद से हटकर भी वे हिन्दुस्तान के प्रति ऐसा स्नेह रखते हैं, और हिन्दुस्तानी-सम्बन्धों की याद बनाए रखना चाहते हैं।

वह गर्मी की एक स्वच्छ-सुहानी-सी सुबह थी। वहाँ भयंकर भीड़ उमड़ी हुई थी। वे अपने 'रॉल्स रॉयस' में यूनियन जैक का झंडा लहराते पहुँचे। अबकी वे श्वेत रंग के शार्क के चमड़े से बनी पोशाक पहने थे, और उसमें वही पहलेवाले सोने-चाँदी के तमगे और बड़े-बड़े मैडल लगे थे। हम उनके पीछे कतार में खड़े हो गए, काली शेरवानी और चूड़ीदार पहने दो दाढ़ीवाले सरदारों के पीछे उच्चायोग स्थित हमारी जल, थल और वायु-सेना अपनी-अपनी वर्दियों में मुस्तैद थीं। इस दृश्य को देखते ही कनाडा के लोगों ने मानो अपनी सुध-बुध खो दी। यह गौरव की पराकाष्ठा पर पहुँचा ब्रिटिश साम्राज्य था। लम्बा, भव्यपूर्ण तरीके से परिधानों में सुसज्जित श्वेत राजा अपने पीछे खड़े सम्मान प्रदर्शित करते अश्वेत प्रजा के संग था। जब वे बोल रहे थे, हम उनके पीछे खड़े रहे। उनके भाषण उनकी राजसी-सम्पर्क के संकेतों से जहाँ-तहाँ भरे पड़े थे—'मेरा चचेरा भाई राजा है, मेरा भतीजा रानी का परिचर था, मेरे चाचा यहाँ-वहाँ के ड्यूक थे वगैरह-वगैरह। यह सब कुछ बेहद खूबसूरती से गुजरता चला गया क्योंकि बन्दोबस्त काफी दुरूस्त था—'लार्ड माउंटबेटन की यह एक पसन्दीदा शैली थी। यह सारा-का-सारा तमाशा उस समय के दिग्गज राजनीतिक हस्तियों के द्वारा आयोजित किया गया था।

क्या इस व्यक्ति में कोई खास ठोस बात थी ? मैं इस बारे में आश्वस्त नहीं था। यकीनन वे एक अच्छे कुल में पैदा हुए थे, महारानी विक्टोरिया स्वयं उन्हें ईसाइयत की दीक्षा प्रदान करनेवाले समारोह में पधारी थीं। वे ज्यादा पढ़े-लिखे नहीं

थे। उनके जैसे वर्ग के लोग किताबों की ज्यादा फिक्र करनेवाले नहीं हुआ करते थे। उनके पास कोई ज्यादा धन-दौलत नहीं थी। उन्होंने इसकी कमी अपार वैभवशाली, अलग रह रही एक यहूदी महिला से शादी करके पूरी कर ली। वह उन्हें आदतन ताना मारती और वे उसकी इस फजीहत को झेलते रहते जिसकी सीधी-सादी-सी वजह यह थी कि वे अपना मनचाहा जीवन, उसकी दौलत के बिना नहीं जी सकते थे। वे इज्जत पर बट्टा लगानेवाले इंसान थे, जिसने अपनी पहुँच का भरसक फायदा उठाया था।

हालाँकि उनके व्यक्तित्व में काफी-कुछ अच्छी बातें भी थीं। वे घमंडी कतई नहीं थे और खुद की वास्तविक स्थिति (सामान्य वर्गीय होना) से अत्यन्त सहज थे। अपनी परिसीमित दृष्टि के कारण वे बिना परवाह किए बड़े-बड़े साहसिक निर्णय ले लिया करते थे। मुझे उनके समकालीन लोगों में कोई और दूसरा नजर नहीं आता, जो प्रसिद्धि के इस शिखर पर मोटे तौर पर इस कारण पहुँच पाया हो कि उन्होंने एक सही महिला से अपनी शादी रचाई और भाग्य हमेशा उनका साथ देता रहा। उनके व्यक्तित्व के चित्रण का सार प्रस्तुत करने के क्रम में 'जिएगलर' के ये शब्द ठीक ही हैं कि :

'माउंटबेटन का चित्र बिना उनके वास्तविक दोषों के बारे में बताए, वस्तुतः अविश्वसनीय ही होगा, क्योंकि उनके बारे में अन्य सभी बातों की तरह उनमें कमियाँ भी खूब थीं। उनका अभिमान यद्यपि शिशुवत था, पर था दानवी। उनकी महत्वाकांक्षाएँ उच्छृंखल थीं। वास्तविकता जो कि उनके सामने होती, झट बड़ी तेजी से 'क्या थी' से बदलकर 'क्या होना चाहिए' में परिवर्तित हो जाती। उन्होंने सच्चाई के प्रति एक लापरवाह उदासीन रवैया रख अपनी उपलब्धियों को बढ़ा-चढ़ाकर प्रदर्शित करने हेतु इतिहास का पुनर्लेखन करवाना चाहा। एक समय ऐसा भी आया जब मुझे उसकी आँखों में धूल झोंकने के इरादे का अहसास होने लगा, तो मैं अत्यन्त कुपित हो उठा था और अपनी मेज पर एक नोटिस लगाना आवश्यक समझा जो कुछ इस प्रकार था—"याद रखना, हर चीज के बावजूद वह एक महान इंसान था।"

रजनी पटेल : मार्क्सवादी करोड़पति

किसी खानदानी व्यक्ति की मृत्यु पर श्रद्धांजलि अर्पित करते समय लोग-बाग भला उसके आचार-व्यवहार को ही क्यों लेते हैं ? रजनी पटेल का जीवन खुद सामान्य से कहीं बढ़-चढ़कर था, अच्छे और बुरे अवयवों से भरपूर, जिसने उसे एक इंसानी डायनमों में तब्दील कर दिया था। हमारे सभी निम्नकोटि के नेता और पत्रकार उसकी प्रशंसा में वही घिसी-पिटी बातें कह गए जो वे अक्सर किसी ख्याति-लब्ध व्यक्ति के गुजर जाने पर कहते हैं, मसलन हिन्दुस्तान का महान सपूत, स्वतन्त्रता-सेनानी, महान न्याय विशारद वगैरह-वगैरह। ये फिजूल के उपदेश जिगर के कैंसर या दिल का दौरा पड़ने से कहीं बढ़कर थे, जिन्होंने असल में रजनी को मौत के बाद मारा।

रजनी में कई अच्छी बातें थीं—दोस्ती का वरदान, अपने दोस्तों के पीछे तब भी खड़े रहना जबकि वह जानता था कि वे गलत हैं, राजकुमारों जैसी उदारता, मदिरा-प्रेम और खूबसूरत औरतें। उसमें कई कमियाँ भी थीं—राजनीतिक और आर्थिक दृष्टि से नैतिक संकोच का अभाव, उस चीज का उपदेश देना जिसका कि वह स्वयं शायद ही कभी पालन करता हो और जान-बूझकर अपना नाम डुबोना। पिछले पचास वर्षों में, उसके सम्पर्क में रहते मैंने रजनी के जीवन-सिक्के के दोनों पहलुओं को देखा है। पर उसका अपने दोस्तों पर इतना ज्यादा स्नेह होता कि शायद ही कोई उससे अपना पल्ला झाड़ने की हिम्मत जुटा पाता, हममें से किसी के लिए जो सबसे बढ़िया तरीका हो सकता था वो यह कि व्यक्ति खुद को उसके दायरे से धीरे-धीरे अलग करता चला जाए।

मैं रजनी से पहली बार तब मिला था, जब वह कैम्ब्रिज विश्वविद्यालय में पढ़ता था। वह एक उत्साही साम्यवादी था, जबकि मैं ऐसा नहीं था। हमारी बातचीत हमेशा झगड़े पर जाकर खत्म होती थी। एक बार उसे, मुझे और कृष्ण मेनन को पेरिस तक साथ-साथ यात्रा करनी थी। उस छह घंटे की यात्रा में वे दोनों ही मुझे नजरअन्दाज़ करते रहे। मैं रहने के लिए बम्बई गया तो रजनी कम्यूनिस्ट पार्टी से अपना नाता तोड़ इन्दिरा गांधी कांग्रेस से जुड़ गया था। 'अब

हम एक ही गिरिजाघर के सदस्य हैं'—उसने मुझसे कहा था। उसके बाद से हमारा आपसी खातिरदारी का सिलसिला साप्ताहिक आधार पर शुरू हो गया था।

उस समय तक रजनी का अपनी दूसरी पत्नी सुशीला से सम्बन्ध टूट चुका था। वह एक असाधारण सुन्दरी थी। उसका रंग नारजातीय, नाक-नक्श यूनानियों की तरह और आँखें भूरी-हरे रंग लिए थीं जो कि अधिकांशतः चितपावन ब्राह्मणों की होती हैं। उनके तीनों बेटे अपनी माँ के साथ ही रहते थे। रजनी ने एक गुजराती तलाकशुदा महिला—बकुल भट्ट, जो कि उससे उम्र में यही कोई बीस साल छोटी थी, से अपना सम्बन्ध शुरू किया। उसके धोखा देने के कारण सुशीला ने उसे कभी माफ नहीं किया और अनेकों सार्वजनिक पार्टी-मुलाकातों में उसे शर्मिन्दा करती रही।

ज़ाहिर तौर पर रजनी और बकुल एक-दूसरे से बेहद प्यार करते थे पर क्या था कि सालों-साल बाद एक पीने-पिलाने की शोर-शराबे वाली पार्टी में रजनी नशे में धुत्त था और उसी में सुहागरात मनाने के बाद वे दोनों पति-पत्नी के रूप में घोषित हो गए।

रजनी का उत्कर्ष के शिखर तक पहुँचना जितना आश्चर्यजनक था, उतना खेदजनक भी। उसका अपना कोई राजनीतिक आधार नहीं था। उसे एक मजदूर नेता कहना एकदम फिजूल की बात थी। वह जिला-बोर्ड का उपचुनाव तक जीत नहीं पाया था। बम्बई प्रदेश समिति के बतौर अध्यक्ष उसके कार्यकाल में वह समिति मानो किसी धनाढ्य कम्पनी के निर्देशक-मंडल में तब्दील हो गई थी। वह व्यापारी-राजनीतिज्ञ पन्थ का अगुआ पथ-प्रशस्तक बन गया था। दौलतमन्दों से रजनी के पैसे उगाहने के तरीके से उससे पहले के धनसंग्राहक एस.के. पाटिल और अतुल्य घोष उसके सामने नौसिखिए से लगते थे। मुझे याद है कि एक बार शाम को उसने करोड़पतियों की एक मंडली को अकालग्रस्त महाराष्ट्र के लिए चन्दा वसूलने के लिए आमन्त्रित किया था। रायल सैल्यूट स्कॉच (प्रति बोतल रु. 1500) और फ्रांसीसी शैम्पेन के साथ हमने अकाल और भुखमरी पर चर्चा की। जैसा कि रजनी की हर पार्टी में हमेशा होता आया था, हमारी चर्चा बकुल के इस पुकार से कि प्रधानमन्त्री या फिर उनके कैबिनेट के कोई मन्त्री रजनी से फोन पर बात करना चाहते हैं, बीच में ही बाधित हो जाती। जो वहाँ पहले दफे आए थे वे उससे काफी प्रभावित हो चले थे।

फिर भी इस बात को तो कतई नकारा नहीं जा सकता कि हर व्यक्ति, चाहे वह कोई भी क्यों न हों, रजनी के आश्रय में पहुँचते। मैं आपको उन तमाम राज्यपालों, करोड़पतियों, सेना के वरिष्ठ अधिकारियों (जेनरल, एडमिरल आदि)

और राजनीतिज्ञों की संख्या ठीक-ठीक नहीं बता सकता, जिनसे मैं रजनी के घर पर मिला था।

रजनी के चरित्र के दोनों पहलू इस बात से अच्छी तरह स्पष्ट हो जाते हैं कि जब उसका एक बेटा कार-दुर्घटना में गम्भीर रूप से घायल होकर जसलोक अस्पताल के गहन चिकित्सा कक्ष में कई हफ्ते से भर्ती था तो रजनी ने वहाँ उससे मिलने के लिए आए लोगों के झुंड की खातिरदारी के लिए भूतल पर ही एक कमरे का सेट ले रखा था। वहाँ लोगों को चाय, कॉफी, स्कॉच और अन्य खाने-पीने की चीजें परोसी जातीं। इंटरकाम के मार्फत उन्हें बच्चे की हालत के बारे में समय-समय पर बताया जाता था। मेरी आखिरी मुलाकात पर मुझे लड़के को देखने की इजाजत मिल गई। लड़के को देखकर ज्योंही मैं बाहर निकला कि एक उम्रदराज भूरे बालोंवाली बेहद सुन्दर महिला, जो एक स्टूल पर बैठी थी, उठकर खड़ी हो गई और मुझे सम्बोधित करते पूछ बैठी, कृपया मुझे भी बताएँगे कि लड़के की हालत अब कैसी है ? मैंने उन्हें उसका हाल तो बताया पर साथ में यह भी जोड़ता चला गया कि वह अन्दर जाएँ और खुद अपनी आँखों से देख लें। इस पर अपने चेहरे पर बिना किसी प्रकार का कोई भाव लाए वह बोल पड़ी कि "मुझे अन्दर जाने की इजाजत नहीं है।" वह लड़के की माँ, सुशीला पटेल थी।

बेताज बादशाह : गुरचरण सिंह टोहरा

जत्थेदार गुरचरण सिंह टोहरा को आखिरी बार मैंने टी.वी. स्क्रीन पर स्वर्णमन्दिर के हरिमन्दिर में 'रागियों' के पीछे बैठा देखा था। वह सुबह का समय था। शिरोमणि गुरुद्वारा प्रबन्धक समिति के अध्यक्ष के रूप में टोहरा ने लगभग बीस वर्षों से 'अमृतसर' की तलहटी में जमा होते जा रहे मलबे की साफ-सफाई के लिए 'कार-सेवा' (स्वैच्छिक सेवा) का उद्घाटन किया। लगभग दो लाख से ऊपर महिला-पुरुषों की इसमें भागीदारी की उम्मीद थी। वह गीत जो रागी लोग गा रहे थे, वह बेहद उपयुक्त था—'सत गुरु की सेवा सफल है, जो करे चित लाए', यानी जो ईश्वर की सेवा तन-मन से करता है, उसे सब-कुछ मिलता है।

कुछ ही घंटों बाद उन्हें अचानक भयंकर दिल का दौरा पड़ा। उन्हें पास के अस्पताल ले जाया गया। प्रधानमन्त्री अटल बिहारी वाजपेयी, उप-प्रधानमन्त्री लालकृष्ण आडवाणी, प्रकाश सिंह बादल और दूसरे अन्य पंजाबी नेतागण उन्हें देखने पहुँचे। टोहरा को दिल्ली के एस्कार्ट अस्पताल यह सोचकर ले जाया गया कि हृदय शल्य चिकित्सा से शायद उनकी जान बच जाए। ऑपरेशन शुरू होने से पहले ही उन्होंने जीवन से आँख-मिचौली छोड़ दी और मध्यरात्रि में, एक अप्रैल की तारीख में प्रवेश करने के चन्द मिनट बाद ही उनके प्राण-पखेरू उड़ गए। नेताओं की मौत के लिए यह सही वक्त नहीं था—दैनिक अखबार सोने के लिए अर्थात् छपने के लिए तैयार हो जाते हैं, और मुख पृष्ठ पर शायद ही कहीं ज़रा-सी भी जगह बची रहती है। हिन्दुस्तान, पाकिस्तान के खिलाफ पहले टेस्ट मैच में अपनी शानदार जीत की दहलीज़ पर था और मिस इंडिया सौन्दर्य प्रतियोगिता में मिस इंडिया विश्व खिताब जीतने के लिए लक्ष्मी पंडित को अपनी उम्र, वैवाहिक स्थिति आदि के बारे में कुछ कहना था। इससे टोहरा की विदाई को अखबारों में वैसी तरज़ीह नहीं मिल पाई, जिसके कि वे हकदार थे।

वे लगभग आधी शताब्दी से भी कहीं ज्यादा समय तक सिक्ख राजनीति में छाए रहे। वे सिक्खों के बेताज बादशाह बन सकते थे और इस समुदाय के इतिहास में एक पूरा-का-पूरा अध्याय लिखवा सकते थे, पर वे सबसे महत्त्वपूर्ण

जत्थेदार के पद से आगे की सीढ़ी नहीं चढ़ पाए इसलिए उनका नाम पादटिप्पणियों में पाया जाएगा।

गुरचरण सिंह टोहरा का जन्म सन् 1924 में पटियाला जिले के टोहरा नामक गाँव (अतः उपाधिनाम) में एक मामूली से किसान परिवार में हुआ था। वे तिवाना जाट थे। और अधिकांश जाट सिक्खों की तरह ही लम्बे छरहरे, और दिखने में प्रभावी लगते थे। वे पंजाबी और धार्मिक ग्रन्थों में अधिकार रखनेवाले सात्विक ज्ञानवाले व्यक्ति थे। वे हिन्दुस्तानी को पंजाबी उच्चारण से बोलते थे। वे अंग्रेजी समझते तो थे पर उसे बोल नहीं पाते थे। सिक्ख राजनीति में उनका पदार्पण तब हुआ जब वे कोई पच्चीस-छब्बीस साल के रहे होंगे। विभाजन के पश्चात् सिक्खों की आबादी वाले इलाके पाकिस्तान में पड़ जाने के कारण, वहाँ से बहुत बड़ी संख्या में सिक्ख आबादी का पलायन हुआ और वे पूरे हिन्दुस्तान में फैल गए। राजनीतिक सत्ता पश्चिमी पंजाब के नेताओं के हाथ से निकलकर मालबा और दोआबा के लोगों के हाथ आ गई। विभाजन के समय के नरसंहार में टोहरा की भूमिका उनके चरित्र को कलंकित करती है। उन्होंने यह खुद कबूला कि वे इस नरसंहार में शरीक थे और उन्होंने किसी एक निर्दोष मुसलमान को मौत के घाट उतारा था। यदि उन्होंने उन दिनों मुसलमानों के खून के प्यासे, सिक्खों और हिन्दुओं की भीड़ के गुस्से से मुसलमानों को बचाया होता तो मैं एक सच्चे नेता होने के नाते उनका नमन करता।

टोहरा, सन् 1960 में सिक्ख प्रबन्धन समिति के सदस्य निर्वाचित हुए। सन् 1973 में पहली बार वे उसके अध्यक्ष चुने गए। और इसके बाद चार या पाँच-पाँच वर्षों के लिए, अपने मृत्युपर्यंत 26 बार बतौर मुखिया पुनर्निवाचित होते रहे थे। वे इसके प्रचुर संसाधनों (150 करोड़ रुपए से भी ऊपर) का सदुपयोग, और गुरुद्वारा प्रबन्धन् समिति द्वारा संचालित अनेकों स्कूलों, कॉलेजों व अस्पतालों को बेहतर ढंग से नियन्त्रित कर सकते थे और हिन्दुस्तान के सबसे धनी व प्रगतोन्मुख किसान-समुदाय के मध्य निरक्षरता और शिक्षित युवाओं के बीच बढ़ रही बेरोजगारी को जड़ से खत्म कर सकते थे, पर उनके पास ऐसी दृष्टि थी नहीं। हालाँकि हमें यह स्वीकारना चाहिए कि टोहरा रुपए-पैसों के मामले में बेहद धर्मभीरू व ईमानदार व्यक्ति थे और दूसरे राजनीतिज्ञों के ठीक उलट न तो उन्होंने अपनी जायदाद में इससे एक रुपए का इजाफा किया और न ही कभी किसी प्रकार के भाई-भतीजावाद में लिप्त रहे। दूसरे अन्य राजनीतिज्ञों के विपरीत वे एक शुद्धतावादी—नैष्ठिक व्यक्ति बने रहे—वे न तो पीते थे, न ही पाँच-सितारा होटलों में ठहरते थे, उनके पास न तो कोई कार या बँगला ही था।

गुरुद्वारा सिक्ख प्रबन्धक समिति के मुखिया के रूप में उनका कार्यकाल उनके सम्पूर्ण कार्य-जीवन पर एक बड़ा काला धब्बा छोड़ता चला गया। वे स्वर्णमन्दिर की पवित्रता को अक्षुण्ण बनाए रखने में सफल नहीं हो सके और भिंडरावाले को इसे हथियारबन्द लोगों के किले में तब्दील करने दे दिया, जिससे केन्द्र सरकार को इस पवित्र आहाते में भारतीय सेना भेजने का निर्देश देने के लिए मजबूर होना पड़ा। सेना ने न केवल भिंडरावाले और उसके सैकड़ों की तादाद में हथियारबन्द अनुयायियों को मार गिराया बल्कि हजारों की संख्या में निर्दोष तीर्थयात्री भी इसकी भेंट चढ़ गए। सेना ने अकाल तख़्त को तहस-नहस कर डाला। टोहरा ने नत होकर सेना के आगे आत्म-समर्पण कर दिया और अपनी अच्छी-खासी प्रतिष्ठा से हाथ धो बैठे। बाद में उन्हें जान से मारने की एक कोशिश भी हुई थी।

टोहरा छह बार राज्य-सभा और एक बार लोक-सभा के लिए चुने गए। उनके समान संसद में इतने लम्बे समय तक बने रहनेवाले अन्य हिन्दुस्तानी बहुत कम ही हैं। पर संसद की कार्यवाही में वे कभी-कभार ही शरीक होते। संसद के अन्दर की बहसों में उनके योगदान को किसी एक डाक-टिकट के पीछे लिखा जा सकता है।

खालिस्तान के प्रति टोहरा की एक प्रकार की दबी-दबी-सी सहानुभूति थी। मुझे याद है कि इस बात पर एक बार मैंने उन्हें सीधा-सीधा आड़े हाथों लिया था। मैंने उनसे कहा कि 20 प्रतिशत से भी ज्यादा की सिक्ख आबादी पंजाब से बाहर रह रही है और फल-फूल रही है। उनमें से ज्यादातर पाकिस्तान से भागे हुए शरणार्थी हैं, क्या वे चाहते हैं कि वे एक बार फिर जड़ से उखाड़ दिए जाएँ। क्या वे इस बात को महसूस नहीं कर पाए कि खालिस्तान, खालसा पन्थ के लिए आपदा का बवंडर लाएगा। उनका जवाब सिहरा देनेवाली स्वीकारोक्ति थी : "कौम में कुर्बानी देनी पैंदी हैं' (समुदायों को अपने लक्ष्य की प्राप्ति के लिए कुर्बानी देनी ही पड़ती है)

टोहरा एक काईयाँ राजनीतिज्ञ थे और अपने रास्ते में पड़नेवाले किसी को भी धूर्तता से पछाड़ देते थे। यहाँ वे दरअसल एक ऐसे व्यक्ति थे जो पन्थ के बेताज बादशाह बन सकते थे। पर उनकी सोच, मात्र मोर्चा बनाने और जेल जाने तक ही सीमित रही। उनमें एक ऐसे दूरदर्शी राजनेता बनने के कोई गुण मौजूद नहीं थे, जो स्पन्दनयुक्त व प्रगतिशील समुदाय को समृद्धि की बुलन्दियों पर ले जाते और इतिहास-गाथाओं में एक सम्मानजनक स्थान पाते।

आखिरी बार मैंने फिर उनके गाँव में राजकीय सम्मान के साथ सम्पन्न हो

रहे उनके अन्त्येष्टि-संस्कार को टी.वी. पर ही देखा था। शोक-सन्तप्त लोगों की वहाँ एक विशाल भीड़ जमा थी। पार्श्व से बेहद मार्मिक मर्सिया बजाई जा रही थी—साजन मैंदे रंगले जाई सुत्ते जीरान—मेरा प्यारा दोस्त दिवंगतों के साथ सोने गया है।

मेरी आँखें आँसुओं से भर उठी थीं। यदि इस व्यक्ति के पास दृष्टि और कार्य करने की इच्छा होती तो वह किन-किन महान कार्यों को सम्पादित कर सकता था, यह कहा नहीं जा सकता।

धीरेन भगत : 30 की अवस्था में अकाल मृत्यु

मैं अभी अपनी आयु के अस्सी के दशक में ही था। स्वास्थ्य अच्छा तगड़ा-सा था। उन्हीं दिनों धीरेन भगत ने मेरे बारे में एक छदम् श्रद्धांजलि लिखी थी। पर आज मैं धीरेन की श्रद्धांजलि लिखने के लिए जीवित बच गया हूँ जबकि उसकी मृत्यु एक सड़क दुर्घटना में हो गई। स्थिति यूँ बनती चली गई।

कुछ साल पहले किसी एक भारतीय पत्रिका के लिए धीरेन भगत ने मेरी श्रद्धांजलि लिखी थी। उनमें कई बातें बेहद चापलूसी पूर्ण थीं, जैसे कि मैं किसी जीवन से भी कहीं ज्यादा बड़ा हूँ, पत्रकारों का पिता हूँ, वगैरह-वगैरह। पर उनमें कुछ बातों में उतनी चापलूसी नहीं झलक रही थी जैसे कि मैं पियक्कड़ हूँ और एक नम्बर का औरतबाज हूँ। देखा जाए तो ये मेरी खुद की बनाई गई प्रतिष्ठा थी और मैं इनका वास्तविक हकदार नहीं था। सच्चाई तो यह थी कि मैं गर्म पानी की बोतल से अधिक किसी सजीव वस्तु के साथ नहीं सोया था। इनमें अधिकांश मेरे खुद के खर्चे पर मजे के लिए थे। अधिकांश लोग, जिन्होंने पहले इन चन्द पंक्तियों से आगे नहीं पढ़ा था मेरी मृत्यु पर अपना शोक प्रकट करते हुए मेरी विधवा पत्नी को धड़ाधड़ लम्बे-चौड़े तार एवं ख़त लिखकर अपनी संवेदनाएँ प्रकट करने लगे।

मैं अभागे धीरेन भगत की श्रद्धांजलि लिखने के लिए जीवित बच गया हूँ। दरअसल वह अब इस दुनिया में नहीं है। उसका असामयिक निधन हो गया। वह केवल 30 साल का था। एक बस के दूसरे बस के बगल से आगे निकलने की कोशिश में बदकिस्मती से वह उसके नीचे आ गया और उसकी कुचलकर मौत हो गई। और इसमें सबसे बड़ी त्रासदी यह थी कि वह अपने माँ-बाप का इकलौता लड़का था। लेखक और पत्रकार के रूप में वह बड़ा ही होनहार युवक था।

ऑक्सफोर्ड से वापस लौटने के बाद ही धीरेन मुझसे मिलने आया था। वह एक आकर्षक, सुकुमार, लाल-लाल होंठों वाला, सोने की फ्रेमवाली ऐनक के साथ खादी का कुर्ता-पायजामा धारण किए हुए और कन्धे पर शॉल लपेटे था। वह किसी अंग्रेज उच्च वर्ग की तरह संस्कारित हकलाता-सा बोलता था। वह एक

राजनीतिक महत्वाकांक्षाओंवाला व्यक्ति था और उसे देखकर ऐसा लगता था मानो नेताओं-सा वस्त्र पहनकर वह नेतागिरी की ओर अपना पहला कदम बढ़ा चुका है। मुझे यह पता चला कि मेरी पत्नी के पक्ष से वह मेरा सम्बन्धी था क्योंकि उसकी माँ भगत थी। वह मुझे कुछ-कुछ बनावटी जैसा लगता था।

बाद में मैं 'स्पेक्टेटर' में उसके लेखों को पढ़ने लगा था। उसके बारे में मेरी जो सोच थी वह बदल गई। उसके सभी लेख बेहद खोजबीन पूर्ण, हास-परिहास युक्त और सुन्दर-सुन्दर शब्दों से अँटे पड़े होते थे। मैं उसका प्रशंसक हो चला। पंजाब पर लिखे उसके कुछ लेखों को पढ़कर मैंने उसे उस विषय पर पूरी एक किताब लिखने को कहा। उसे मैं राष्ट्रपति ज्ञानी जैल सिंह से मिलवाने भी ले गया। मैं उसको अपने साथ लेकर मित्रों के साथ खिलाने ले जाता। हालाँकि वह शुद्ध शाकाहारी था और शराब-धूमपान आदि से दूर ही रहता था पर उसका संग आनन्ददायक होता था।

एक निर्धारित समय-सीमा के अन्दर जब कभी धीरेन को कोई काम पूरा करने लिए कहा गया तो वह निहायत चकमा देनेवाला ही साबित हुआ। हर बार उसका वही बहाना होता—'उसे पैसों की दिक्कत है, रोज़मर्रा के खर्चों के लिए उसे मजबूरन अखबारों के लिए लिखना पड़ता है।' पेंगुइन इंडिया के मेरे साथी डेविड डेविडर ने मेरी यह बात मान ली थी कि हम उसे एक अनुबन्ध के माध्यम से बाँधकर रख लें। हमारे लेखकों की सूची में वह इकलौता लेखक था, जिसको कि हमने 'रॉयल्टी' का अग्रिम भुगतान कर दिया था। इसके बाद से उसने दूसरी तरह के नए-नए बहाने बनाने शुरू कर दिए कि वह आब्जर्वर (लन्दन) का संवाददाता बन गया है, किसी के साथ इश्क-मोहब्बत के जाल में फँस गया है, माशूका ने उसके साथ बेवफाई कर दी है और अब आन पर बन आई है, आनन्दपुर में होला मोहल्ला को 'कवर' करते समय निहंग के एक घोड़े ने उसे पटक दिया और वह बुरी तरह से कुचला गया, अस्पताल में इस चक्कर में उसे कई दिन गुजारने पड़े वगैरह-वगैरह।' हर बार जब भी हम कभी उससे मिलते तो उसके पास पांडुलिपि न देने का कोई-न-कोई अच्छा बहाना जरूर रहता। 'यह काम किसी पत्रकार का रिपोर्ताज न होकर एक कला का कार्य होगा'—वह अक्सर मुझे आश्वस्त करते हुए कहता। 'यदि आपको अपना पैसा वापस चाहिए, तो मैं अभी आपको चेक दे देता हूँ।' हमने तो उसे थोड़ा और समय देने का निर्णय लिया पर क्रूर भाग्य ने नहीं। चन्द हजार रुपयों से वंचित होकर पेंगुइन इंडिया थोड़ा गरीब हो गया। हिन्दुस्तान ने उसके रूप में एक ऐसे व्यक्ति को खो दिया जो कि कभी उसका एक सबसे यशस्वी पुत्र बन सकता था।

प्रभा दत्त : बॉसों की बॉस

मेरी बजाय ये बातें यदि प्रभा ने मेरे बारे में लिखी होती तो शायद कहीं अधिक उचित होता। उसकी कलम तब भी एक नुकीली धारवाली थी। मेरी तो बढ़ती उम्र के साथ भोथरी होती चली गई। वह मेरी श्रद्धांजलि लिखने के लिए 'रायल-ब्ल्यू' स्याही का इस्तेमाल करती। उसकी श्रद्धांजलि लिखने के लिए मैं तो बस वर्णविहीन आँसू ही इस्तेमाल में ला सकता हूँ। प्रभा के लिए मध्याह्न प्रार्थना का समय् अभी नहीं आया था। मेरे लिए तो घंटानाद सान्ध्य प्रार्थना है। हालाँकि दैविक चक्र के सामने सारी बातें बेमानी हैं। मीडिया की लिली फूलों की क्यारियों में जब वह सुगन्ध लेने के लिए बैठा तो उसने उनमें से यौवन से परिपूर्ण और सबसे सुन्दर फूल को ही हाथ बढ़ाकर तोड़ लिया।

प्रभा दत्त के बॉस बनने से पहले मैं उसके बारे में बहुत कम जानता था। वह एक दबंग किस्म की महिला थी और यदि कोई उस पर हावी होने की कोशिश करता तो वह झट उसका सहज प्रतिकार करती। पहली बार जब वह मुझसे मिलने मेरे ऑफिस में आई तो उसने मुझे यह बखूबी स्पष्ट कर दिया था कि वह वैसी नहीं है जो किसी से आज्ञा-निर्देश लेती रहे। वह अपना काम मुझसे बेहतर जानती है और यदि मैंने उसमें किसी भी प्रकार की कोई टोका-टाकी की तो फिर वह भी कुछ वैसा ही बर्ताव करेगी। उसने मुझे अपनी बड़ी-बड़ी भूरी आँखों रो वैसे ही पूरा जैसे कि कोई एक कीट-संग्राहक अपने संग्रहण के किसी सबसे नए भृंग का अवलोकन करता है, और उसने धड़ाधड़ कई प्रश्न मुझ पर यह जानने के लिए दाग डाले कि आखिर मैं किस प्रकार का सम्पादक बन सकता हूँ। उसके व्यक्तित्व और मौखिक परीक्षा लेने से मैं किंचित भयभीत-सा हो गया। अपने प्रति उसकी यह अवैयक्तिक, एक गम्भीर से नजरिए को खत्म करने और उसकी ओर मित्रता के लिए बढ़ाए गए हाथ को स्वीकारने हेतु उसे तैयार करने में मुझे कई महीने लग गए।

यह सफलता काफी नाटकीय रही। प्रभा 'हिन्दुस्तान टाइम्स' से मानो वैसे ही ब्याही थी जैसे कि अपने पति से और अखबार के कामों में वैसे ही रत थी,

जैसे कि अपनी दोनों बेटियों के लालन-पालन में। वह इन दोनों के लिए काफी भावुक थी। फूटी भावनाओं के अनेकों गुबारों में से एक बार वह अपने सहकर्मी, जिसने उसका थोड़ा-सा काम ले लिया था, पर बेहद क्रोधपूर्ण आँसू बहाने के बाद शान्त हो सकी। मैं उसके कन्धे पर अपना वात्सल्यपूर्ण हाथ रखने की छूट ले सकता था। उसने उसे तुरन्त झटकार दिया पर उसके बाद से वह मुझे कार्यालय में पिता की हैसियत से मानने लगी थी, जिसकी ओर वह मुसीबत की घड़ी में देख सकती थी।

प्रभा की सोच में काम की महत्ता सब चीजों से ऊपर छाई रहती थी। बिना इस पर सोचे-विचारे कि वह किससे क्या कह रही है या फिर क्या लिख रही है, उसकी सोच ने उसके दिल की आवाज को सुनने की पर्याप्त ताकत दी थी। मेरे सामने ही एक बार उसने के.के. बिड़ला को 'हिन्दुस्तान टाइम्स' में क्या-कुछ गलत है, कह डाला। उसने कई प्रकार के आर्थिक और सामाजिक घोटालों का भांडाफोड़ किया था (सैक्स स्कैंडलों के लिए उसके मन में स्त्रीजनित तीव्र घृणा थी)। उसे अक्सर धमकियाँ मिला करती थीं। वह मुझसे पहली और आखिरी बार भी तब झगड़ी थी, जब मैंने एस.एल. खुराना, जो कि 'हिन्दुस्तान टाइम्स' के कार्यकारी अध्यक्ष रह चुके थे और उस समय दिल्ली के उपराज्यपाल हुआ करते थे, के बारे में उसके लिखे एक लेख को छपने से रोकने की कोशिश की थी। मुझे इस बात में जरा-सा भी शक नहीं था कि यदि उसे मेरे बारे में टैक्स बचाने, गैर-कानूनी काम करने या फिर किसी प्रकार की धोखा-धड़ी वाली सौदेबाजी में संलग्न होने का पता चलता तो वह शायद ही मुझे भी बख़्शती।

प्रभा, परम्पराओं-संस्कारों वाली एक बेबाक महिला थी जो अपने परिवार, दोस्त, नौकर-चाकर और उनके परिवारों से गहरे स्तर पर जुड़ी थी। अपने काम से समय बचने के बाद वह उसका भरपूर सदुपयोग करते हुए नौकरानी और उसके बच्चों को पढ़ाने से नहीं चूकती थी। इतना ही नहीं, जरूरत पड़ने पर वह अपने दोस्तों की समस्याओं की जिम्मेदारी अपने ऊपर ओढ़ने में भी कतई नहीं कतराती। अपने दोस्तों के प्रति वफादारी को वह दिलो-जान से निभाती पर अपने आलोचकों-निन्दकों से वह बेहद आक्रामकता, बड़बोलेपन और कटुता भरी बातों से पेश आती। इन विशेषताओं के कारण उसकी छवि किसी लोहे की कील की माफिक कठोर और तुनकमिजाज के रूप में बनती चली गई। पर जिस किसी ने भी उसे नजदीक से जाना उसे वह अत्यन्त नरम मिजाजोंवाली लगी और जो कि वह थी भी। हर बार गुस्सा फूटने के बाद उसकी आँसुओं का झरना बह उठता। वह मानो नागफनी की तरह थी, ऊपर से काँटेदार और अन्दर से शक्करों की तरह मीठी।

उसके जाने का समय नजदीक आ गया, क्या प्रभा को इस बात का आभास पहले ही हो गया था ? वह, किसी एक ऐसी माँ की तरह जिसे कि यह अहसास हो चला हो कि वे अब जल्दी ही अलग होनेवाली हैं, यथासम्भव अपनी दोनों बेटियों के लिए कर गई। दूसरी ओर अपने 'हेमरिज' होने से ठीक एक दिन पहले ही जब वह अपने किसी एक रिश्तेदार को देखने अस्पताल पहुँची थी, तो चहकती-सी बोली थी कि वे वाकई कितने भाग्यशाली हैं कि अगले दिन ऑफिस जाने से एकदम बेफिक्र हो यहाँ आराम से बिस्तर पर लेटे पड़े हैं। उस समय उसे इस बात का शायद ही अन्दाजा रहा हो कि चन्द घंटे बाद ही उसे इसी अस्पताल में आकर अपने जीवन की हारती, अन्तिम लड़ाई लड़नी पड़ेगी। उसकी करीबी दोस्त उषा राय ने मुझे बताया कि मरने से ठीक पहले की शाम को, जब उषा उसकी दोनों हथेलियों को रगड़ रही थी, तो प्रभा ने अपनी कमजोर-सी आवाज में उससे पूछा था—'क्या तुम मेरी हथेली की रेखाओं को पढ़ रही हो ? बताना ज़रा, क्या मैं इस अस्पताल से जिन्दा वापस लौट पाऊँगी ?'

अपनी पत्रकारिता के पूरे दौर में मैं आज तक उस जैसी, हिम्मतवाली, ईमानदार लड़की, किसी भी प्रकार के समझौते को बर्दाश्त नहीं करनेवाली, मुश्किलों की हद तक उसका मुकाबला करनेवाली, अपने काम के प्रति पूर्णतः समर्पित और कामचोरों के प्रति हिकारत से देखनेवाली, व्यक्तित्व से नहीं मिला हूँ। मुझे यह देखकर बेहद खुशी होती है कि एन.डी.टी.वी. में उसकी बेटी बरखा दत्त जिसने विरासत में न केवल अपनी माँ का चेहरा-मोहरा पाया है बल्कि अपनी माँ जैसी ही निर्भीकता और कार्य के प्रति समर्पण का भाव भी पाया है।

हरदयाल : एक महान क्रान्तिकारी को श्रद्धांजलि

तब जबकि मैं स्कूल में ही पढ़ता था, उन दिनों विद्वत्ता के चरम शिखर के मिसाल के रूप में जिनका नाम हर किसी के होंठों पर था वह थे हरदयाल। उनके नाम के साथ हमेशा महान शब्द लगाया जाता था। वे महान हरदयाल थे। छात्र के रूप में उनकी महानता की कहानी बढ़ती ही चली गई थी। उनकी याददाश्त असाधारण थी, वे किसी किताब को बस एक बार पढ़ते और फिर उसकी विषय-वस्तु को शब्द-प्रतिशब्द ज्यों-का-त्यों दुहराते चले जाते। वे न केवल सभी विषयों के 'टॉपर' थे बल्कि हर परीक्षा में उन्होंने पहले के बनाए गए सभी रिकार्डों को भारी-भरकम अन्तराल से ध्वस्त किया था। हालाँकि यह बात पूरी तरह सच नहीं है क्योंकि कभी-कभी दूसरे परीक्षार्थियों ने भी उन्हें पछाड़ा था और वे द्वितीय स्थान पर रहे थे, पर लोग-बाग इस बात पर विश्वास नहीं कर पाते। उनकी यह ख्याति इसलिए अजेय थी क्योंकि वस्तुतः वे एक क्रान्तिकारी भी थे, जिन्होंने सरकारी संरक्षण को ठुकरा दिया था। वे संयुक्त राज्य अमेरिका और कनाडा में शुरुआती दिनों में, गदर आन्दोलन की अगुवाई की और प्रथम विश्वयुद्ध के दौरान ब्रिटिश राज्य के विरुद्ध जर्मन सरकार के विद्रोह को हवा देने के प्रयास को उत्प्रेरित करने में मुख्य सलाहकार की भूमिका में रहे। पर बाद में अपने समतुल्य विशिष्ट समकालीन, वीर सावरकर की तरह पूर्णतः कलाबाजी खाते हुए अपनी पिछली सभी गलतियों के लिए माफी माँग ली और उनके प्रति पूर्णतः भक्त बने रहने की प्रतिज्ञा की। हममें से कोई यह सहज ही पूछ सकता है कि संसद भवन में यदि वीर सावरकर का चित्र लटकाया जा सकता तो फिर हरदयाल का क्यों नहीं ?

हरदयाल की इस तथाकथित महानता के पीछे का सच क्या था ? आखिरकार उनकी पोती और उसके पति द्वारा लिखी एक जीवनी 'हरदयाल : द ग्रेट रिवाल्यूशनरी', लेखक ई. जयवन्त एवं शुभ पॉल (रोली बुक्स) छपकर आई है, जिसमें कल्पना से तथ्यों को छानकर बाहर निकाला गया है।

हरदयाल का जन्म दिल्ली में 4 अक्टूबर 1884 को भोती और गौरी दयाल माथुर, जो कि जिला न्यायालय में रीडर थे, के घर छठवें सन्तान के रूप में हुआ

था। उनकी स्कूली शिक्षा कैम्ब्रिज मिशन स्कूल में सम्पन्न हुई थी। स्नातक की पढ़ाई उन्होंने सेंट स्टीफंस विद्यालय से पूरी की। उन्हें वृत्तिहा मिली, और उन्होंने गवर्नमेंट कॉलेज, लाहौर में दाखिला लिया। अंग्रेजी भाषा व साहित्य तथा इतिहास में एम.ए. की परीक्षा में उच्चतम अंक प्राप्त करते हुए उन्होंने विश्वविद्यालय के पूर्व स्थापित रिकार्डों को तोड़ा था। सेंट जांस कॉलेज, ऑक्सफोर्ड में उन्हें छात्रवृत्ति भी प्रदान की गई। हिन्दुस्तान में रहते हुए ईसाई मिशनरियों के निःस्वार्थ समर्पण भाव से कार्य तथा हिन्दू धर्म को व्यर्थ की धार्मिक औपचारिकताओं एवं अन्धविश्वासों के चंगुल से मुक्त कराने के आर्य समाज एवं ब्रह्मसमाज के प्रयासों से वे अत्यन्त प्रभावित थे। वे लाला लाजपतराय के मुक्त प्रशंसक थे और भाई परमानन्द के दोस्त।

सन् 1905 में हरदयाल ने ऑक्सफोर्ड विश्वविद्यालय में प्रवेश लिया। इक्कीस वर्ष की आयु में उनकी शादी हो गई थी। वे उन दिनों कोई भी सरकारी नौकरी बड़े मजे से कर सकते थे, पर उस समय वे देशभक्ति के कीड़े से संक्रमित थे। 'आई.सी.एस. भाड़ में जाए' ऐसा कहते हुए वे उसकी परीक्षा में बैठे ही नहीं। वे दादा भाई नौरोजी और श्यामजी कृष्ण वर्मा के सम्पर्क में आए तथा स्वयं को स्वतन्त्रता आन्दोलन में झोंकने का निश्चय किया। उन्होंने सरकार द्वारा दी गई वृत्तिहा की राशि लौटा दी और ऑक्सफोर्ड से कूच कर गए।

वे काफी कुछ एक योगी जैसे थे। उन्होंने न तो जीवन में कभी शराब पी और न ही कभी धूमपान ही किया। वे शाकाहारी बन गए, यूरोपीय परिधानों का त्याग किया और धोती-कुर्ता धारण करने लगे। वे हमेशा नीचे जमीन पर सोते। उन्होंने विविध धर्मों का अनुशीलन किया और भगवान बुद्ध को अपना आदर्श माना। उन्होंने भाई परमानन्द के साथ मिलकर एक नए धर्म के सूत्रपात की सम्भावना पर भी विचार-विमर्श किया, पर भाई परमानन्द ने उन्हें ऐसा करने से यह कहते हुए रोक दिया कि मेरी दृष्टि से तो सभी प्रकार के धर्म इंसानियत के प्रति महज एक छलावा हैं। और तुम इन छलावों में एक और छलावे की वृद्धि कर दोगे।

भारतीय दर्शन पर व्याख्यान देकर और लेख लिखकर हरदयाल जैसे-तैसे अपनी जीविका चलाते रहे। उन्होंने मैडम कामा के 'वन्दे-मातरम्' और 'तलवार' का सम्पादन-कार्य किया। सन् 1911 में अमेरिका जाकर वहाँ के हॉरवर्ड विश्वविद्यालय में उन्होंने 'बौद्ध-धर्म' की पढ़ाई की। स्टैनफोर्ड विश्वविद्यालय ने उन्हें भारतीय दर्शन पढ़ाने के लिए आमन्त्रित किया था। उनकी परिवर्तनवादी दृष्टि–'स्वच्छन्द प्यार की वकालत' ने स्टैनफोर्ड में उनके कार्यकाल को परिसीमित

कर दिया। 'स्विस-बाला'—फ्रायड हाउसवर्थ के साथ भी उनके चर्चे चले थे, जिससे उनके अमेरिकी और भारतीय प्रशंसकगण क्षुब्ध हो उठे थे। स्टैंनफोर्ड में रहते हुए ही हरदयाल ने पश्चिमी तट के भारतीय मजदूरों से सम्पर्क साधा और वहाँ पहुँचकर उन्होंने गदर पार्टी की स्थापना में सहयोग दिया। जब उन लोगों ने 23 दिसम्बर सन् 1912 को दिल्ली में वायसराय हार्डिंग के ऊपर हुई जानलेवा हमले की कोशिश के बारे में सुना तो 'बर्कले' में अन्य भारतीयों के साथ हरदयाल ने भी इस मौके पर जश्न मनाते हुए भांगड़ा किया और वन्देमातरम् गाया।

गदर पार्टी की स्थापना 1 नवम्बर 1913 को हुई थी। हरदयाल इसके मार्ग-दर्शक थे। वे अमेरिकी पुलिस द्वारा गिरफ्तार कर लिए गए और पश्चात् छूटने पर उन्होंने स्विटजरलैंड जाकर फ्रायड हाउसवर्थ के साथ रहने की सोची। पर इसके बदले में फ्रायड हाउसबर्थ खुद अमेरिका आ धमकी और हरदयाल के साथ रहने की बजाय उसने उनसे औपचारिक रूप से तलाक लेकर एक अन्य हिन्दुस्तानी सारंगधर दास के साथ शादी कर ली।

4 अगस्त 1914 को प्रथम विश्वयुद्ध छिड़ गया। युद्ध के आरम्भिक वर्षों में हरदयाल ने जर्मनी और तुर्की में अपना समय 'मुक्ति वाहिनी' की सहायता से हिन्दुस्तान पर हमला करने की योजना में बिताया। वे इतने न भोले थे कि यह मान बैठे कि जर्मन लोग हिन्दुस्तान को एक स्वतन्त्र देश के रूप में देखना चाहते हैं। पर उन लोगों के टालमटोल रवैए को देखकर उनकी यह मान्यता टूट गई, पर इसमें वक्त काफी लग गया। और तब से वे जर्मन और तुर्कों के तीखे आलोचक बन बैठे। बाद में उन्होंने यह कहा कि तुर्कों के पास दिमाग नहीं होते...बतौर एक राष्ट्र मुसलमान देशों के नेता के रूप में उन्हें मानना सर्वथा अनुपयुक्त होगा। जर्मन लोग, जिन्होंने उनकी गतिविधियों के लिए धन मुहैया करवाया था, के बारे में उन्होंने लिखा कि वे चरित्रहीन...लालची हैं। यह सच है कि वे मेहनती और देशभक्त होते हैं और शायद यही उनके पास एकमात्र अच्छाई है। वे ब्रिटिश के यह कहते हुए उत्कट प्रशंसक बन गए कि वे सच्चे लोग हैं, जिनके पास भारत में एक नैतिक और ऐतिहासिक मिशन है। ब्रिटिश सरकार ने उनके इन उद्गारों को हिन्दी में अनूदित कराकर पूरे हिन्दुस्तान में मुफ्त बँटवाया था।

हरदयाल के पास किसी एक तटस्थ देश में जाने के अतिरिक्त कोई और विकल्प नहीं बचा था। इस हेतु उन्होंने स्वीडन को चुना। उसने स्वीडन की एक महिला 'अगदा एरिक्सन' से सम्बन्ध बनाए और मामूली-सी दिक्कतों के बाद स्वीडन देश का वीजा पाने में सफल रहे। वे सालों-साल स्वीडन में रहे और स्वीडिश

भाषा के अलावा उन्होंने 13 और भाषाएँ भी सीखीं। वे अगदा के साथ रहे, जो कि स्वयं को श्रीमती हरदयाल कहा करती थीं। उन्होंने कई किताबें लिखीं, जिनमें 'हिंट्स ऑन सेल्फ कल्चर' सबसे ज्यादा प्रसिद्ध है और आज भी इसकी प्रतियाँ बिकती देखी जा सकती हैं। उन्हें इंग्लैंड वापस आने की इजाजत मिल गई और ब्रिटेन सरकार ने उन्हें आखिरकार क्षमादान प्रदान करते हुए हिन्दुस्तान जाने की इजाजत दे दी। पर दरअसल यह ऐसा कभी नहीं हो पाया। अमेरिका में अपनी व्याख्यान यात्रा के दौरान 4 मार्च, 1939 को फिलाडेल्फिया में सोते हुए ही उनकी मृत्यु हो गई। उस समय वे केवल 54 साल के थे।

दिल से पूरी तरह टूट गई 'अगदा' उनकी राख, वापस अपने देश स्वीडन ले आई। महान हरदयाल ने उसके लिए बस यही कुछ छोड़ा था। अपनी सांसारिक धन-दौलत, जो जिस लायक था, उन्होंने अपनी पत्नी और बेटी शान्ति, जिसे कि उन्होंने कभी नहीं देखा, के लिए छोड़ा था।

आर.जी.के. : बेध्यानी की मिसाल

दुनिया में कई लोग ऐसे भी होते हैं, जो इस बात की परवाह किए बिना कि लोग उनके कार्य को स्वीकार करेंगे या नहीं, या फिर आर्थिक क्षति पूर्ति हो पाए या नहीं, अपना कर्तव्य (कर्म) समझ, यथाशक्ति कार्य करते चले जाते हैं। वे भगवद्‌गीता के इस उपदेश के सच्चे उदाहरण हैं कि 'कर्मण्येवाधिकास्ते मा फलेषु कदाचन' (फल की चिन्ता किए बिना अपना काम करते रहो)। ऐसा ही एक व्यक्ति मेरे जीवन में भी आया और पूरे नौ वर्षों तक रहा। वह आर.जी.के. था। जब मैंने 'इलस्ट्रेटेड वीकली ऑफ इंडिया' में बतौर सम्पादक अपना कार्य सँभाला था, तो आर.जी.के. वहीं काम करता था। मुझे वहाँ से निकाल दिए जाने के बाद भी वह वहीं टिका रहा। प्रबन्धन ने मेरी इस बात को नजरअन्दाज कर दिया कि उसने मुझसे कार्यभार ग्रहण किया। रंचमात्र के सरोकार के बिना सेवानिवृत्ति पर्यन्त वह अपना कार्य बदलते सम्पादकों–कामथ, खन्ना, प्रीतिश नन्दी के साथ करता रहा। दो-एक सप्ताह पहले वह बिना किसी सम्मान या गान के स्वर्ग सिधार गया।

लगभग एक दशक तक, तब जबकि मेरे बाद उसी का नम्बर था, उसके साथ रोज-रोज मुलाकात होने के बावजूद मैं इस बात के अलावा कि उसकी नाम-संक्षिप्ति में अक्षर 'जी' गोपाल के लिए आया है, जिससे कि हम उसे पुकारते थे, उसके बारे में बहुत कम ही जानता था। वहाँ के किसी और अधिकारियों की तुलना में उसने 'द वीकली' के लिए कहीं ज्यादा लिखा है, पर इसके लिए उसने अपने इस 'सक्षिप्त नाम' के अतिरिक्त और किसी प्रकार का कोई क्रेडिट या फिर 'बाइलाइन' नहीं चाहा। वह वहाँ इकलौता व्यक्ति था जिस पर हम लोग 'हिन्दू धर्म' के विविध पक्षों पर लिखने के लिए आँख मूँदकर भरोसा करते थे क्योंकि वह सभी धार्मिक ग्रन्थों को मूल संस्कृत पाठ में जानता था।

पत्रिका का अपना काम देखते हुए वह हमेशा उस बड़े से हॉल के एक कोनेवाली टेबिल पर बैठा करता, जहाँ कि धर्मयुग, फेमिना और फिल्मफेयर के कर्मचारियों के बैठने की भी व्यवस्था की गई थी। उसके ठीक पीछे पेशाबघर और

शौचालय बने थे। नवागन्तुक-आगन्तुक जो इसका उपयोग करना चाहते वे अक्सर आर.जी.के. के काम में खलल डालते हुए पूछ बैठते—"शौचालय किधर है ?" उसने अपनी मेज पर एक तख़्ती रख दी थी, जिस पर लिखा था—"शौचालय ठीक सामने है।" हँसने-हँसाने का उसमें कोई हुनर नहीं था। मैंने शायद ही कभी उसे हँसते हुए या फिर उसके चेहरे पर कभी कोई मुस्कुराहट देखी हो।

हम यह तो जानते थे कि वह दक्षिण भारतीय है, पर हमें यह ठीक-ठीक नहीं मालूम था कि वह आन्ध्रप्रदेश, कर्नाटक, तमिलनाडु या फिर केरल में से कहाँ का है। एक बार हुआ यूँ कि विक्रम वोहरा, आर.जी.के. से यह पूछ बैठा कि—"क्या आप मलयालु हैं ?" इस पर आर.जी.के. ने जवाब देते हुए कहा—"आपको कैसा लगेगा जब मैं आपसे यह कहूँ कि, क्या आप पंजाबू हैं ? यह ठीक वैसे ही है।"

'टाइम्स ऑफ इंडिया' समूह के अखबार और पत्रिकाओं में काम करनेवाले बहुत कम लोग ही आर.जी.के. के वजूद से वाकिफ हैं। पर यदि दुनिया के लोग उसे न भी जानें तो भी वह यूँ बेध्यानी की मिसाल नहीं बन सकता। 'ग्रे' की ये पंक्तियाँ उस पर बखूबी लागू होती हैं—

पूर्ण असंख्य प्रशान्त-शुद्ध रश्मियों वाले रत्न
समुद्र-गर्भ के गहन अज्ञात तल में हैं रहते
पूर्ण असंख्य अनदेखे खिले सुर्ख पुष्प
सूने नभ में यूँ हैं अपनी महक बिखेरते

अगुआ पथ-प्रशस्तक : मुल्क की याद में

काफी पहले, सन् 1940 में, साहित्यिक आकांक्षाओं वाले कुछ मित्रों ने एक 'चर्चा-गोष्ठी' की नींव डाली, जिसमें सदस्य-मित्र सप्ताह में एक बार मिलते और अपनी-अपनी लिखी कविता-कहानियों का वाचन करते। यह आपसी हौसला-अफजाई के लिए बनी एक 'सोसाइटी' थी, जिसमें प्रत्येक पाठ के अन्त में ह्विस्की का ग्लास एक बार फिर भरा जाता। हमने हिन्दुस्तानी लेखक मुल्कराज आनन्द और आर.के. नारायण के बारे में सुन रखा था, जो इंग्लैंड में अपने उपन्यासों के प्रकाशन से खूब नाम-पैसा कमा रहे थे। बड़ी उत्सुकता से हमने उनकी किताबों को लिया और गोष्ठी में उन पर चर्चा की। हमारा यह समूह घमंडियों का एक जमावड़ा था, जिसमें प्रायः हम सब इस बात से सहमत थे कि यदि विदेश में मुल्कराज आनन्द और नारायण को प्रकाशक मिल सकते हैं, तो हमें क्यों नहीं ? इंग्लैंड में शोहरत कमाने के बाद जब मुल्कराज एक बार पंजाब आए, तो हिन्दुस्तानी-आंग्ल लेखनी के अगुआ पथ-प्रशस्तक के रूप में उन्होंने खूब वाहवाही बटोरी। वे हमारी एक गोष्ठी में आने के लिए राजी हो गए। वे यहाँ अपने भव्य-सत्कार की उम्मीद कर रहे थे। पर हमारी ओर से किए जा रहे साधारण से सत्कार को देख वे कुछ उखड़े-उखड़े से दिखाई देने लगे थे। 'तुम लड़कों को यह नहीं मालूम कि एक उपन्यास लिखने के लिए क्या कुछ चाहिए ?' वे भड़ककर बोले। 'जब तुम्हारी कोई किताब प्रकाशक छापने के लिए स्वीकार कर ले तब तुम लोग मुझसे बात करना।' उन्हें हमें झिड़कने का पूरा हक था।

इतने सालों के बाद भी, मुल्कराज और नारायण के बारे में मेरी सोच नहीं बदली है। दोनों भाई अपने अपने तरीके से हिन्दुस्तानी-आंग्ल उपन्यास के अगुआ पथ-प्रशस्तक हैं, लिखने की मात्रा की दृष्टि से उर्वर, पर साधारण कोटि के शिल्पकार। मुल्क के उपन्यास–'अनटचेबल, कुली, टू लीव्स एंड बड' कल्पना की आभा लिए एक प्रकार की प्रचार सामग्री थी। वे कुछ इस प्रकार गढ़े गए थे कि धनी-सम्भ्रान्त लोगों के द्वारा अनुचित तरीके से प्रताड़ित गरीबों के बारे में पाठकों की अन्तरात्मा जगाई जा सके और अंग्रेजों को अपने नस्लगत साम्राज्यवाद

के प्रति स्वयं को दोषी महसूस कराया जा सके। उन्हें ब्रिटिश उदारवादी और वामपन्थी, दोनों से ही खूब वाह-वाही मिली। नारायण, एक छोटे से काल्पनिक शहर मालगुडी में आनन्द से रह रहे लोगों के बारे में सामान्य कथ्य का मिश्रण कर, एक कथावाचक के रूप में सन्तुष्ट रहे। वे मुल्क के मुकाबले अधिक प्रसिद्ध थे, खासकर दक्षिण भारत में। पर उन दोनों में एक चीज की समानता थी—वे दोनों ही 'अगुआ पथ-प्रशस्तक' थे।

मुल्क का जन्म पेशावर में (12 दिसम्बर 1905) हुआ था। पर उनके निर्माणात्मक वर्ष अमृतसर के स्कूल, कॉलेजों में बीते। वे अक्सर अपने आपको 'अम्बर सरिया' कहा करते थे। वे छोटी कद-काठी के, घने घुँघराले बालोंवाले थे। उनके होंठ देखने में भद्‌दे-से थे। शब्दों की उनके पास कभी कोई कमी नहीं होती और वे घंटे भर तक जारी रहते थे। उत्तेजित होने पर वे अक्सर 'थुत-थुत' जैसे निरर्थक शब्द बोलते। यहाँ तक कि किसी सभा के सम्बोधन में भी, जहाँ कि वक्ताओं को केवल पाँच-दस मिनट का समय दिया जाता, मुल्क इधर-उधर की अपनी बातों में लगे रहते, उनका समय समाप्त हो गया है इसके लिए न तो वे घंटी बजने की परवाह करते और न ही अपने कन्धे पर की जानेवाली थपथपाहट की। वे अक्सर इस पर खूब विस्तार से चर्चा करते कि उनके पिता उनकी माँ को कैसे पीटते थे और बालक के रूप में उन पर इसका क्या प्रभाव पड़ा। उन्होंने अपने पिता को कभी माफ नहीं किया। सिग्मंड फ्रायड सरीखे प्रसिद्ध मनोचिकित्सक ने उन्हें तीव्र मातृ-वंचना से पीड़ित होने का मर्ज़ बताया।

मुल्क को अपनी हिन्दुस्तानियत, हिन्दुस्तानी कला की महान विरासत, मूर्तिकला, चित्रकला, स्थापत्य कला की एक शैली (हवेली), ज़िन्दगी जीने के तौर-तरीके और तहजीब आदि पर बेहद गर्व था। एक बार वे लन्दन की किसी एक गजल सन्ध्या में सबसे अगली कतार में बैठे हर शेर पर वाह-वाह करते जा रहे थे और शुक्रिया व्यक्त करते हुए उन्हें उधर से अदब के साथ सलाम किया जा रहा था। श्रोताओं में यह किसी को नहीं पता था कि यह एक तरह का अदब है। तभी एक अंग्रेज मित्र, जिन्हें कि वहाँ मैं अपने साथ ले गया था फुसफुसाते हुए मेरी कान में बोले कि ये ठिगना भला कौन है, जब वे गा रहे हैं तो यह बीच में 'वाऊ-वाऊ' कर भौंके जा रहा है। मैंने उन्हें मुल्क के बारे में बताया और साथ ही यह भी कि वे भौंक नहीं रहे वरन् वाह-वाह यानी अद्‌भुत-अद्‌भुत कह, उनके गाने की तारीफ कर रहे हैं।

हालाँकि मुल्क ने कुछ समय गांधी जी के साथ उनके आश्रम में भी बिताया, परन्तु राजनीति में वे कम्यूनिस्ट पार्टी के ज्यादा निकट थे। वे प्रगतिशील लेखक

संघ और जन रंगमंच समूह से काफी करीब से जुड़े थे। इसने उन्हें दक्षिणपन्थियों के लिए एक त्याज्य व्यक्ति बना दिया था। एक बार बेवकूफी से वे उनके सहज निशाना भी बन बैठे। न्यूयॉर्क की पत्रिका 'एवरग्रीन रिव्यू' ने उन्हें हिन्दुस्तानी कला के शृंगारिक पक्ष पर एक लम्बा-सा लेख लिखने को कहा। एक सप्ताह के बाद वह लेख खजूराहो की मूर्तियों के फोटो और कामसूत्र की चित्रकलाओं से पटा हुआ प्रकाशित हुआ। पत्रिका को न्यूयॉर्क के 'सारा लारेंस कॉलेज' के प्रोफेसर की ओर से एक कानूनी नोटिस मिला, जिसमें यह आरोप लगाया गया था कि वह लेख, इसी विषय पर उनके जर्मन से किए गए अनुवाद से गृहीत है। बेचारे मुल्क को अपनी स्थिति स्पष्ट करने के लिए कहा गया। उन्हें खुद को निर्दोष सिद्ध करने में काफी मशक्कत करनी पड़ी। इससे कम्यूनिस्टों के आलोचक 'करंट' के सम्पादक 'दोसू कराका' को अपने साप्ताहिक लघु समाचार-पत्र में मुख पृष्ठ पर यह समाचार मोटे-मोटे शीर्षक में छापने का एक अच्छा मौका मिल गया कि 'कम्यूनिस्ट लेखक साहित्यिक चोरी करते धरे गए।' मुल्क को लोगों के बीच फिर से वापिस आने में काफी वक्त लग गया।

मैं मुल्क से मुम्बई स्थित 'कफे पैरेड' के उनके भूमंजिले मकान में दो बार मिला था। उनके पास एक खास नक्काशीदार ऊँची-सी कुर्सी थी, जिसके ठीक सामने कागज रखकर लिखने के लिए एक तख़्ते की पटरी थी। यह बहुत हद तक भोजन की मेज के पास रखी किसी बच्चे की कुर्सी के माफिक लग रही थी। मुल्क अपने पैरों को कुर्सी के जोड़ के डंडों पर फैलाकर आराम से रखते हुए घंटों यूँ ही खोए-खोए से बैठे रहे।

हालाँकि वे 'केसेनोवा' तो नहीं थे पर भिन्न-भिन्न देशों की महिलाएँ उनकी ओर वैसे ही खिंची चली आती थी जैसे कि आग में परवाने। वे एक प्रसिद्ध व्यक्ति थे सो वे उनके साथ दिखने में आनन्द का अनुभव करती थीं। उन्होंने दो से ज्यादा शादियाँ की थीं और उनकी कई महिला-मित्र थीं। अंग्रेज पत्नी से जना उनका एक बेटा, सर्वाधिक पढ़ा जानेवाला 'महाराजा दलीप सिंह की जीवनी' पुस्तक का सह लेखक है।

मुल्क का चिरस्थायी अवदान 'मार्ग' है—टाटा के द्वारा वित्तपोषित पत्रिका, जो विशुद्ध रूप से कला को समर्पित है। पहले की तरह इसका प्रसार सीमित ही है। पर कला जैसे विषय पर होने के कारण और अपनी उच्च गुणात्मकता की वजह से यह अपने प्रकार की एक अनूठी पत्रिका है। मुल्क को अनेकों पुरस्कार प्राप्त हुए, जिनमें साहित्य-अकादेमी और पद्म-विभूषण पुरस्कार भी हैं। सरकारी महकमों में खासकर वरिष्ठ स्तर के बाबुओं के बीच उनकी बात बड़ी गम्भीरता

से ली जाती थी, जो उन्हें उनकी किताबों के नाम से न जानकर उनकी प्रसिद्धि से खौफ खाते थे। मुल्क उन लोगों को दिल्ली एवं लोनावला में लेखक-गृहों के लिए अनुदान देने हेतु समझाने में सफल रहे। इन घरों के वे प्रायः इकलौते दखलदार थे।

यहाँ मैंने जो कुछ भी लिखा वो शायद एक प्रसिद्ध लेखक को श्रद्धांजलि के रूप में न लगे। इस हेतु मैं मुल्क के लाखों प्रशंसकों से क्षमा-प्रार्थी हूँ। पर जब मैंने 28 सितम्बर 2004 को पुणे में 99 वर्ष की अवस्था में उनके निधन का समाचार सुना तो शोक-संतप्त हो उठा। मैंने उन्हें बतौर लेखक बेशक किसी एक बड़े सम्मान का पात्र न समझा हो पर आज भी मैं उन्हें अत्यन्त स्नेह से याद करता हूँ।

अपने आप में इकलौते : नीरद बाबू

'किसी भी लेखक के लिए उपेक्षा से बढ़कर कष्टकर बात कोई और नहीं हो सकती, इसके बनिस्बत भर्त्सना, घृणा व विरोध तो प्रसन्नता के पर्याय हैं'– डॉ. जॉन्सन के ये शब्द नीरद चौधुरी ने अपनी पुस्तक 'ए पैसेज टू इंग्लैंड' की भेंट स्वरूप अर्पित मेरी प्रति पर खुद अपने हाथों से लिखकर दी थी। ये शब्द नीरद बाबू के बीते जीवन और वर्तमान के व्यक्तित्व को समझने के लिए आवश्यक हैं। ये शब्द उस व्यक्ति की उपेक्षा के वर्षों को बताते हैं, जो एक विशिष्ट व्यक्ति रहे हैं, साथ ही ये बताते हैं उपेक्षा करनेवाले लोगों को ठेंगा दिखाकर आकर्षण का केन्द्र बनने की उनकी कोशिश को और रूखेपन के व्यवहार से लोगों में अपने लिए निन्दा, घृणा व विरोध का भाव जगाने में मिली उनकी सफलता को।

नीरद बाबू, बंगला में काफी सालों से लिख रहे थे। पर अंग्रेजी में उनकी पुस्तक 'द ऑटोबायग्राफी ऑफ अननोन इंडियन' प्रकाशित होने के बाद ही वे उस वर्ग–अंग्रेजी के रंग में रँगे उच्च मध्यम वर्ग–जिससे कि वे खुद ताल्लुक रखते थे और वर्षों तक अपने प्रति उसकी अन्यमनस्कता के भाव के कारण जिससे मन से पराङ्मुख हो चुके थे, के मध्य वस्तुतः रुचि जगाने में सफल रहे। उन्होंने ऐसा बिलकुल सोचे-समझे तिरस्कार के साथ किया। वे यह जानते थे कि अश्वेत, हिन्दुस्तानियों के मुकाबले कहीं ज्यादा अंग्रेज हैं, पर वे अंग्रेजों के खर्चे पर देशभक्ति का ढिंढोरा पीटने के शौकीन हैं। वे अपनी परम्परा तो भूल ही चुके हैं, साथ ही अंग्रेजों की अंग्रेजियत भी पूरी तरह अपना नहीं पाए हैं। वे बौद्धिकता का दावा करनेवाले ऐसी पौध हैं जो कभी-कभार ही पुस्तक के आवरण पर छपे परिचय या फिर समीक्षा से आगे बढ़ पाते हैं।

इसलिए उन्होंने अपनी पुस्तक को 'ब्रिटिश साम्राज्य के प्रति...' समर्पित करने का निश्चय लिया। काले-कलूटे अश्वेत इस चारे में फँस गए और केवल समर्पण वाक्य पढ़कर ही लगे विरोध में हल्ला-गुल्ला मचाने। बहुत लोग, जो वैसे इस आत्म-कथा को नहीं पढ़ते, ने इसे पूरा पढ़ा और यह जानकर हैरत में पड़ गए कि इसमें हिन्दुस्तानियों के खिलाफ तो कहीं कुछ नहीं है। इसके ठीक उलट

इसमें पूर्वी बंगाल का ऐसा मनोरम चित्र खींचा गया था जैसा कि अब तक शायद ही किसी ने खींचा हो।

और एक बड़े अन्तराल के बाद हिन्दुस्तान ने एक ऐसा लेखक पैदा किया जो अपनी सहजजात हिन्दुस्तानियत का तो फायदा नहीं उठा पाया पर जैसी अंग्रेजी में लिखी जानी चाहिए, वैसी अंग्रेजी में लिख सकता था और जीवित अंग्रेजों में बहुत थोड़े ही लोग यदि कोई था भी तो, ऐसा लिख सकते थे।

अब नीरद चौधुरी की उपेक्षा करने का साहस कोई नहीं कर सकता था। वे और उनकी पत्नी अमिय दिल्ली के उच्च वर्ग के लोगों के बीच सबसे ज्यादा बुलाए जानेवाले दम्पत्ति बन गए थे। उनके ज्ञान की बृहत राशि के छोटे-छोटे दिलचस्प किस्से रात्रि भोजों में चर्चा के पसन्दीदा विषय बन गए थे।

चौधुरी परिवार का पहला किस्सा, जो मैंने सुना, वह ऑल इंडिया रेडियो के महानिदेशक स्वर्गीय कर्नल लक्ष्मणन की शराबों की पार्टी का था। नीरद बाबू इस पार्टी में अपनी पत्नी तथा बेटों (जो कि हाफ पैंट और टखने तक के जूतों में थे) को भी साथ लेते आए थे। परिचय-पात के पश्चात् मेजबान ने उनसे पूछा कि नीरद बाबू भला क्या पीना पसन्द करेंगे और लगे हाथ वे यह भी बताते चले गए कि उनके पास कुछ उम्दा प्रकार की शैरी (स्पेन की शराब) भी हैं।

'किस किस्म की शैरी ?'—मुख्य अतिथि ने पूछा। कर्नल लक्ष्मणन के पास वही दो प्रकार की शैरी थी, जो कि अक्सर अन्य लोगों के पास होती हैं, और जिनके बारे में प्रायः सुना जाता है। "दोनों ही प्रकार की"—उन्होंने जवाब दिया। आप क्या लेना पसन्द करेंगे—ड्राई या स्वीट ? पर यह नीरद बाबू के लिए काफी नहीं था, इसलिए उन्होंने अपने एक बेटे को इसे चखकर बताने को कहा। तेरह साल के उस लड़के ने उसकी एक चुस्की ली, अपने जीभ पर उसे फिराया और फिर तनिक सोचने के बाद बोला—'जरूर यह ओलोरसो-1947 होगा।'

नीरद बाबू, चाँद-सितारे के नीचे के सभी विषयों पर बात कर सकते थे। पक्षी, पेड़, तितली या फिर फंतिगे में से ऐसा कोई नहीं बचा था, जिनके नाम वे लैटिन, संस्कृत, हिन्दी और बंगला में नहीं जानते। वे बहुत पहले ही लन्दन चले गए थे पर वे न केवल यह जानते थे कि प्रमुख स्मारक और संग्रहालय कहाँ-कहाँ हैं बल्कि वे यह भी जानते थे कि प्रमुख-प्रमुख रेस्तराँ किन-किन इलाकों में हैं। मैंने उन्हें, एक बार एक ऐसी महिला से 'कोलोस्सियम' से निकलनेवाली एक सड़क के नाम पर उसकी बात काटते सुना, जो कि रोम में छह साल रह चुकी थी। और उन्होंने अपनी उस बात को सही साबित भी कर दिखाया। मैंने उन्हें खगोलविज्ञानियों के साथ ग्रह-नक्षत्रों की चर्चा, पन्द्रहवीं शताब्दी के फ्रांसीसी

साहित्य के एक गूढ़ अंश का वाचन करते और एक शराब व्यापारी को 'बुरूगंडी' के बढ़िया अँगूरों के बारे में मशविरा देते सुना था। साहित्य के क्षेत्र में नोबेल पुरस्कार विजेता, आइसलैंड के 'लैक्सनेस' के सम्मान में आयोजित एक छोटे से समारोह में मैंने नीरद बाबू को आइसलैंड के साहित्य पर भाषण देते भी सुना।

नीरद बाबू दुर्बल से छोटे कद के, पाँच फीट से यही कुछ तनिक ज़्यादा लम्बाई के व्यक्ति थे। वे दोहरा जीवन जीते थे। घर पर वे धोती-कुर्ता पहनते और लिखने-पढ़ने के लिए जमीन पर बैठते, पर जब काम पर निकलते तो यूरोपीय परिधान—कोट, टाई, पतलून; एक लम्बी-बड़ी-सी खाकी सोला टोपी पहनते। घर से बाहर वह कदम धरते नहीं कि गली के शैतान बच्चे सुर में बोलने लगते—जानी वाकर, लैफ्ट, राइट, लैफ्ट, राइट।

नीरद बाबू कोई विनम्र किस्म के इंसान नहीं थे, पर उनकी इस अविनम्रता के पीछे कई बड़े जायज़ से कारण थे। कोई भी हिन्दुस्तानी जीवित या मृत अंग्रेजी में उनके जैसा नहीं लिख पाया। वे बड़े क्रोधी स्वभाव के थे। जब सूचना और प्रसारण मन्त्रालय के स्वतन्त्र प्रभार वाले एक अपरिपक्व मन्त्री ने उन्हें नौकरी से बर्खास्त कर दिया, तो वे गुस्से से उबल पड़े थे। सालों बाद जब भारत सरकार ने उन्हें पूर्वी पाकिस्तान के हिन्दू अल्पसंख्यकों को लेकर एक खास प्रकार की पुस्तिका तैयार करने का उनसे अनुरोध किया और साथ ही उनकी इस सेवा के बदले एक खाली चेक देने का प्रस्ताव दिया तो नीरद बाबू, हालाँकि उन दिनों बेहद आर्थिक तंगी के दौर से गुजर रहे थे पर सरकार का यह प्रस्ताव तिरस्कार से ठुकरा दिया। "सरकार ने बेशक नीरद चौधुरी पर से अपना प्रतिबन्ध हटा लिया है पर नीरद चौधुरी ने भारत सरकार पर से अपना प्रतिबन्ध नहीं हटाया है"—यह बात उन्होंने मुझसे तब कही थी, जब मैंने तत्कालीन वित्तमन्त्री टी.टी. कृष्णमाचारी के प्रस्ताव के बारे में उन्हें बताया था।

नीरद बाबू की दूसरी किताब 'ए पैसेज टू इंग्लैंड' को अंग्रेजी प्रेस में बेहतरीन समीक्षाएँ प्राप्त हुईं। उसके तीन संस्करण धड़ाधड़ बिक गए और वह इस मायने में खास हो गई कि वह किसी भारतीय लेखक द्वारा लिखी गई पहली ऐसी किताब थी, जो इंग्लैंड में सबसे ज्यादा बिकनेवाली साबित हुई थी। लन्दन की प्रसिद्ध किताब की दुकान 'फायल्स' की लम्बी-बड़ी खिड़कियाँ नीरद बाबू की बड़े-बड़े आकार वाली चित्रों से सज गई थी। जैसा कि पहले भी था, कुछ भारतीय समालोचक उनके प्रखर विरोधी थे। नीरद बाबू की प्रतिक्रिया भी इसी तर्ज पर हुई। पहले तो उन्होंने उन लोगों की ओर, जो उन्हें बेहतर तरीके से नहीं जानते, ध्यान देने की जहमत ही नहीं उठाई, फिर भौंकनेवाले ऐसे बाजारू कुत्तों पर

गालियों की तीखी बौछार कर दी। मैंने उनसे पूछा कि उन्होंने इन दो प्रवृत्तियों के बीच संगति कैसे बिठाई, तो पल भर रुककर उन्होंने इसका जवाब कुछ यूँ दिया–'मैंने क्या लिखा है, बिना इस बात को ठीक से समझे, जब लोग मेरी किताबों के बारे में अनुचित बातें करने लगे जाते हैं, तो मैं स्वयं को एक ऐसे पिता की तरह महसूस करता हूँ, जिसकी जवान बेटी पर कोई नशे में धुत्त शराबी फब्तियाँ कसता है। मैं उसे अनुशासित करना चाहता हूँ।' और फिर तब उसी खास बंगाली मुद्रा में अनुशासन देने के तरीके को प्रदर्शित करते कहते हैं कि 'मैं उसे अपनी चप्पल से चपलिया देना चाहता हूँ।'

कुछ साल पहले, नीरद बाबू ने लन्दन के एक प्रतिष्ठित साप्ताहिक में एक लेख लिखा, जिसमें उन्होंने इस बात का जिक्र किया था कि यहाँ ऑक्सफोर्ड में अपनी किताबों की रायल्टी पर जीने में उन्हें कितनी कठिनाइयाँ हो रही हैं। मैंने इसके एक अंश को अपने स्तम्भ में छापा। के.के. बिड़ला ने इस पर मुझे लिखा कि नीरद बाबू से कहिए कि उन्हें ताउम्र जितना और जिस मुद्रा में धन चाहिए, वे हर महीने उन्हें खुशी-खुशी देने के लिए तैयार हैं। बिड़ला का यह पत्र मैंने नीरद बाबू को भेजा। बिड़ला के इस प्रस्ताव को ठुकराते हुए उन्होंने मुझे वापस यह लिखा कि इस उदार प्रस्ताव के लिए बिड़ला को मेरी ओर से धन्यवाद कहिएगा।

एक खेद की बात यह है कि उन्होंने ब्रिटिश सरकार से सी.बी.ई. (ब्रिटिश सरकार का कमांडर) की पदवी स्वीकारी। वे यकीनन कुलीनता के काबिल थे क्योंकि दरअसल वे अपनी प्रतिभा और विद्वत्ता में बेजोड़ थे।

बलवन्त गार्गी : द नेकेड ट्रायंगल—
दोस्त से ज्यादा दुश्मन लाया

22 अप्रैल 2003 को 60 साल पुरानी एक दोस्ती का अन्त हो गया। बलवन्त गार्गी, जिससे कि मेरी दोस्ती लाहौर के दिनों में हुई थी, मुम्बई में चल बसा। अन्तिम संस्कार के लिए उसका पार्थिव शरीर हवाई जहाज से दिल्ली लाया गया। पंजाबी साहित्यकारों में, जो वहाँ उपस्थित थे, उनमें से एक पूर्व प्रधानमन्त्री इन्द्र कुमार गुजराल भी थे। फिल्म जगत की ओर से अनुपम खेर थे। यह खेद की ही बात थी कि केवल पंजाबी अखबारों ने ही इस बहुमुखी प्रतिभासम्पन्न व्यक्ति की श्रद्धांजलि छापी थी क्योंकि दो या तीन किताबों को छोड़कर उसने प्रायः गुरुमुखी लिपि में ही लिखा था।

बलवन्त भटिंडा का बनिया था। चूँकि लाहौर उन दिनों पंजाबी लेखन का केन्द्र था, सो वह लाहौर जाकर बस गया था। उसने एक नाटककार, निर्देशक और व्यंग्य लेखक के रूप में खूब नाम कमाया। प्रसिद्ध लेखकों के बारे में उसके रेखाचित्र आलोचनाओं-समालोचनाओं से भरे पड़े होते थे। बँटवारे के बाद वह वहाँ से दिल्ली आ गया, जहाँ उसने एक छोटा-सा एकमंजिला घर खरीदा। उसमें एक छोटा-सा आँगन, एक तरफ रसोई और दूसरी ओर शौचालय बना था। वह अपने यार-दोस्तों से इसी शयन-सह-बैठक-सह-भोजन कक्ष में बैठकर गप्प-शप्प किया करता था।

कमरे में किसी प्रकार का कोई फर्नीचर नहीं था। उसके सभी मेहमान पीने-खाने के लिए नीचे जमीन पर ही बैठ-पसर जाते। उसके घर आने का न्यौता मिलने का सौभाग्य केवल चन्द लोगों को ही नसीब हुआ था। हालाँकि वह एक थुलथुला-सा, ढीला-ढाला बनिया था, जो अपने हाथों को हमेशा अदृश्य साबुन से धोता रहता था, पर उसकी नजर खूबसूरत औरतें खासकर सरदारिनों पर ज्यादा लगी रहती थी। मैं उसे अक्सर यह कहकर चिढ़ाया करता कि उसे सिक्ख औरतों का चस्का लग गया है। मुझे लगता है कि केवल सिक्ख औरतें ही तुम्हें गुरुमुखी

में पढ़ सकती हैं।

मैंने उसे अपने प्रशंसकों का दायरा बढ़ाने के लिए अंग्रेजी में भी हाथ मारने की सलाह दी। उसने ऐसा किया भी। भारतीय रंगमंच विषय पर उसके काम की लोगों ने खूब सराहना की। उसे वाशिंगटन स्टेट यूनिवर्सिटी (सिएटल) की ओर से नाटक का पाठ्यक्रम पढ़ाने का न्यौता मिला। पहली बार इससे उसके पास कुछ पैसा आया। वह एक बड़ी-सी कार और खूबसूरत अमेरिकी पत्नी 'जेनी' के संग वापस लौटा। वह चंडीगढ़ चला गया, जहाँ उसे नाट्यशास्त्र का प्रोफेसर नियुक्त किया गया। हर कोई, जो भी जेनी से मिला, उसके प्यार में पड़ गया। पर जेनी अपने पति के प्रति वफादार रही। उसकी जो बस इकलौती कमी थी, वह थी–खाने के प्रति उसकी उर्वर रुचि–एक बार में वह तीन-तीन व्यक्तियों का खाना खा सकती थी, और उसकी पंजाबी सीखने से भी वह इनकार करती थी। हालाँकि उसने बलवन्त को दो प्यारे-प्यारे से बच्चे–एक लड़का, एक लड़की दिए पर पंजाबी सीखने से उसने एकदम साफ मना कर दिया। जेनी बलवन्त की तारीफ नहीं कर पाती थी, जिसके लिए बलवन्त अक्सर तरसता था, सो वह दूसरों की ओर मुड़ गया। इनमें एक आकर्षक तलाकशुदा महिला भी थी जो कभी उसकी छात्रा रह चुकी थी। कहना नहीं होगा कि वह एक सरदारनी थी और उसकी विवाह से पहले की प्रेमिका रह चुकी थी। जेनी ने बलवन्त को तलाक दे डाला और किसी दूसरे हिन्दुस्तानी से शादी कर ली, व उसकी बेटी को अपने साथ लेकर अमेरिका लौट गई। बलवन्त अपने बेटे और स्वेच्छाचारिणी प्रेमिका के साथ रह गया। परपुरुष के चक्कर में उसे धोखा देने के कारण बलवन्त ने अंग्रेजी में एक आत्मकथात्मक उपन्यास 'द नेकेड ट्रायंगल' लिखकर उसका बदला लिया। यह एक निम्न कोटि का उपन्यास था, जो दरअसल कड़वाहट में लिखा गया था। इससे बलवन्त के प्रशंसकों की संख्या में वृद्धि होने की बजाय उनकी संख्या पहले से भी कम हो गई।

बलवन्त गार्गी के जीवन का मैंने बहुत कुछ देखा। वह लोगों को अपनी ओर बाँधे रखनेवाला एक बातूनी किस्म का इंसान था। उसके मार्फत ही मेरी मुलाकात उन दिनों की बालीवुड की मल्लिका परवीन बॉबी से हुई थी। उमा वासुदेव उसकी दावतों में नियमित रूप से उपस्थित रहती थी।

अपना वास्तविक अन्त आने के, चार साल पहले से ही बलवन्त को इसका अहसास हो चला था। मैंने उसके लिए जो कुछ भी किया था, उसके प्रति धन्यवाद-ज्ञापित करने के लिए उसने मुझे पटियाला से फोन किया था। वैसे इसकी कोई जरूरत तो थी नहीं, क्योंकि उसके मुश्किल दिनों में उसे कुछ पैसे उधार देने

(जिसे उसने हमेशा लौटा दिया था) और अंग्रेजी में लिखने का मशविरा देने के अलावा, मैंने उसके लिए शायद ही कुछ और किया हो ? मैंने उससे लगभग डपटते हुए पूछा, 'तुम्हारे साथ बात क्या है ? क्या तुम मुझे अपना नहीं समझते, हम पुराने दोस्त हैं।'

उसे यह बखूबी पता था कि उसे 'अल्जाइमर' रोग है और वह जल्द ही अपनी याददाश्त खो बैठेगा। उसने अपना अन्तिम समय मुम्बई में अपने इंजीनियर पुत्र के संग, एक विश्वासी नौकर और एक महिला मित्र—जो एक सरदारनी थी, की देखरेख में बिताया।

आर.के. नारायण : मालगुडी अब शेष नहीं

95 वर्ष की अवस्था में मृत्यु से एक हफ्ते पहले ही राष्ट्रीय स्तर के सभी अखबारों में उनके स्वास्थ्य को लेकर की जा रही तरह-तरह की अटकलें दिखने लग गई थीं। मुझे कइयों, जिनमें कि बी.बी.सी. और अन्य टी.वी. चैनल वाले भी थे, ने फोन किया कि मैं श्रद्धांजलि लिखकर तैयार रहूँ—खुदा न खास्ता ! इससे आर. के. नारायण के प्रति एक विश्वव्यापी स्तर पर सरोकार और उनके प्रति सम्मान का भाव साफ दिखता था। 13 मई सन् 2001 को प्रातः 5 बजे मेरे टेलीफोन की घंटी घनघना उठी। यह बी.बी.सी. लन्दन से था। नारायण दो घंटे पहले चल बसे थे और क्या मैं उनके बारे में कुछ कहना चाहूँगा। मैं बोला, बी.बी.सी. हिन्दी सेवा के लिए हिन्दी में और हिन्दुस्तानी घरेलू सेवाओं के लिए अंग्रेज़ी में।

नारायण के प्रति लग रही चाटुकारिताओं के ढेर के वे दरअसल काबिल थे। वे उस चौकड़ी के नेता थे, जिसमें राजा राव, मुल्कराज आनन्द और गोविन्द देसानी शामिल थे और उन लोगों ने यह साबित कर दिखाया था कि अंग्रेज लेखकों के समान ही हिन्दुस्तानी लेखक भी अंग्रेजी में उसी दक्षता से लिख सकते हैं। ग्राहम ग्रीन जैसे जोशीले संरक्षक प्राप्त होने से नारायण अपने समकालीनों के मुकाबले कहीं ज्यादा खुशकिस्मत थे। ग्राहम ग्रीन ने उनके लिखने के पेशे का श्रीगणेश प्रकाशकों को इस बात के प्रति प्रेरित कर करवाया कि वे नारायण से लाभकर अनुबन्ध करें। वे दरअसल पहले ऐसे व्यक्ति थे, जिन्होंने नारायण के मायावी सरल गद्य जो कि बैंगनी अनुच्छेदों से विलग और उन कामुक या हिंसक बातों से मुक्त थी, जिन्हें अधिकांश लेखक पाठकों की रुचि बनाए रखने के लिए गलत इस्तेमाल करते हैं, को सर्वप्रथम पहचाना। नारायण ने अपने कल्पित छोटे-पुराने शहर मालगुडी को विश्व के नक्शे में स्थापित कर दिया। उनकी धीमी रफ्तार से आगे सरकने वाले स्फूर्तिहीन कथानक और पात्र दक्षिण भारतीय जीवन और लोगों की एक प्रतिमूर्ति थे। उन्हें एन. राम और उनकी अंग्रेज पत्नी सुजेन के रूप में एक मुखर प्रशंसक मिला था। उन दोनों ने मिलकर उनकी एक शोध

परक भारी-भरकम जीवनी लिखी और उन पर 'द हिन्दू' अख़बार में एक स्तम्भ शुरू किया, जिससे नारायण दक्षिण में भारत-आंग्ल लेखकों में सर्वाधिक पढ़े जानेवाले लेखक बन गए। उत्तर भारत में उनके शिल्प-कौशल को एक अनमनी-सी स्वीकृति काफी बाद में मिली। 'फ्रैंक मोरेस' जो आज के सबसे प्रसिद्ध सम्पादक हैं, ने नारायण के उपन्यासों को 'क्लान्तिकर-पठन' बताया है।

नारायण से पहले-पहल मैं तब मिला था जब वे मैसूर के नगरप्रान्त में रह रहे थे। वे सवेरे के समय काम किया करते और देर दोपहर को शहर आते। मैं उनके साथ घूमने के लिए बाजारों से होकर चला करता। वे बहुत धीमे-धीमे चलते और चन्द कदम चलने के बाद अपनी बात जो वे कह रहे होते, को पूरा करने के लिए रुक जाते। वे दुकानदारों से नमस्कार-पाती के लिए कई दुकानों पर रुकते और मेरा उनसे परिचय कराते, फिर तमिल या कन्नड में बोलते, जिनमें से कोई भी भाषा मुझे नहीं आती थी। फुर्सतवाली यह सैर हम फिर शुरू कर देते।

जब वे कभी दिल्ली में होते, तो अक्सर कॉफी पीने और मुझसे गप्पें लड़ाने मेरे यहाँ पधारते। हम लोग इंग्लैंड और अमेरिका में लेखक सम्मेलनों में भी मिले थे। उनसे हुई एक मुलाकात जो मेरे दिमाग में खुद-सी गई है वह है हमारा 'हवाई' में साथ-साथ सप्ताह भर तक रहना। अपनी-अपनी रचनाएँ सुनाने के बाद हम शाम का वक्त साथ ही गुजारते। पर वे कोई बढ़िया संग देनेवाले नहीं थे। कुछ कदम चलने के बाद, जो वे कह रहे होते उसको पूरा करने के लिए उनके हठात रुक जाने की आदत मुझे कभी नहीं सुहाई। एक अच्छी-सी जगह देखकर वहाँ शाम का भोजन करना भी एक बहुत बड़ी समस्या हो गई थी। वे पक्के शाकाहारी थे। शराब-सिगरेट आदि से उनका दूर-दूर तक का कोई नाता नहीं था। पर मैं इन दोनों ही कोटियों में नहीं आता था। वे किसी कुंजड़े की दुकान पर जाकर रुक जाते और डिब्बा-भर सादी खरीद लेते और फिर शुरू होता हमारा एक भोजनालय से दूसरे भोजनालय तक यह जानने के लिए भटकने का सिलसिला कि नारायण को जो चाहिए, वो उनके यहाँ है या नहीं। क्या आपके यहाँ सादे उबले चावल मिलेंगे ? जवाब अक्सर इनकार में ही मिलता। जब नारायण को भर प्लेट उबला सादा चावल कहीं मिल जाता तो वह उस पर अपना पूरा डिब्बा दही खाली कर देते। वह खाने के लिए अपनी अँगुलियों का प्रयोग पसन्द करते थे पर मुझ पर मेहरबानी करते हुए चम्मच से खाना खाने के लिए राज़ी हो जाते।

एक दिन शाम को मैंने उन्हें झटकना चाहा और मिलनसार साथी न मिलने की सूरत में अकेले बाहर जाना कहीं बेहतर समझा। जब वे मुझे लेने आए तो मैंने उनसे कहा कि 'मैं एक ब्ल्यू फिल्म देखने जाना चाहता हूँ, जिसे वे पसन्द

नहीं करेंगे।' 'कोई बात नहीं मैं तुम्हारे साथ चलूँगा।' उन्होंने मुझे आश्वस्त किया। हम 'होनोलूलू' के उस बदनाम इलाके में गए, जहाँ कई सिनेमा हॉल अश्लील फिल्में चलाते थे। हमने उनमें से किसी एक को चुना, अपनी टिकटें खरीदीं और अन्दर घुस गए। उसमें 'सैक्स' को सबसे अभद्र रूप में दिखाया जा रहा था। मैंने सोचा कि नारायण बाहर निकल जाएँगे या नहीं तो गुस्से में आ जाएँगे। पर वे बिना कोई टीका-टिप्पणी किए एकदम चुपचाप बैठे रहे। वह मैं ही था कि बोल पड़ा–'चलिए, चलते हैं।' उन्होंने मेरी ओर निहायत शराफत से देखा और पूछ बैठे–'अब तो काफी हो गया न ?'

नारायण के सौम्य, शर्मीले और बेफिक्र तौर-तरीके से उनकी छवि एक विनम्र व शिष्ट व्यक्ति की बनती थी। विनम्र तो वे बेशक थे पर शिष्ट नहीं। एक बार जब 'ऑल इंडिया रेडियो' ने सभी लेखकों को साहित्यवार्ता के लिए आमन्त्रित करते हुए उन दिनों मिलनेवाले सामान्य फीस से कहीं ज्यादा देने का वादा किया, तो सभी लेखकों ने उसका यह प्रस्ताव स्वीकार कर लिया। केवल नारायण ही इकलौते लेखक थे जिन्होंने उसमें यह शर्त लगा दी कि उन्हें दूसरों से एक रुपया ज्यादा मिले। अपने यात्रा वृत्तान्त 'माई डेटलेस डायरी' में उन्होंने अपने सम्मान में आयोजित किसी भोज का जिक्र किया है। बातचीत के दौरान वहाँ किसी आमन्त्रित अतिथि ने यह टिप्पणी की, कि मेरे हिसाब से आर.के. नारायण अपने समय के तीन महानतम उपन्यासकारों में से एक हैं, और इस क्रम में उसने दो और उपन्यासकारों के नाम गिनाए। एक दूसरे मेहमान अन्य दो नामों से इत्तफाक़ नहीं रखते थे पर उन्होंने तीन महान उपन्यासकारों में आर.के. नारायण का नाम जरूर रखा।

मैंने अपने एक स्तम्भ में इसके बारे में कभी लिखा। इसके बाद से नारायण फिर कभी मुझसे नहीं बोले।

अब वे हमसे विदा ले चुके हैं। उनके लाखों प्रशंसकों की भाँति मैं भी उनकी कमी महसूस कर रहा हूँ। उनके प्रति एक सच्ची श्रद्धांजलि तो यही होगी कि कर्नाटक या तमिलनाडु के किसी शहर का नाम उनके उपन्यास व लघुकथाओं में वर्णित 'मालगुडी' के नाम पर रख दिया जाए।

अली सरदार जाफरी : शोला बयाँ शायरी

1 अगस्त 2000 को 8:30 पूर्वाह्न के समय अली सरदार जाफरी की जैसे ही मृत्यु हुई तभी मैंने इस बात की ओर इशारा किया था कि हमें पाकिस्तान टी.वी. देखना चाहिए कि वे आखिर उनके बारे में क्या कहते हैं ? वे न केवल आजकल के समय के उर्दू कवियों की पहली कतार के शायर थे, बल्कि पाकिस्तान के साथ फिर से दोस्ताना सम्बन्ध बनाने की मुहिम के अग्रणी भी थे। पाकिस्तान टी.वी. ने जाफरी के इन्तकाल पर उन्हें लोगों के बीच प्यार की जरूरत और समझदारी विकसित करने की बात पर लिखनेवाले एक शायर के रूप में यूँ चलताऊ ज़िक्र किया। मैं मायूस था। यही कुछ हाल हिन्दुस्तानी मीडिया–इलेक्ट्रॉनिक और प्रिंट, दोनों के भी 'कवरेज' का था। जाफरी के बारे में समय-सीमा का पालन करने के लिए जल्दबाजी में लिखी गई इन श्रद्धांजलियों एवं समुच्चयित चित्रों को एक साथ रखने के अलावा और भी बहुत कुछ कहा जाना अभी शेष था।

मैं अली सरदार और उनकी खूबसूरत पत्नी को यही कोई 30 सालों से भी ऊपर से जानता था। बम्बई प्रवास के दौरान हम लोग प्रायः एक सप्ताह के अन्तराल पर मिला करते थे। साम्यवाद के प्रति अपनी प्रतिबद्धता के बावजूद उन्हें जिन्दगी की तमाम अच्छी चीजें खूब पसन्द थीं–उम्दा स्कॉच, बढ़िया भोजन और आरामदायक जीवन। वे पैडर रोड पर गन्दे छोटे से तीन कमरों के एक फ्लैट में रहते थे। उनकी पत्नी और तीन बच्चे जो अक्सर उन्हीं के साथ रहा करते थे, के अलावा उसी घर में उनकी दो विधवा बहनें भी रहती थीं। वहाँ इधर-उधर चलने-फिरने की भी कम ही गुंजाइश थी। उनकी अनेकों किताबें उस बिस्तर के नीचे, जिस पर कि वे पढ़ते-लिखते और सोते थे यूँ ढेर लगी हुई थीं। मैं वहाँ अपने संग स्कॉच की बोतल लेकर पहुँचता। वे इमारत के ठीक सामनेवाले अल्लाह बेली रेस्तराँ से किसी को सोडा और बिरयानी लाने भेजते। मैं उनका संग चाहता, क्योंकि मैं अब तक जितने भी हिन्दुस्तानी लेखकों से मिला था, उनमें वे मुझे सबसे ज्यादा विद्वान लगे।

अली सरदार की याददाश्त अद्भुत थी। यदि मैं उन्हें किसी भी उर्दू शायर की कोई एक पंक्ति सुनाता तो वे उस शायरी की शेष पंक्तियाँ सुना डालते। वे उसकी शब्द-दर-शब्द की व्याख्या, पारसी कवियों—रूसी और हाफिज से लेकर गालिब और अल्लामा इक़बाल का जिक्र करते हुए चले जाते। जब मैंने इक़बाल का 'शिकवा' और 'जवाब-ए-शिकवा' के तर्जुमा की तैयारी शुरू की तो मुझे उनकी मदद लेने के लिए बम्बई जाना पड़ा। दो दिनों तक अली सरदार और सुल्ताना सुबह-सुबह मेरे होटल आए, हम दोपहर के भोजन के समय तक काम करते रहे थे, रफ़ीक ज़कारिया और उनकी पत्नी फातिमा यह जानने के लिए वहाँ पहुँचते कि हमारा काम कैसा चल रहा है। उनके जाते ही हम एक बार फिर मेहनत में जुट जाते और तब तक लगे रहते जब तक कि हम संध्याप्रेमियों का समय नहीं हो जाता।

मैं अली सरदार को अक्सर साम्यवाद के बारे में छेड़ा करता। वे इसके एक सदस्य (कार्डहोल्डर) थे और अलीगढ़ मुस्लिम विश्वविद्यालय से निकाल बाहर कर दिए गए थे (जिस विश्वविद्यालय ने आगे चलकर उन्हें मानद डॉक्टरेट की डिग्री से नवाजा था)। वे ब्रिटिश राज के दौरान 18 महीने तक और फिर आजादी के बाद मोरारजी की अगुआई में भी जेल में बन्द रहे। हालाँकि अब वे पार्टी के सदस्य नहीं थे, फिर भी उन्होंने पूरी दृढ़ता से मार्क्सवादी विचारधारा का बचाव किया। उनके बारे में मैं यह समझ नहीं पाता था कि वे नास्तिक होने के बावजूद मोहर्रम के महीने में अक्सर काला कपड़ा पहनने, शिया मजलिसों में जाने और शराब से परहेज क्यों करते। मेरे साथ उनके एक टी.वी. साक्षात्कार के दौरान, जबकि वे मुझसे उर्दू शायरी के बारे में प्रश्न पूछे जाने की आशा में थे, मैंने उन्हें उनके इस्लाम और मार्क्सवादी, परस्पर विरोधी विचारों के कारण आड़े हाथों लिया था। वे साफ-साफ उखड़े से दिखाई पड़ रहे थे और शब्दों के लिए अटकने लगे थे। सक्षात्कार खत्म होने के बाद वे मुझ पर टूट पड़े। उन्होंने मुझे दुनिया की तमाम बातें सुना डालीं, बस हरामजादा कहना भर छोड़ दिया था। मुझे यकीन है कि यदि वे साम्यवाद और सामाजिक समस्याओं से मनोग्रस्त नहीं होते तो वे कहीं इससे भी एक बड़े शायर होते।

मैं उन्हें अक्सर तब देखा करता था जब वे दिल्ली, कामना प्रसाद की समसामयिक उर्दू शायरों पर कार्यक्रम 'कहकशाँ' की शृंखला की रिकार्डिंग में आते थे। और बाद में, उन्हें मैंने कामना के द्वारा हर साल पाकिस्तानी और उर्दू शायरों को एक मंच पर लाने के लिए आयोजित 'जश्न-ए-बहार मुशायरे' में शिरकत के लिए आते हुए देखा। अपनी मौत से चन्द महीने पहले ही उन्होंने पिछले मुशायरे

की अध्यक्षता की थी।

उनका व्यक्तित्व प्रभावशाली था। वे दुबले-पतले, लम्बे से थे। बेतरतीब से बिखरे, बिन सँवारे भूरे बालों के लटकते से गुच्छे, चमकती काली-काली आँखें और चेहरे पर हरदम छाई रहनेवाली मुस्कान। उनकी आवाज सुनकर श्रोता मन्त्रमुग्ध हो जाते। एक समय जब भारत-पाकिस्तान के सम्बन्ध बेहद नाजुक दौर से गुजर रहे थे तो उन्होंने पाकिस्तान के प्रति एक सन्देश में 'शान्ति' की बात कुछ यूँ कही थी—

तुम आओ गुलशन-ए-लाहौर से चमन बरदोश,
हम आएँ सुबह-ए-बनारस की रोशनी लेकर
हिमालय की हवाओं की ताजगी लेकर
और इसके बाद ये पूछें कि कौन दुश्मन है ?

(आप फूलों से लदे लाहौर के बगीचे से आओ/हम बनारस की सुबह की रोशनी के संग/ऊँचे हिमालय से बह रही हवाओं की ताजगी लेकर/और तब हम आपस में पूछें कि दुश्मन कौन है ?)

अली सरदार एक असाधारण आशावादी थे। रूमी की इस पंक्ति से उत्प्रेरित 'हम चो सब्ज बारहा रोइदा अयम' (धरती के हरे सब्ज की तरह हम कभी बढ़ने से नहीं रुकेंगे), उन्होंने अपनी जीवन-गाथा (मेरा-सफर) का सारांश इन चन्द यादगार पंक्तियों के माध्यम से व्यक्त किया है—

मैं भागता हुआ एक तेज लमहा हूँ
रात और दिनों के इस मायावी घर में,
मैं एक अधीर बूँद शाश्वत यात्रा वाला हूँ
मैं अतीत की कुप्पी से भविष्य का मदिरा-प्याला हूँ
मैं सोता हूँ, जगता हूँ और फिर सोने के लिए जगाया जाता हूँ,
मैं वक्त के रंगमंच पर एक प्राचीन नाटक हूँ
मैं अमर बनने के लिए ही तो यूँ मरता रहता हूँ।

29 नवम्बर, 1913 को बलरामपुर (उत्तरप्रदेश) के एक जमींदार परिवार में जन्मे अली सरदार अपनी शायरी, लघु-कथाओं, नाटकों और लेखों के लिए अनेक पुरस्कारों से सम्मानित किए गए। उनमें इक़बाल सम्मान, सोवियत लैंड पुरस्कार, ज्ञानेश्वर पुरस्कार और ज्ञानपीठ पुरस्कार आदि प्रमुख हैं। पर इन सबसे ज्यादा, वे जहाँ कहीं भी गए, अपने लिए गर्मजोशीपूर्ण वाह-वाही और प्रशंसाएँ ही प्रशंसाएँ बटोरते रहे। अपने प्रशंसकों से मिलनेवाले सम्मान और स्नेह ने उन्हें अपने मुश्किल दिनों में खुद को सँभाले रखने में मदद की। उन्हें जो भरपूर प्यार मिला,

उसे उन्होंने पूरी तरह लौटाया भी। शायरी का अपना एक संग्रह कामना की चार साल की नन्हीं बेटी 'ज़िया' को देते हुए, उसमें उन्होंने उर्दू में हर पंक्ति के नीचे पाँच-पाँच बार बीस पंक्तियों तक प्यार-प्यार शब्द लिखा था। यही उनका इस दुनिया के प्रति एक विदाई-सन्देश था।

फैज़ अहमद फैज़ : मार्क्सवादी, प्रेमी और शायर

उत्तर भारत के शिया मुसलमानों में वैसा व्यक्ति जिसे कि किसी लम्बी यात्रा पर जाना हो, उसकी बाँह पर एक ताबीज, जिसे कि 'इमाम ज़मिम' कहा जाता है, बाँधने की परम्परा है। इसमें एक चाँदी के सिक्के या फिर कागज के नोट को रूमाल में लपेटकर मन्त्र बुदबुदाते हुए यात्री की बाँह में सुरक्षा के लिहाज से बाँध दिया जाता है। मेरे मित्र महमूद हाशमी, जो ऑल इंडिया रेडियो की उर्दू सेवा में कार्यक्रम निर्माता हैं, का मानना है कि क्रिस्टोफर के मुसलमान समकक्ष यात्रियों के संरक्षक सन्त इमाम ज़मिम कुतुब मीनार परिसर के अली दरवाजे के पूर्वी ओर दफनाए गए हैं और इस प्रकार यह ईस्वी सम्वत् सत्रहवीं शताब्दी के उत्तरार्द्ध की बात है। यह रिवाज अब केवल शिया मुसलमान तक ही सीमित नहीं रह गया है बल्कि महाराष्ट्र के सुन्नी मेमन लोगों के बीच में भी चल पड़ा है। रिवाज का यह फर्क पंजाबी हिन्दुओं और सिक्खों में भी 'सिर वराना' रिवाज में देखा जा सकता है, जहाँ कि कोई एक बड़ा बजुर्ग, विदा हो रहे व्यक्ति के सिर पर रुपए के नोट फिराते हैं और फिर बट-खर्चे के लिए उसे थमा देते हैं। मेरी दादी माँ, जिसका दान एक रुपया से शायद ही कभी ऊपर बढ़ता था, फूहड़-सी तुकबन्दी का एक पद कुछ यूँ गाती थी–

रद्द बलाएँ
दूर बलाएँ
तोर ताएन
रखें साईंन

इसका एक ढीला-ढाला-सा अनुवाद कुछ इस प्रकार है–

दुरात्माओं को भगाओ
बुरी आत्माएँ भगाओ
यात्रा की समाप्ति तक
ईश्वर आपकी रक्षा करें।

उस बार जब मैं विदेश (जापान, कोरिया और हांगकांग) जा रहा था तो,

न तो किसी ने मेरा सिर वराना किया और न ही मेरी बाँह पर इमाम ज़मिम का ताबीज ही बाँधा। इतना होने पर भी, खुद अत्यधिक भोजन और शराब पीने-खाने से बेशक जो कष्ट हुआ हो, पर वैसे मुझे किसी प्रकार की कोई हानि नहीं पहुँची। उसमें भी मेरे पास कोई चारा नहीं था। मुझे अनेकों स्वागत-भोजों में जाना था और मेरी श्रीमती जी, इस पर नियन्त्रण रखने के लिए कि उनका पति कहीं इधर-उधर बहक न जाए, मुझ पर बाज-दृष्टि लगाए थीं। वक्त गुज़ारने का मेरे पास जो एकमात्र जरिया बच गया था वो यही कि मैं खुद को चीनी और कोरियाई व्यंजनों पर किसी सुअर की भाँति लगाए रखूँ। और बाद में, जब तक मैंने अपनी इस बढ़ी चर्बी को थोड़ा-सा घटा न लिया, तब तक वजन करनेवाली मशीन पर डर-डरकर ही चढ़ता था।

मैं स्वीकार करता हूँ कि यह पहला मौका था जब अपने देश में क्या–कुछ चल रहा है, इसके बारे में अँधेरे में रहने में मुझे कोई बुरा न लगा हो। देश वापस लौटने के बाद ही मुझे पता चला कि यशवन्त राव जी अब नहीं रहे। व्यक्ति विशेष के रूप में मैं उनका अत्यन्त आदर और सम्मान करता हूँ, पर बतौर राजनीतिज्ञ इन दोनों में से कुछ नहीं। मेरे कई महत्वाकांक्षी नेता दोस्तों को आगामी चुनावों में लड़ने के लिए पार्टी ने टिकट देने से मना कर दिया। उनमें से कुछ लोगों के लिए तो मुझे दुख भी हुआ। पर सबसे ज्यादा तकलीफ मुझे इस बात की जानकारी मिलने पर हुई कि जब मैं टोक्यो में अपना समय मज़े में गुजार रहा था उस समय लाहौर में मेरे दोस्त फैज़ अहमद फैज़ मौत के मुँह की ओर बढ़ रहे थे।

मैं वाई.वी. चव्हाण के बारे में ज्यादा कुछ नहीं कहूँगा, कारण उनके बारे में पहले ही बहुत कुछ लिखा जा चुका है पर इसके बदले, मैं फैज़ के बारे में लिखूँगा, क्योंकि हम में से कम ही हिन्दुस्तानी ऐसे होंगे, जो फैज़ के बारे में भली-भाँति जानते होंगे। कॉलेज में वे मुझसे दो साल आगे थे (और मेरी पत्नी की जन्म तिथि से ठीक पाँच साल बड़े)। कॉलेज में वे अंग्रेजी और अरबी भाषा में स्नातकोत्तर की पढ़ाई कर रहे थे। हालाँकि वे अभी छात्र ही थे पर उन्हें लाहौर के सौन्दर्यशास्त्री-क्लब, जिसमें प्रो. एस.एस. बोखारी (पतरस), इम्तियाज अली ताज़, तासीर एवं सूफी तबस्सुम सरीखे लोग थे, जैसे प्रभावी वर्ग में शामिल कर लिया गया था। इसकी मूल वजह यह थी कि उनकी प्रसिद्धि उत्कर्ष की ओर बढ़ रहे एक नवोदित शायर के रूप में फैली हुई थी। 16 साल की उम्र से ही उन्होंने शायरी शुरू कर दी थी और मुरै कॉलेज, स्यालकोट, जहाँ से उन्होंने स्नातक की परीक्षा उत्तीर्ण की थी, वहाँ मुशायरे में अपनी पहली सार्वजनिक उपस्थिति दर्ज

कराई। मुशायरे में उन्होंने अपनी इस एक शायरी की वजह से स्थान बना लिया–

लब बन्द हैं साक़ी, मेरी आँखों को पिला
वो ज़ाम जो मिन्नतकश-ए-सहबा नहीं होता।

(मेरे होंठ सिले हुए हैं साकी। मेरी इन आँखों को मदिरा के लिए और-और की रटन लगाए बिना एक घूँट तो ले देने दो।)

कुछ सालों बाद, जब मैं इंग्लैंड से वापस लौटा और लाहौर में अपना घर बसाया तो हमारी मुलाकातें फिर से शुरू हो गईं। भारतीय कम्यूनिस्ट पार्टी के निर्देश पर फैज़ ब्रिटिश सेना में भर्ती हो गए और एक अधिकारी की वर्दी पहनने लगे। लगभग इसी समय के आसपास 'अलीस' जिसकी बड़ी बहन 'तासीर' से ब्याही थी, हरकीरत सिंह (जो बाद में जनरल बने थे) से शादी करने हिन्दुस्तान आई, जिससे उनके सम्बन्ध उन्हीं दिनों बन गए थे, जब वे सन्धु ट्रस्ट में एक 'कैडेट' थे। उस समय तक हरकीरत अपनी शादी एक सिक्ख लड़की से रचा चुके थे। अलीस का दिल इससे टूट गया। सो उसने उन्हें छोड़कर फैज़ से शादी कर ली। अलीस से फैज़ की दो बेटियाँ हुईं–सलीमा और मुनीजा।

फैज़ उनमें से नहीं थे, जिन पर लड़कियाँ जान छिड़कती हों। वे छोटे कद-काठी के गहरे भूरे रंग के इंसान थे। उन्हें देखने से ऐसा लगता था मानो वे अभी-अभी तेल-मालिश करवाकर आ रहे हों। वे निहायत कम बोलनेवाले, मृदु-भाषी और धीरज प्रकृति के व्यक्ति थे। यह उनकी बातचीत का नहीं बल्कि उनकी शायरी का कमाल था, कि वे हर दावत में आकर्षण का केन्द्र बन बैठते। प्रतिभावान होने के साथ-साथ वे उल्लेखनीय रूप से सभी प्रकार के जातीय या धार्मिक पूर्वाग्रहों से मुक्त थे। उनके अज़ीज दोस्तों में अनेकों हिन्दू या सिक्ख थे। वे सच्चे अर्थों में एक मानवतावादी थे। उनके चरित्र में कई प्रकार के विरोधाभास थे। अपनी लेखनी के माध्यम से वे गरीब और सताए हुए लोगों के पक्षधर थे, पर उनके रहन-सहन का तौर-तरीका किसी कुलीन व्यक्ति जैसा था और उनके स्कॉच के उम्दा ब्रांडों एवं विदेशी सिगरेटों पर रोज़मर्रा का इतना खर्च था कि उससे किसी नौकर के पूरे परिवार का भोजन-पानी चल जाता। हालाँकि जब वे जेल गए तो इन सुख-सुविधाओं से खुद को तुरन्त महरूम भी कर लिया और जेल में अल्प-मात्रा में मिलनेवाली सूखी रोटी-पानी पर ही गुज़ारा करने लगे।

हिन्दुस्तान के बँटवारे से फैज़ के दिल में एक गहरा घाव बन गया था। हालाँकि उन्होंने सोचा तो यही था कि वे उसी देश में रहेंगे, जहाँ वे पैदा हुए हैं।

उन्होंने लोगों के बँटवारे को मानने से इंकार कर दिया और जिन्दगी के आखिरी पल तक पाकिस्तानी, हिन्दुस्तानी और बंगलादेशी—तीनों ही बने रहे। वे नस्ल और धर्म के आधार पर किए गए इस विभाजन से अधीर हो उठते थे। हालाँकि वे एक कम्यूनिस्ट थे पर अपनी सुविधानुसार पूँजीपतियों में थे, एक ऐसा व्यक्ति, जिसने ईश्वर की सत्ता को तो नकार दिया है पर उससे भी भय करता है।

पाकिस्तान के बनते ही फैज़ भारी मुसीबत में फँस गए। 'पाकिस्तान टाइम्स' के बतौर सम्पादक उन्हें साज़िद ज़हीर और कुछ अन्य सैनिक अधिकारियों के साथ गिरफ्तार कर लिया गया और उन पर राजद्रोह का आरोप लगाया गया। रावलपिंडी षड्यन्त्र के मुकदमे के समय मुख्य अभियोजक हबीबुल्ला दिन भर कोर्ट में सरकार की नुमाइन्दगी करते और शाम को जेल में आकर फैज़ की शायरी उन्हें गाकर सुनाते। फैज़ को सात साल की सजा हुई। हैदराबाद जेल (सिन्ध) में अपनी सजा काटते हुए वे गम्भीर रूप से बीमार पड़ गए और उन्हें इलाज के लिए कराची अस्पताल लाया गया। अस्पताल की प्रमुख, जो कि महिला थी, ने अपनी नौकरी, प्रतिष्ठा को दाँव पर लगाते हुए और अपनी गर्दन फँसाते हुए लोगों की नज़रों से बच-बचाकर उनको अपने घर ले गई और उन्हें शायरी सुनाने के बदले में खिलाया-पिलाया और उनकी जरूरतों की पूर्ति की। जेल में बिताए गए अपने समय में उनके अन्दर का शायर निखरकर बाहर निकला। एक बार तो उन्होंने यह कहा भी कि जेल में रहना मानो एक बार फिर प्यार में पड़ने जैसा है।

बुझा जे रोजान-ए-ज़िन्दान तो दिल ये समझा है
कि तेरी माँग सितारों से भर गई होगी
चमक उठे हैं सिलसिला, तो हम ने जानम हैं
कि एक शहर तेरे रुख पर बिखर गई होगी।

(जब मेरे जेल की खिड़कियों से प्रकाश का पटाक्षेप होता है और रात आती है, मैं/तुम्हारे काले-काले बालों के बीच माँग में सितारों की कल्पना करता हूँ मैं/बेड़ियाँ, जिसमें मुझे जकड़ा गया है, चमक उठतीं है रोशनी में/तो सुबह के प्रकाश से तुम्हारे चेहरे को आलोकित पाता हूँ मैं।)

सरकार में बदलाव ने फैज़ को जेल से बाहर निकाला। 'न्यू स्टेटसमैन एंड नेशन' के सम्पादक किंग्सले मार्टिन, जो दिल्ली आकर मेरे साथ रहने से पहले फैज़ से मिलकर आए थे, ने मुझे बताया कि पाकिस्तान में उनकी सबसे यादगार घटना, फैज़ के साथ उनका हीरा-मांडी वेश्याओं के घर जाना था जहाँ वेश्यालय की लड़कियों ने फैज़ की गज़लों के साथ उन लोगों का मनोरंजन किया और पैसा माँगने के बदले ढेरों तोहफे एवं प्रशंसाओं से फैज़ को लाद दिया। फैज़ कोई

भडुआ नहीं थे, बल्कि इसके ठीक उलट वे एक शुचितावादी व्यक्ति थे जिन्होंने वेश्याओं को भी सहजभाव से वही सम्मान दिया जो वे अपनी बहनों को दिया करते थे। उन्होंने लिखा है कि जिन्दगी दरअसल भिखारियों के किसी लबादे जैसी है—दर्द के पैबन्दों से भरपूर।

फ़ैज़ जेल के अन्दर-बाहर वैसे ही आते-जाते रहते मानो पाकिस्तान के अन्दर-बाहर जाते हों। मेरे दोस्त स्व. मंजूर कादिर खान ने बतौर विदेशमन्त्री, राष्ट्रपति अयूब खान को यह समझाया कि फ़ैज़ जैसे इंसान से निबटने का सबसे अच्छा तरीका यही है कि उसे सम्मान देते हुए, कोई बड़ी-सी नौकरी दे दी जाए। उसे राष्ट्रीय कला परिषद् (NCA) का अध्यक्ष बना दिया गया और एक बड़ा-सा बँगला दे दिया गया। उसके बाद तो फिर प्यार के नज़्म के बनिस्पत स्कॉच ही स्कॉच थी। जब मुझे इस्लामाबाद आने का न्यौता मिला, तो दो दिन के लिए वे मेरे पास आए, और जहाँ मैं ठहरा था, उस होटल में ठीक सामनेवाला कमरा इस वायदे के साथ लिया कि हम साथ-साथ ही खाना खाएँगे। जब मैं सवेरे-सवेरे उनके कमरे में पहुँचा तो देखा कि वे पी रहे हैं। मैंने अपना नाश्ता किया और फिर अपने पूर्व-निर्धारित कार्यक्रम के अनुपालन में निकल पड़ा। जब दोपहर को वापस लौटा तो देखता हूँ कि वे तब भी पीने में ही मस्त थे। मैंने भोजन किया और फिर आराम करने लगा। बाद में शाम को मैं दो-एक गिलास पीने के लिए उनके साथ बैठा और रात का खाना खाया। वे पीते ही रहे। उनकी महफिल अँधरोखे सवेरे तक चलती रही। एक अश्लील-सी फूहड़ तुकबन्दी कुछ इस प्रकार है—

फ़ैज़ अहमद फ़ैज़ से बढ़कर कोई शायर नहीं,
जो चमन में रहकर रोज मारे वीराने की गाँड़।

(फ़ैज़ से बढ़कर आज की तारीख में कोई शायर नहीं, जो बगीचे में रहता है और वीराने में जाकर लौंडेबाजी करता है)

जिस प्रकार से पंजाबी वर्चस्व वाले पाकिस्तान ने इसके पूर्वी प्रदेशों के साथ बरताव किया था, इससे फ़ैज़ बेहद नाखुश थे। वे इस बात से भी नाख़ुश थे कि भुट्टो ने किस प्रकार अपनी चालाकी दिखाते हुए शेख मुजीबुर्रहमान को देश का प्रधानमन्त्री बनने से रोका और जनरल टिक्का खान को बदकिस्मत बंगालियों पर टूट पड़ने दिया। सन् 1971 में मैं भुट्टो से मिलने पाकिस्तान गया, उस समय वे राज्याध्यक्ष बन चुके थे। जनरल टिक्का खान का साक्षात्कार लेने के बाद मैं रात्रि-भोज पर फ़ैज़ के यहाँ पहुँचा। दूसरे अन्य मेहमानों के साथ वहाँ एक सलोनी-सी लड़की भी मौजूद थी जो बार-बार मुझे भुट्टो और टिक्का खान जैसे

लोगों से मिलने के बारे में छेड़े चली जा रही थी। मैंने उसे यह समझाने की कोशिश कि मैं एक पत्रकार हूँ और मेरे लिए न तो कोई अच्छा इंसान है और न ही बुरा। हाँ, अच्छी-बुरी 'कॉपी' जरूर होती है। बहस कड़वाहट में बदल गई। उस लड़की को यह महसूस हुआ कि फैज़ ने उसके इस तरह बोलने के लहजे को ठीक नहीं माना है। उसने झट अपना व्यवहार बदल लिया और बोल पड़ी कि इन धृष्टतापूर्ण बातों की भरपाई मैं आपके लिए एक गाना गाकर करूँगी। अगले एक घंटे तक वह अपनी समा बाँध देनेवाली आवाज में फैज़ की गजलें गाती रही। यह नय्यारा थी, जिसकी इन गानों की रिकार्डिंग हजारों-हजार की तादाद में बिकी।

तीन साल पहले उर्दू-प्रेमियों ने फैज़ की 70वीं सालगिरह पूरे विश्व में धूम-धाम से मनाई। फैज़ हिन्दुस्तान आए थे और वे यहाँ जहाँ कहीं भी गए लोगों ने उनका खूब बढ़-चढ़कर स्वागत किया। जो लोग उर्दू नहीं जानते थे वे भी उनकी शायरी को बखूबी समझते और जब वे उन लोगों के अनुरोध पर गाते तो समवेत-स्वर में लोग उन्हें गुनगुनाते। यह लेनिन शान्ति पुरस्कार, लोटस पुरस्कार, या फिर मानद डॉक्टरेटों की उन पर की गई भरमार नहीं थी बल्कि वह था लाखों लोगों का प्यार और उनकी वह शायरी, जो इस उपमहाद्वीप में उन्हें लाखों लोगों का चहेता बनाती चली गई। लोगों ने यहाँ उनको अपने सर-आँखों चढ़ाया।

मुझे इसमें तनिक भी शक नहीं है कि फैज़ को अपनी मौत की आहटों का अन्दाजा न था। नहीं तो उनकी अपनी आखिरी शायरी जो उन्होंने लिखी थी, उसका यह अर्थ भला कोई कैसे निकालता—

अजल के हाथ कोई आ रहा है परवाना
न जाने आज की फेहरिस्त में रक़म क्या है ?

(गौत अपने हाथों में कोई खास विधान लाया है, मैं नहीं जानता कि आज की फेहरिस्त में भला किसका नाम है ?)

फैज़ का जन्म स्थान कला कादिर, जहाँ उन्होंने अपने आखिरी दिन बिताने की सोची थी, का नाम बदलकर फैज़ नगर रख दिया गया।

फैज अपनी आखिरी यात्रा आरम्भ करने से पहले इससे बेहतर इमाम ज़मिम की ख्वाहिश नहीं रख सकते थे।

जी.एस. फ्रेजर : आदि ग्रन्थ का काव्य

किसी भी इंसान को जैसे ही यह पता चलता है कि उसके पुराने दिनों का कोई दोस्त कुछ साल पहले ही चल बसा, तो उसकी प्रतिक्रिया भला किस प्रकार से होती है ? एक महीने या फिर कुछ इसी तरह के अल्प-समय के लिए मेरी मुलाकात जॉर्ज फ्रेजर से रोज़ हुआ करती थी। मैं घंटों उसके साथ पांडुलिपि पर नजर गड़ाए रहता था। सिक्ख विद्वानों के एक पैनल द्वारा अनूदित 'द सेकरेड राइटिंग्स ऑफ द सिक्ख्स' का उसे पुनरीक्षक बनाया गया था। मैं इस अनुवाद को अपने साथ लंदन ले गया और वहाँ प्रसिद्ध समालोचक, जो एक छोटा-मोटा कवि भी था, जार्ज फ्रेजर से सम्पर्क साधा। मैंने उसके जैसा अत्यन्त लज्जालु, शीघ्र घबड़ानेवाला, बिना किसी सलीके के कपड़े पहननेवाला, एक हद तक आत्मसंशयी-सा व्यक्ति इससे पहले कभी नहीं देखा। वह हमेशा अपनी सिगरेट जलाए रखता, अधजले टुकड़े को चुटकी से मसल कर साफ करता और फिर उसे जला लेता। एक दिन शाम को मैं फ्रेजर को रात्रि-भोजन पर मंजूर कादिर, जो कि पाकिस्तान के बतौर विदेशमंत्री वहाँ किसी सम्मेलन में शरीक होने पहुँचे थे, के पास ले गया। जार्ज बड़े ओहदेदार लोगों के सामने असंयत-सा हो उठता, और उसके मुँह से शब्द का एक बोल तक नहीं फूटता। अचानक हमें वहाँ किसी चीज के जलने की बू आई। हम इधर-उधर नज़रें दौड़ाने लगे कि कहीं दरी में तो आग नहीं लग गई। पर फ्रेजर की पत्नी को पता था कि आखिर माज़रा क्या है ? 'जार्ज तुमने फिर वही कर दिया'—वह चीखते हुए बोली। दरअसल घबड़ाहट में जार्ज ने जलती हुई सिगरेट अपनी पतलून की जेब में धर ली थी। पुनरीक्षण का कार्य समाप्त हो जाने के बाद कई महीनों तक हम लोगों के बीच यदा-कदा पत्रों का आदान-प्रदान चलता रहा। उसने मुझे अपनी कविताओं का एक संग्रह भेजा। मैंने उसे डॉ. राधाकृष्णन द्वारा हस्ताक्षरित 'द सेकरेड राइटिंग्स ऑफ द सिक्ख्स' की एक प्रति भेजी। ग्रन्थ की भूमिका राधाकृष्णन के कर-कमलों से लिखी गई थी। उसके बाद हमें फिर एक-दूसरे का कोई अता-पता नहीं चला।

पिछले महीने मैंने जी.एस. फ्रेजर की एक किताब 'ए स्ट्रेंजर एंड अफ्रेड—द ऑटोबायग्राफी ऑफ एन इंटलेक्चुअल' की कहीं समीक्षा देखी। उस समीक्षा के मार्फत ही मुझे यह पता चला कि जी.एस. फ्रेजर का इन्तकाल हुए तीन साल गुजर गए हैं। उसके द्वारा चुना गया यह शीर्षक उसके व्यक्तित्व में भी दिखाई पड़ता था। अपनी किसी कविता में उसने अपने विश्वविद्यालय के दिनों के बारे में कुछ यूँ लिखा था—

और दिसम्बर के महीने में नृत्य-मंच पर
रंग-बिरंगे कपड़ों में गोल-चक्कर और भाव-भंगिमा दिखलाती बालाएँ
कोई भी बाला मेरी संरक्षक बाँहों में न आई
सब तरफ से उठ रही अटकलों के बावजूद
मैं दरवाजे पर यूँ ही खड़ा रहा और पसोपेश में रहा।

किसी दिवंगत व्यक्ति को सम्मान देने का एक जो अच्छा तरीका हो सकता है, सिक्ख समुदाय के लोग वह सम्मान जार्ज फ्रेजर को दे रहे हैं—सम्भवतः उसकी कब्र पर मरणोपरान्त सिरोपा (आदर की चादर) ओढ़ाई जानेवाली है।

संयोग ही कहें कि एक और व्यक्ति जिसकी मृत्यु, मुझसे अनदेखी हो गई, वे थे जी.एस. फ्रेजर की कविताओं को इंग्लैंड में प्रकाशित करनेवाले पहले व्यक्ति श्रीलंका के तम्बीमुत्तु।

पिछला जाड़ा, तम्बी ने अपनी बेटी के संग दिल्ली में बिताया था। उनके पास हिन्दुस्तानी कवियों और लेखकों की रचनाओं को इंग्लैंड में प्रकाशित करने की ढेरों योजनाएँ थीं। पिछले महीने लन्दन में वे भी जॉर्ज फ्रेजर की भाँति ही बिना किसी प्रशस्ति गान-सम्मान के हमसे विदा हो लिए।

डॉमस्की की आत्मा का शान्ति-गान

मैं पिता और पुत्र फ्रैंक व डॉम मोरेस दोनों को हिन्दुस्तान और इंग्लैंड के उनके अधिकांश जीवन के बारे में जानता हूँ। दोनों में काफी कुछ समानताएँ थीं। उन दोनों का जन्म हिन्दुस्तान में हुआ था। पैदाइशी दोनों ही रोमन कैथालिक थे पर ईसाईयत का पालन उन दोनों में से कोई नहीं करता था। अधिकांश गोवावालों के समान उन दोनों के रंग भी साँवले थे, पर दोनों में से कोई भी किसी भी हिन्दुस्तानी भाषा का एक शब्द नहीं बोलता था, उनकी मातृभाषा अंग्रेजी थी। दोनों की इस भाषा में एक जैसी उस्तादी थी–फ्रैंक अपने समय के हिन्दुस्तान के अग्रणी पत्रकार थे और डॉम हिन्दुस्तान में अब तक का पैदा हुआ अंग्रेजी भाषा का सबसे बढ़िया कवि और ललित गद्य रचनाकार। दोनों ही बड़े पियक्कड़ थे, पिता की जिगर की 'सिरोसिस' नामक बीमारी से और बेटे की कैंसर से मौत हुई थी, यकीनन यह ज्यादा पीने की वजह से हुई थी।

एक औरत के असन्तुलन ने उन दोनों के जीवन को यकीनन काली घनी घटा से आच्छादित कर दिया। वह औरत थी फ्रैंक की पत्नी और डॉम की माँ। उसे मनोरोग अस्पताल में भिजवाना पड़ा था।

कविताओं के प्रति डॉम की रुचि उसके जीवन में काफी पहले ही पैदा हो गई थी। उसने अपना पहला कविता-संग्रह तब लिखा था जब वह केवल 19 साल का था। इस पर उसे साहित्य के लिए हावथोर्नडन पुरस्कार से भी नवाजा गया। डॉम ने जो कुछ भी लिखा उसमें एक महानता की झलक थी। दो आत्मकथाएँ, हिब्रू से कई अनुवाद, कई यात्रा-वृत्तान्त, इस्त्राइल का अपने पड़ोसी के विरुद्ध छेड़े गए युद्ध की रिपोर्टिंग, नाजी हत्यारे 'एशमान' पर मुकदमा और उसकी सजा होने तक की तमाम बातों की रिपोर्टिंग, ये सबके सब बेहद पठनीय थीं। उसके दिमाग में हमेशा मौत की बातें वैसे ही घूमती रहती थीं, मानो उसकी विक्षिप्त माता की आत्मा उसका पीछा कर रही हो। उसने इसको अपनी इन यादगार कविताओं में व्यक्त किया–

मेरे समय में मृत्यु एक व्यवधान होगा
वे सभी जो मुझसे ताल्लुक रखते हैं
और जो गुप्त अन्तरंगता मेरे पास है हटाई नहीं जा सकेगी
यह दिवंगत पिता से संवाद में व्यवधान लाएगी
मरणासन्न मित्र और नत, जादूगरनी की तरह पेड़
और सबसे ज्यादा व्यवधान तो उसके साथ होगा
जो कि मुझसे प्यार करती और बचाती है देश के पिछड़ेपन से

'कलेक्टेड पोएम्स' : 1954-2004 की अपनी प्रस्तावना में उसने लिखा कि "मैं उन दिनों दस साल का था जब मैंने कविताएँ पढ़नी शुरू कर दी थीं...इस अवस्था में ही शब्दों को आकार देने एवं उसे पिरोने की मेरे अन्दर सहजजात भावना थी।" 12 वर्ष की अवस्था में ही उसने खुद-ब-खुद लिखना शुरू कर दिया था। वह विल्लोन को मूल रूप में पढ़ सके इसके लिए उसने फ्रांसीसी भाषा सीखी। कविता लिखना उसके जीवन भर का एक इप्सित कर्म बना रहा। एक दीर्घ विराम (1965-1982) के बाद वह अपने जीवन की अन्तिम साँसों तक लिखता रहा। पर यह आपको सहज ही लगेगा कि 17 वर्षों तक चलनेवाला उसका लेखकीय खंड अन्ततोगत्वा तब जाकर खत्म हुआ जब वह सरयू श्रीवास्तव–जिसे उसने अपना यह संकलन समर्पित किया था, से मिला।

डॉम मोरेस को पढ़ना आसान नहीं है। उसका गद्य जहाँ स्पष्ट एवं गेयात्मकता लिए हुए है वहीं उसकी पद्य रचना अधिकांश आधुनिक कवियों के जैसी बहुत हद तक अस्पष्टता लिए है। उसके शब्दों में एक प्रकार की गूँज है, पर उसे समझने के लिए हर पंक्ति को आपको दो-तीन बार पढ़ना होगा। 'ट्विंकल-ट्विंकल लिटिल स्टार' जैसे सामान्य कविता-गीतों पर पले-बढ़े लोगों को डॉम की कविताएँ मायावी लगेंगी। मौत, उसकी माँ की विक्षिप्तता के कारण आनेवाला बार-बार का कथ्य है। बाज, उसकी मृत्यु का प्रतीक था। उसने इससे निज़ात पाने का समाधान नशीली शराबों और इश्कबाजी में ढूँढ़ा। 'ए लेटर' कविता में उसने इसे सार-रूप गें बयाँ किया है–

मेरे पिता ने इतने जोर से भींचा कि दर्द करता है
मेरी माँ पागल है और समय हम चल पड़े
हमने यात्रा की और छोटी उम्र में प्यार ढूँढ़ा
ज्यादा यात्राएँ और काम-वासना बदले में मैंने चाहा
मैं अपनी चाहत का गुलाम नहीं था मैं युवा था
और कविताएँ किसी सनक की तरह दिमाग में पनपने लगी।

मैं पहली बार डॉम से तब मिला था, जब उसने जीसस कॉलेज, ऑक्सफोर्ड में प्रवेश लिया था। उन दिनों मैं लन्दन स्थित भारतीय हाई कमीशन में काम करता था और नाइट्सब्रिज में रह रहा था। डॉम, वेद मेहता जो एक नेत्रहीन था, के साथ आया था। वह उसे डॉमस्की कहता था। इसलिए वह हम सबका डॉमस्की हो गया। वे शराब और रात के भोजन के लिए वहाँ रुके रहे। डॉमस्की हरदम सिगरेट फूँकते रहने का आदी था—उसके मुँह की सिगरेट अभी आधी जल नहीं पाई कि वह झट दूसरी जला लेता था। उसने अपनी कुछ कविताएँ पढ़कर सुनाई। चलने से पहले उसने मुझसे 30 पौंड उधार माँगे। मैंने उसे दे दिए। चन्द दिनों के बाद ही उसके पिता ने मुझे 30 पौंड का एक चेक भेज दिया। यह एक ढर्रा-सा बन गया था। वे दोनों खुद ही आ धमकते, डॉमस्की अपनी कुछ कविताएँ पढ़ता, कुछ पैसे उधार माँगता जिसे कि बाद में उसके पिता चुकाते।

मैं उन दोनों लड़कों से बहुत बार मिला। वे दिल्ली में मेरे घर भी आए। दोनों ने ही मेरे बारे में लिखा। अपनी देख न पाने की असमर्थता के बावजूद वेद ने मेरे घर, मेरी लम्बी दाढ़ी, चमकती कामुक-सी आँखें, क्योंकि बकौल उसके एक बार मैं एक अमेरिकी लड़की की जाँघों को बुरी तरह से घूरता जा रहा था और मेरे परिवार के लोग मेरी इस कारस्तानी को देखे जा रहे थे, आदि के बारे में सविस्तार चित्रण किया। डॉमस्की ने मुझे किताबों से घिरे एक विद्वान प्रोफेसर के रूप में चित्रित किया था, पर इन दोनों ही प्रकार के चित्रणों में लेश-मात्र भी सच्चाई नहीं थी।

वेद के मुकाबले डॉमस्की का, मैंने ज्यादा-कुछ देखा था। एक बार डॉमस्की एक गोरी-चिट्टी भूरी आँखोंवाली अंग्रेज महिला दोस्त ले आया, जिससे उसे एक बेटा भी पैदा हुआ। डॉमस्की को, मैंने तब और ज्यादा देखा, जब उसकी शादी लीला नायडू से हुई। लीला नायडू को मैं तब से जानता था जब वह पेरिस के किसी स्कूल में पढ़ रही थी और बाद में उसे किसी एक ओबरॉय सज्जन की ब्याहता के रूप में जाना जिनसे उसे दो जुड़वाँ बेटियाँ भी पैदा हुई थीं। डॉमस्की और लीला दोनों बचपन के दोस्त थे और मानो एक-दूसरे के लिए ही बने थे। जब डॉमस्की आर.बी. पंडित की पत्रिका 'एशिया मैगजीन' का सम्पादन-कार्य देख रहा था, तो उस समय वहाँ मैं उसके साथ हांगकांग में ठहरा। पंडित ने मुझे बताया कि एक बार उन्होंने डॉमस्की के ऑफिस में धड़धड़ाकर घुसते हुए, उसकी काम करनेवाली मेज का ऊपरी ड्रॉअर खोला और उसमें से स्कॉच की बोतल निकालकर खिड़की से बाहर फेंक दी थी। पंडित, डॉमस्की के साथ एक यकीनी हारवाली लड़ाई लड़ रहे थे और थक-हारकर उसे उन्होंने नौकरी से बाहर निकाल दिया।

डॉमस्की के शब्दकोश में 'अनुशासन' नाम का शब्द था ही नहीं।

हांगकांग में लीला मुझे खरीददारी के लिए ले गई। कई चीजें जो मुझे खरीदनी थी उनमें पत्नी और बेटी के लिए 'ब्रा' भी थीं। डॉमस्की ने बाद में मुझ पर इल्जाम लगाते हुए लिखा कि मैंने जरूरत का साइज न बता पाने के कारण चीनी 'सेल्स-गर्ल' के उरोज की गोलाई पर अपनी हथेली रखते हुए उससे तनिक बड़े आकार का माँगा था। डॉमस्की की कल्पना से कहीं कोई बलवा भी हो सकता था।

अब वापस मुम्बई की बात। डॉमस्की को मैंने गोवा के डेम्पो, जो कि जहाज एवं खनन कार्यों में थे, से एक काम दिलवाया। डॉमस्की ने गोवा पर एक अच्छी किताब लिखी पर उसमें डेम्पो परिवार व उनके उद्यम के बारे में कहीं एक शब्द तक नहीं लिखा। बाद में, इस कमी को दूर करने के लिए कुछेक पन्ने मुझे लिखने पड़े। एक बार मध्यप्रदेश सरकार की उपलब्धियों पर वहाँ की सरकार ने उसे एक किताब लिखने को कहा। उसने मध्यप्रदेश के ग्रामीण इलाकों के बारे में सुन्दर चित्र खींचा तथा किसानों व छोटे-मोटे अधिकारियों से हुई मुलाकातों का भी ब्यौरा दिया। सरकार को बाद में तथ्य एवं आँकड़ों के साथ इसमें एक परिशिष्ट जोड़ना पड़ गया। अमेरिकी दूतावास की मासिक पत्रिका 'स्पान' में राजस्थान पर उसकी लिखी एक रचना से मुझे भी गुजरने का मौका मिला। सुन्दर शब्दों से सजी वैसी रचना, मैंने आज तक कभी नहीं पढ़ी थी।

जन्म और अधिवास से यद्यपि वह हिन्दुस्तानी था पर हिन्दुस्तानियत से कोसों दूर वह तो स्कॉटी पर्वतीय प्रदेश का बाशिन्दा था। एक बार ईद-उल-फितर के दिन जब नमाजी मुसलमान मस्जिद से भड़भड़ाकर बाहर सड़क पर नमाज पढ़ने निकले तो डॉमस्की ने उन सटे-खड़े नमाजियों की कतार के बीच से रास्ता निकालकर घर जाना चाहा। बड़े ही बुरे तरीके से वहाँ उसके साथ हाथापाई हुई थी।

डॉमस्की को जो अनेकों काम मिले उसमें एक काम श्रीमती इन्दिरा गांधी की जीवनी लिखने का भी था। डॉमस्की और लीला नियमित रूप से उनसे मिलते। मैंने मिसिज जी. (जैसा कि वह उन्हें कहता) से पूछा कि उन्होंने डॉमस्की, जो सब कुछ ठीक-ठाक होने पर भी प्रायः भनभनाते हुए ऐसे बोलता था कि शायद ही कोई उसे सुन पाए, से भला कैसे बात की। 'लीला, मेरे लिए उन सबका अनुवाद कर दिया करती थी'—उन्होंने जवाब में कहा था। जीवनी प्रकाशित हुई और मिसिज जी. को भेंट की गई। चन्द दिनों के बाद, अच्छा काम करने के कारण धन्यवाद की आशा करते, लीला और डॉमस्की उनसे मिलने गए। पर बदले में

मिसिज जी. ने उन्हें डपट दिया और रुष्ट होते हुए कमरे से बाहर निकल गईं। मिसिज जी. को दोस्तों के साथ ऐसा करने में एक प्रकार का क्रूर आनन्द मिला। डॉमस्की और लीला बिखर से गए।

डॉमस्की ने लीला नायडू से अपना सम्बन्ध क्यों विच्छेद किया और सरयू श्रीवास्तव को आखिर क्यों चुना, यह मैं कभी नहीं समझ पाया। तब तक उसके और मेरे बीच बोलचाल नहीं के बराबर ही रह गई थी। पेंगुइन वाइकिंग के डेविड डेविडर ने जब उससे पहली बार इस विषय पर पूछा तो उन्होंने मुझे उसके जवाब के बारे में बताते हुए कहा कि उसका तो बस वही घिसा-पिटा जवाब था कि उसके उरोज बेहद प्यारे हैं।

उसके जीवन में सरयू के आने से वह प्रेम पर लिखने लग गया था, पर रचनाओं में मृत्यु स्थायी रूप से विद्यमान ही रही। उसने हम लोगों को यह तो नहीं बताया कि वह कब-कैसे उसके प्यार में पड़ गया पर उसका इक़बाल उसने 'फोर्टीन ईयर' में जरूर किया है–

चौदह साल वही पुराना घाल-मेल
और जब पहली बार उससे मिला
उसके उरोज हमेशा तैयार रहे
दोनों तरफ मनोचिह्न व हस्तचिह्न
मैं उसके दैहिक दृश्यों में अध्ययनरत हूँ
शिल्पकार, पति और भाई के बतौर।

उसने स्वीकारा था कि उनके प्यार में कभी कोई कमी नहीं आई–

हमारे पैरों तले ऊबड़-खाबड़ उपमहाद्वीप
जहाँ हम-तुम पैदा हुए
आठ वर्षों तक मैं तुम्हारे मिजाज़ों में जिया
तुम्हारे दिमाग की निर्मल और श्यामल ऋतुएँ
हम मात्र शादी-शुदा से कहीं ज्यादा थे। यह माना गया
हम एक-दूसरे में जिए। यही ज्ञेय था।

आखिरी बार मैंने उसे अपनी संगी के संग नीमराना किले में लेखकों के सम्मेलन में देखा था। वह काफी कुछ पहले जैसा ही दिखाई पड़ा था–बचपनावाला चेहरा, हमेशा मुस्कुराता हुआ, नाक के बीच फँसा चश्मा और होंठों में फँसी सिगरेट। हालाँकि मैं उसके उरोज के उभार को ज्यादा देख नहीं पाया था, पर यकायक मुझे अहसास हुआ कि सरयू शत-प्रतिशत किसी हिन्दुस्तानी नारी की प्रतिरूप थी। डॉमस्की के साथ की पहलेवाली सभी महिलाएँ या तो श्वेत थीं या

फिर अर्ध-यूरोपीय। और तो और, सरयू ही उनमें इकलौती ऐसी थी जो कि उसकी लेखकीय प्रतिभा की बराबरी भी कर सके। कुछेक किताबें, उन दोनों ने मिलकर लिखीं। डॉमस्की ने सरयू के बारे में बताते हुए कहा कि "वह मेरी सबसे करीबी और तीखी आलोचक है।"

डॉमस्की कैंसर से ग्रस्त था पर 'कीमोथेरेपी' करवाने से उसने साफ मना कर दिया। अपनी विक्षिप्त माँ की पीछा करती आत्मा के संग वह शीघ्र काल के गाल में समा जाने की आशा बाँधे था–

स्वार्गिक आश्रय से सूखी मम्मी
चकाचौंध करती तुम्हारे इकलौते बेटे पर एक भयानक
जल नाली समान
कि मैं बार-बार बीमार हो जाता हूँ, ज्यादा फायदा नहीं हुआ
जीने का अब कोई बहाना नहीं बचा।
अलविदा अब। इसके साथ कोई दखलअन्दाजी मत करो।

2 जून, 2004 को, बुधवार की शाम, मुम्बई में जहाँ कि वह पैदा हुआ, रहा, पर कभी उसका होकर नहीं रहा, वहीं डॉम मोरेस की सोते हुए ही मृत्यु हो गई।

किशन लाल : दही-भल्ले के साथ शायरी

किशन लाल, मेरी जिन्दगी में यही कोई दस साल पहले आए होंगे। जब तक उन्होंने मुझे यह खुद नहीं बताया कि वे मथुरा रोड स्थित होटल राजदूत के मालिक हैं, तब तक मैं उनके बारे में कुछ नहीं जानता था। उसके बाद से वे मुझसे मिलने सप्ताह में दो बार आते। दोनों ही दिन वे मेरे लिए होटल का खाना लाते। दिन के लिए दही-भल्ले और रात के लिए मछली या चिकन। दोपहर में, वे किसी एक अच्छे रेस्तराँ मालिक की तरह मुझे फोन करके पूछते कि मुझे खाना कैसा लगा ? अब तक मैंने जितने भी दही-भल्ले खाए हैं उसमें वह सबसे स्वादिष्ट थे—दो भल्ले के साथ केले, अदरक, सौंठ और दूसरे मसालों के साथ दही का बढ़िया योग। मैंने उनसे एक बार पूछा भी कि वे बार-बार मुझसे यह क्यों पूछते हैं कि खाने का स्वाद कैसा था। क्योंकि यदि आपको उनमें कोई चीज पसन्द आई तो रसोइए को मैं इनाम दूँगा और यदि उनमें कुछ भी आपको अच्छा नहीं लगा तो फिर मैं उसे एक नया पैसा नहीं दूँगा। इससे मैंने मन ही मन यह निश्चय किया कि अब वे मुझे खाने की जो भी चीजें लाकर देते हैं, मैं उनकी तारीफ करूँगा। मेरे अलावा दूसरा व्यक्ति जिनके यहाँ वे हर हफ्ते दो बार जाया करते थे, वे थे फली नरीमन जो उनके वकील थे और दोस्त बन गए थे।

"आपको पता है कि किशन लाल जो कुछ भी बोलते हैं उसमें मुझे एक शब्द भी समझ नहीं आता"—नरीमन मुझसे कबूलते बोले। वैसे यह बात सच ही थी। क्योंकि उनकी आवाज एक तरह से अस्पष्ट फँसती हुई-सी आवाज का एक मिला-जुला रूप थी। नरीमन से ज्यादा मुसीबत तो मेरी थी क्योंकि किशन लाल को उर्दू शायरी से खासा लगाव था और इसे वे पूरे जोशो-खरोश से सुनाते। वे अक्सर उसकी एक पंक्ति बोलते और फिर मुझे उसके आगे की पंक्ति कहने की चुनौती दे देते। शायद ही कभी मैं उनकी इस परीक्षा में पास हो पाया। उनके पसन्दीदा शायर बहादुरशाह ज़फ़र थे।

किशन लाल की अंग्रेजी अच्छी नहीं थी, पर इस बात को स्वीकारने में उन्हें चिढ़ थी कि उन्हें इस भाषा में किसी प्रकार की कोई कठिनाई भी है। उन्होंने जब

मुझ पर ज़ोर डाला तो अब तक मैंने जितनी भी किताबें लिखी थीं, सब-की-सब उन्हें पकड़ा दीं। अगली मुलाकात में वे उल्लसित से बोले—"मैं उस फलाँ पृष्ठ तक पहुँच गया हूँ, और कहना पड़ेगा कि आप एक रंगीले रहे हैं।"

किशन लाल एक स्वतः निर्मित व्यक्ति थे। उन्होंने अपनी जिन्दगी की शुरुआत एक 'कॉफी शॉप' से की थी और फिर सेना के कैंटीन के ठेकेदार (अन्य कई बड़े लोगों के साथ उन्होंने लार्ड माउंटबेटन की भी सेवा की थी) तब तक रहे जब तक कि उन्होंने मथुरा रोड पर अपनी ज़मीन नहीं खरीद ली और होटल राजदूत न बना लिया। उन्होंने अच्छे भोजन बनाने की कला और अश्लील कैबरे डांस चलाने की वजह से अच्छी-खासी प्रसिद्धि अर्जित कर ली। किशन लाल करोड़पति बन बैठे। उन्होंने खेत खरीदा और उस पर एक फार्म हाउस बनवाया।

दो साल पहले किशन लाल कहीं गिर पड़े थे और उनका एक घुटना टूट गया। पर इसके बाद भी सप्ताह में दो दिन आने का उनका क्रम चलता रहा। आखिरी से एकाध मुलाकात पहले उन्होंने मेरे सामने अंग्रेजी में यह घोषणा की कि "मैं अस्सी का हूँ।" न जाने क्यों अंग्रेजी में इसके उच्चारण में कहीं-न-कहीं मानो एक गर्व का पुट झलक रहा था। जबकि हिन्दुस्तानी में अस्सी और पंजाबी में 'उसीयान दा' एक प्रकार की उदासी का पुट लाता है।

'अभी तो दस साल, आपको मेरे साथ और रहना है'—मैंने उनसे खुशी दर्शाते हुए कहा। पर उन्होंने निराशा की मुद्रा में अपने दोनों हाथ ऊपर उठा दिए और ज़ौक की वे पंक्तियाँ दुहराने लगे। आश्चर्यजनक रूप से ज़ौक मेरे पिता के भी पसन्दीदा शायर थे—

लाए हयात आए क़ाज़ा
लाए चली चले;
अपनी खुशी न आए हम,
ना अपनी खुशी चले।

(चलकर आई जिन्दगी पास/दे रहा वह मौत दस्तक/न खुद की खुशी से आए हम/ न खुद की खुशी से जाएँगे)

सवेरे 7 जून, 2004 को मेरी बेटी ने दिल्ली से मुझे कसौली फोन किया कि होटल राजदूत से किसी का फोन यह बताने के लिए आया था कि किशन लाल गुजर गए और उनका दाह-संस्कार आज ही किया जानेवाला है।

किशन लाल की कहानी यहीं खत्म नहीं हुई। अखबार में मेरा स्तम्भ छपने के कुछ दिन बाद मुझे फली नरीमन का एक नोट मिला, जिसका मजमून कुछ यूँ था कि—

"जब तक हम फिर नहीं मिलते, कोई दही-भल्ले नहीं... ।"

मेरे लिए भी खुशवन्त—एक बेहद मार्मिक अंश था। और बाप्सी और मैं उनके सवेरे की वह अस्पष्ट फँसी-सी आवाज की कमी महसूस करते हैं।

कोलम्बो के उपन्यासकार गेब्रियल गर्सिया मारक्वेज ने कहीं एक स्वप्न कुछ यूँ बयाँ किया था—"बार्सीलोना में पाँच सालों तक रहने के बाद सन् 1970 के प्रारम्भिक महीनों में मैंने एक भव्य स्वप्न देखा। मैंने देखा था कि मैं अपनी ही अन्त्येष्टि क्रिया में शामिल होते हुए अपने दोस्तों के साथ धार्मिक शोक वस्त्र पहने उत्सवी उल्लास में इधर-उधर टहल रहा हूँ। हम सभी एक साथ होने से खुश लग रहे थे। और मैं उन सबमें सबसे ज्यादा, क्योंकि इस मौत की वजह से मुझे अपने लातिन अमेरिकी दोस्तों के साथ रहने का एक मौका जो मिल गया। वे सबके सब मेरे बेहद पुराने दोस्त थे जिनसे मैं काफी अर्से से नहीं मिल पाया था। अन्त्येष्टि क्रिया सम्पन्न होने के बाद वे लोग जब निकलने लगे तो मैंने भी वहाँ से निकलने की कोशिश की, पर उनमें से एक ने मुझे 'निर्णायक अन्तिमता' का दर्शन कराया, जहाँ तक मेरा मामला था मेरी पार्टी अब खत्म हो चुकी थी।

"तुम यहाँ अकेले व्यक्ति हो जो यहाँ से अब नहीं जा सकते"—उसने कहा।

जब कहीं जाकर मैं यह समझ पाया कि मरने का तात्पर्य है कि अब फिर कभी अपने मित्रों से नहीं मिल पाना।

लाल जी से बिछड़ने का असली दुख शायद यही है। उनके लिए मौत का मतलब है अपने मित्रों के साथ फिर कभी नहीं होना। हम कभी नहीं जान पाएँगे पर हमें यह जरूर पता है कि हम दोनों उन्हें बड़े ही स्नेह से याद करते हैं, उन्हें नमन करते हैं। यही शायद उन्हें मुँह दाबे हँसने और हँसते रहने (जो कि आपको याद हो) से हमेशा उनकी आँखों में आँसू ला देते।

किशन लाल की श्रद्धांजलि लिखने से मुझे अच्छा-खासा फायदा हुआ। उनके बेटे प्रेम मोहन कालरा ने मुझे यह कहते हुए एक पत्र लिखा कि उनके पिता के जमाने में हफ्ते में दो बार दही-भल्ले मिलने का सिलसिला आगे भी बदस्तूर जारी रहेगा।

आदरणीय महोदय,

आज से कई सालों से, जब कभी मैं पिताजी के संग उनके बगल में बैठता, तो मैं उनसे, आपके यहाँ जाने के बारे में और आपके साथ के दोस्ताना गप्प-शराके के बारे में अक्सर सुनता। यह मैंने इतना अधिक सुना कि बात यहाँ तक पहुँच

गई कि हमें आपसे मिलने का सौभाग्य बेशक न मिला हो, पर हम आपसे भली-भाँति परिचित हो गए। उन दिनों जब मेरे पिता अस्पताल में अपनी आखिरी साँसें गिन रहे थे, तो वे अक्सर बड़े स्नेह से हमसे पूछते कि सरदार खुशवन्त सिंह इन दिनों कहाँ हैं ? और मैं उनसे कहता कि आप शहर से कहीं बाहर गए हुए हैं। इससे थोड़े समय के लिए तो वे शान्त हो जाते पर मेरे उत्तर से उन्हें सन्तोष नहीं होता। तब फिर वे यह पूछते कि क्या मैंने आपका हाल का लेख पढ़ा है ?

यहाँ तक कि गहन चिकित्सा कक्ष में भी अपने अन्तिम के दो दिनों में वे हमें 'हिन्दुस्तान टाइम्स' की एक प्रति लाने को कहा और साथ ही यह चाहते थे कि मैं या फिर मेरी पत्नी उन्हें यह पढ़कर सुनाएँ।

मैं पूर्ण कृतज्ञ-भाव से आपको धन्यवाद देना चाहता हूँ कि आपने मेरे पिता के प्रति इस प्रकार की दोस्ती और स्नेह का भाव दर्शाया। उनके निर्देशानुसार उनके द्वारा शुरू की गई सभी परम्पराएँ आगे भी यथावत बनाई रखी जाएँगी। अतः आपसे इसे चलते रहने देने का विनम्र अनुरोध है। मुझे ऐसा करते रहने देने का कृपया सम्मान बख़्शें ताकि स्वर्ग में मेरे पिता प्रसन्नतापूर्वक रह सकें। मैं यह जानकर बेहद कृतज्ञ होऊँगा यदि आप मुझे यह बताएँ कि हमारे दही-भल्ले का स्वाद पहले जैसा यानी हमारे पिता के समय के जैसा है कि नहीं।

मैं यकीनन, निकट भविष्य में, आज्ञा प्राप्त होने पर, आपके यहाँ आऊँगा और आपका आशीर्वाद ग्रहण करूँगा।

अत्यन्त आदर व कृतज्ञता के साथ,

प्रेम मोहन कालरा
सुपुत्र—किशन लाल कालरा

योगी भजन : अर्धनत खालसा झंडा

अब तक जितने भी बाबाओं से मुझे भेंट करने का सौभाग्य प्राप्त हुआ, उनमें से एक हरभजन सिंह मेरी समझ से अत्यन्त परे थे। वे योगी भजन के नाम से विख्यात थे। उनकी मृत्यु 75 वर्ष की अवस्था में एस्पेनोला, न्यू मैक्सिको, संयुक्त राज्य अमेरिका के अपने घर में ही 7 अक्टूबर, 2004 को हो गई।

हरभजन का जन्म 26 अगस्त, 1929 को एक छोटे-से कस्बे में जो अब पाकिस्तान में है, हुआ था। उनके पिता एक डॉक्टर थे। बँटवारे के बाद उनका परिवार भारत आकर बस गया था। उनकी स्कूली शिक्षा-दीक्षा डलहौजी में हुई। अर्थशास्त्र विषय में स्नातक की परीक्षा उत्तीर्ण करने के बाद उन्होंने सरकारी नौकरी में प्रवेश किया और पालम हवाई अड्डे पर सीमा-शुल्क अधिकारी के रूप में पदस्थापित हुए। शारीरिक स्वस्थता, खेल (हॉकी और फुटबॉल) के प्रति उनकी अनवरत रुचि थी। उसके साथ-साथ उन्होंने योग भी सीखा और कुंडलिनी योग पर अच्छा-खासा अधिकार प्राप्त कर लिया। इसे उन्होंने दूसरों को भी सिखाया। एक बार अचानक उनके ऊपर मुसीबत के बादल मँडराने लगे। विभाग ने उनके विरुद्ध एक विभागीय जाँच बिठा दी। उसका डटकर सामना करने की बजाय सन् 1968 में वे कनाडा चले गए और टोरंटो में एक योग अध्यापक के रूप में व्यवस्थित हो गए। टोरंटो से वे अमेरिका के कैलिफोर्निया शहर चले गए। उसके बाद उन्होंने कभी पीछे मुड़कर नहीं देखा। वे जहाँ भी गए वहाँ उन्होंने सिक्ख धर्म और कुंडलिनी योग का बेमेल-सा मिला-जुला रूप पढ़ाया। वे इसे 'थ्री एच.ओ.' (3 HO) कहा करते थे यानी—स्वास्थ्य (Health), प्रसन्नता (Happy) तथा पवित्र संस्था (Holy organization)। किंचित कारणों से उन्होंने सिक्खों के चौथे गुरु रामदास, अमृतसर के निर्माता को अपने आदर्श गुरु के रूप में चुना था। लड़ाके गुरु गोविन्द सिंह, जिन्होंने दरअसल खालसा पन्थ की स्थापना की थी, योगी के धार्मिक प्रवचनों में अपना प्रमुख स्थान नहीं रखते थे। उनके 'थ्री एच. ओ. खालसा अनुयायियों ने शाकाहारी बनने की प्रतिज्ञा की। जल्द ही अमेरिकी सिक्खों के योगी भजन के एक सम्प्रदाय का आविर्भाव हुआ। वे उल्लेखनीय रूप

से श्वेत परिधानोंवाले थे। मर्द उजली पगड़ी, लम्बी लहराती दाढ़ी और कुर्ते-पाजामे में और औरतें अपने बालों का जूड़ा बनाए उसे उजले कपड़ों में लपेटकर रखतीं। उन्होंने सिक्ख नामों के आगे 'खालसा' शब्द जोड़कर अपने नाम रखे। चन्द वर्षों में ही उनकी संख्या बढ़कर हजारों में हो गई। उन्होंने अपने गुरुद्वारे खुद बनाए, गुरबानी का पाठ करना सीखा और कीर्तन गाए। एक बार योगी अपने इन श्वेत परिधानवाले अनुयायियों को भाड़े के हवाई जहाज से पंजाब की तीर्थयात्रा पर भी लाए थे। भारतीय सिक्खों ने जब यह देखा कि उनके गुरुओं के सन्देश विदेशी सरजमीं पर भी अपनी जड़ जमा रहे हैं, तो उनकी खुशी का पारावार नहीं रहा। योगी जिन्हें बाद में 'सिंह साहिब' की मानद उपाधि से नवाजा गया, पहले व्यक्ति थे, जिन्होंने विदेशी जमीन पर खालसा का झंडा गाड़ा।

योगी भजन की व्यापार की ओर भी पैनी नजर थी। स्वास्थ्य, भोजन उद्योग में उन्होंने बेतहाशा पैसा पीटा। उन्होंने शाकाहारी रेस्तराओं की एक शृंखला खोल डाली जहाँ केवल जैविक खादों से उपजाई गई शाक-सब्जियाँ ही परोसी जाती थीं। उनकी योगी जड़ी-बूटी चाय जो एक पंजाबी नुस्खे पर आधारित थी, अब तक मैंने जितने भी प्रकार की चाय पी है, उनमें वह मुझे अत्यन्त स्वादिष्ट और सर्दियों से बचानेवाली लगी। उनके कुछ उत्पादों के नाम तो बड़े हास्यास्पद से थे। चबानेवाले गम का नाम 'वाहे गुरु चू' रखा गया था। उनका सबसे हाल का व्यापारिक कदम अमेरिकी सरकार के उच्च सुरक्षावाले प्रतिष्ठानों को चौकीदार उपलब्ध कराना था।

मैं योगी भजन से वाशिंगटन के करोड़पति नानक कोहली के घर, अपने लिए खास तौर से आयोजित रात्रि भोज के अवसर पर मिला था। वे वहाँ आमेजन निवासी श्वेत परिधानोंवाली महिला शिष्याओं के संग पधारे थे। मुझे यह देखकर बेहद हैरत हुई कि जो व्यक्ति निरन्तर योगाभ्यास के कार्य में संलग्न है, वह भला तन्दुल कैसे हो सकता है ! और तो और, जिसने अपना सीधा-सरल जीने का रास्ता अख्तियार किया है, उनकी अँगुलियाँ, बहुमूल्य रत्नजटित सोने की अँगूठियों से अँटी पड़ी हैं। फिर उनकी खाने की रुचि भी बड़ी प्रबल थी—एक महिला शिष्या उनकी पसन्दीदा सब्जी—भिंडी, खुद अपने हाथों से पकाकर लाई थी, जिसे वे बेहद लुत्फ के साथ खा रहे थे। मैं अपने साथ दो अमेरिकी पत्रकार, जो 'वाशिंगटन पोस्ट' से जुड़े थे, को भी लेता गया था, ताकि वे उनके जीवन के मिशन के बारे में कुछ लिखें। उन्होंने उनसे थोड़े-बहुत प्रश्न पूछे। वे दोनों ही उनसे प्रभावित नहीं दिखे। उन्होंने मुझे पाँच किताबों का एक सेट, जिन्हें उन्होंने स्वयं गुरुमुखी में लिखा था, के साथ सोने का एक प्रतीक चिह्न—'खंड-कृपाण' का एक लघु रूप उपहारस्वरूप दिया।

योगी जी एक पहेली थे। हिन्दुस्तान से भागने के समय कनाडा के लिए टिकट खरीदने के वास्ते उन्होंने किसी से 10,000 रुपए उधार लिए थे। 20 साल बाद, जब वे हिन्दुस्तान वापस आए, तो जिस व्यक्ति से उन्होंने उधार ले रखा था, उसकी बेटी ने उन्हें कर्ज के बारे में याद दिलाई। वह इस उम्मीद में थी कि चूँकि योगी जी अब एक धनवान व्यक्ति हैं, सो वे इसे सूद समेत लौटाएँगे। अपने पिता के पैसे वापस मिलने की बजाय उसे एक डाँट मिली—'तुम अब चालीस पार कर गई हो और तब भी माया जाल में फँसी हो।' उन्होंने कहा और उसे आशीर्वाद दे डाला।

इस बात से कोई भी इनकार नहीं कर सकता कि योगी भजन ने पश्चिम में सिक्ख-धर्म का मार्ग प्रशस्त किया। स्वास्थ्य-आहार सनकी और किसी एक योग प्रचारक के लिए 75 वर्ष की अवस्था में मौत कोई बड़ी उम्र में मौत नहीं कही जा सकती। आनेवाले काफी समय तक खालसा पन्थ अपना झंडा अर्धनत कर उनके प्रति अपना शोक व्यक्त करता रहेगा।

योगी भजन की यह विरासत कब तक चलती रहेगी, यह कहना जरा मुश्किल है। उन्होंने अमेरिका और पंजाब में कई स्कूल और संस्थाएँ खोली हैं। उनके पीछे उनकी पत्नी, दो बेटे और एक बेटी हैं, जो उनके इस गौरव का साझीदार नहीं बने। उन्होंने अपना उत्तराधिकारी घोषित नहीं किया था।

प्रोतिमा बेदी : जीवन के प्रति लालसापूर्ण महिला

प्रोतिमा गुप्ता का जन्म दिल्ली में, सन् 1949 में हुआ था। उसके पिता एक मामूली से व्यापारी थे, जिन्हें उनके बनिया पिता ने एक काली-कलूटी बंगाली औरत से शादी करने के कारण, घर से निकाल बाहर कर दिया था। उन्होंने भारत के विभिन्न शहरों में घूम-घूमकर अपना भाग्य आजमाया पर सफलता थी कि कहीं भी हाथ नहीं लगी। आखिरकार थक-हारकर उन्होंने अपना पारिवारिक व्यापार फिर से शुरू किया। उनके चार बच्चे थे, जिनमें तीन बेटियाँ और एक बेटा था। प्रोतिमा उनकी दूसरी बेटी थी। उसे सबसे कम प्यार नसीब हुआ था। प्रेमरहित बाल्यावस्था ने उसे विद्रोही बना दिया। वह एक मेधावी लड़की थी और पढ़ाई-लिखाई में काफी अच्छा करती थी। उसके जीवन के शब्दकोश में दो शब्द नदारद थे—'नहीं' और 'पछतावा'। जो भी उसे पाना चाहता, वह किसी भी पुरुष को 'ना' नहीं कह पाती। वह एक कमनीय और बेहद जीवन्त युवती के रूप में खिलकर विकसित हुई थी जो अधिकांश मर्दों के लिए अदमनीय थी। अपने भावुक और दैहिक अनुभवों को लेकर उसे किसी भी प्रकार का कोई पछतावा नहीं था। उसे अपना कोई राज छुपाना झूठ बोलने जैसा लगता था सो उसने सबको, यहाँ तक कि अपने पति और जीवन में एक के बाद आनेवाले दूसरे प्रेमियों को भी सब कुछ कह डाला था। उसकी शादी टूट गई और उसने कितनों को चोट पहुँचाई, इस बात से वह सुखद रूप से बेखबर रही। उसे तो अपने दिल की तमाम बातों को बताने की पड़ी रहती थी। जिस किसी से भी उसकी दोस्ती हुई, उसने उसको सच और सच के सिवाय कुछ नहीं बताया। वह अपनी इस जीवन-गाथा में कुछ और अध्याय जोड़ सकती थी, मसलन वह अपना नृत्य विद्यालय और दूसरा काम छोड़कर संन्यासिन क्यों बनी, पर मौत ने उसे अपने बारे में बेखबर रखा था। 18 अगस्त, 1998 को कैलाश मानसरोवर की तीर्थयात्रा के क्रम में चट्टान खिसकने से उसकी मृत्यु हो गई। हैरत की बात यह है कि संन्यासिन बनने के बाद भी वह यहाँ अपने किसी प्रेमी के संग थी। और ठीक इसी दिन प्रोतिमा के पति कबीर

बेदी की एक जमाने की प्रेमिका और भारत की पहली सुन्दरी 'परसिस खम्बत्ता' भी बम्बई में चल बसी थी।

मैं प्रोतिमा से पहली बार बम्बई में 'गोपी गउबा' के घर पर मिला था। कबीर, जिसे लाहौर में मैं उसे उसके बचपन से जानता था वह भी उसके साथ था। उसे पसन्द करने की मेरी अपनी कोई वजह नहीं थी क्योंकि कबीर ने मेरे दोस्त बी.सी. सान्याल की बेटी अम्बा को, जिससे उसकी सगाई हुई थी, धता बताकर प्रोतिमा के साथ, जो उन दिनों केवल 19 साल की थी, रहने लगा था। मैंने उन दोनों में से किसी से भी एक शब्द बात नहीं की। जब प्रोतिमा का गर्भ ठहर गया, तो उन लोगों ने आपस में शादी का फैसला लिया। पूजा उनकी पहली सन्तान थी। पर न तो शादी और न ही बच्चे, प्रोतिमा और कबीर को अपने-अपने रास्ते चलने से रोक पाए। कबीर जहाँ खुश रखनेवाली नवोदित अभिनेत्रियों के संग शूटिंग के काम से बाहर रहा करता वहीं प्रोतिमा जिसकी गोद में आठ महीने की दुधमुँही बच्ची थी, बगल के एक युवा जर्मन पड़ोसी से अपना सम्बन्ध बनाए हुई थी। वह इस बात के प्रति खुद भी आश्वस्त नहीं थी कि उसका बेटा सिद्धार्थ उसके पति से है, या उस समय के उसके प्रेमी से। उसने अपनी यह शंका अपने पति और बाद में अपने बेटे से भी जताई। लड़का 'सीजोफ्रेनिक' हो गया और बाद में उसने खुदकुशी कर ली।

कभी, मैंने प्रोतिमा का एक फोटो, जिसमें वह एकदम निर्वस्त्र हो 'गोवा बीच' पर दौड़ रही थी, देखा था। इससे मध्यम वर्गीय समाज को धक्का पहुँचा—ठीक वही हुआ जो वाकई में वह करना चाहती थी। एक दिन जब मैं 'इलस्ट्रेटेड वीकली' के सम्पादन-कार्य में लगा था तो आई.एस. जौहर ने मुझे यह कहते हुए फोटोग्राफर के साथ आने को कहा कि प्रोतिमा के साथ उनकी सगाई हो रही है। फोन पर तो मैंने उन्हें 'गदहा' कह दिया पर वहाँ पहुँचा। मैंने उनके उस चित्र को जिसमें वे एक-दूसरे को सगाई की अँगूठी पहना रहे थे, छापा भी। वे दोनों यही कुछ चाहते थे—प्रचार-प्रसिद्धि। प्रोतिमा ने बाद में मुझे भरोसा दिलाया कि उसने जौहर पर जितने चुम्बनों की बौछार की उतना आज तक किसी पर नहीं। मैंने उसकी इस बात पर यकीन कर लिया क्योंकि वह कभी झूठ नहीं बोलती थी।

एक ओडीसी नृत्यांगना के रूप में प्रोतिमा को मैंने कभी बढ़ते हुए नहीं देखा, और न ही उसके नृत्यग्राम को, जिसे उसने बनाया था। वह एक बार बंगलौर मुझे न्यौता देने आई थी। मैंने उसका न्यौता स्वीकार कर लिया था। पर बाद में जब मुझे पता चला कि सड़क मार्ग से वहाँ पहुँचने और फिर वहाँ

से वापस आने में करीबन चार घंटे का समय लग जाएगा तो मैंने अपना इरादा बदलते हुए उसे फोन कर मना कर दिया। वह बेहद नाराज हो गई थी और उसने कसम खाई कि वह फिर मुझसे कभी नहीं मिलेगी। पर उसका यह गुस्सा बहुत दिनों तक नहीं रहा। उसके बेटे ने जब खुदकुशी की तो उसने अपने लम्बे बाल छिलवाकर दुनियादारी त्याग दी। हिन्दुस्तान वापस आने पर उसने मुझसे कसौली में अपने बँगले में ठहरने की इजाजत माँगी थी ताकि वह सनावर के निकट कुछ दिनों तक रह सके जहाँ उसका बेटा कुछ समय के लिए पढ़ता था। उसने वहाँ पहाड़ियों में अकेले भटकते हुए पूरे चार सर्द दिन बिताए। वह वहाँ से वापस एकदम तरोताजा और मुस्कुराहटों से भरपूर होकर लौटी।

प्रोतिमा गौरी (अपना यह नया नाम उसने स्वयं रखा था) को अब जीने की चाहत थी। वह अपने मर्दों, शराब और मादक द्रव्यों से प्यार करती थी। उसके माशूकों का दायरा जिसमें अधिकांश के नाम उसने बता दिए थे, बहुत बड़ा था। इनमें पंडित जसराज और रजनी पटेल, जिसके साथ उसका प्रेम-पत्रों का आदान-प्रदान तब तक चलता रहा, जब तक कि पटेल अस्पताल में भर्ती नहीं हो गया था और फिर उसकी पत्नी बकुल ने परस्पर उनके बीच चल रहे संवादों को रोक न दिया था, के नाम भी शामिल हैं। उनमें आखिरी माशूक एक व्यापारी था, जिसने उसकी सेवा में अपना घर-बार, व्यापार सब कुछ छोड़ दिया था।

उसकी बेटी पूजा को यकीनन इस बात के लिए बेहद हिम्मत जुटाने की जरूरत पड़ी होगी कि वह अपनी माँ के इन वृत्तान्तों का सम्पादन करे और उसे छपने देने का निर्णय ले। पूजा लिखती है कि आवेश, सहानुभूति और ठहाके ये तीन शब्द 'टाइस पास : द मेमाअर्स ऑफ प्रोतिमा बेदी' (वाइकिंग पेंगुइन) पुस्तक में उसकी माँ के व्यक्तित्व का निचोड़ है। प्रोतिमा ढोंगी और धोखेबाजों से घृणा करती थी। उसने लिखा कि मैं हर उन औरतों को जानती हूँ जिन्होंने गुप-चुप तरीके से अनेकों परपुरुषों से वर्षों अपना सम्बन्ध बनाए रखा, पर कई कारणों से इसे बताने से परहेज करती रहीं। मेरे पास कूव्वत है कि मैं एक साथ कइयों से इश्क लड़ा सकती हूँ और इसके लिए लोग मुझे ओछी, व्यभिचारिणी और एक अच्छा समय गुजारने वाली लड़की...।

वह जिस प्रकार की लड़की थी, वैसा ही दिखने के लिए मैं प्रोतिमा को साधुवाद देता हूँ। मैं पूजा को भी दुआएँ देता हूँ कि उसने हमें यह जानने में मदद की कि उसकी माँ आखिर अपने बारे में क्या कहना चाहती थी। भेदों के खुलने

से अनेकों पाठक हतप्रभ रह सकते हैं। उसके कई माशूक जो अभी जीवित हैं और उनकी पत्नियाँ-बच्चे उसके इस खुलासे से व्यग्र-बेचैन हो सकते हैं पर कोई भी महिला या पुरुष एक बार यदि 'टाइम पास' पढ़ना शुरू कर दे तो फिर शायद ही उसे उलटकर नीचे सरका सके।

मदर इंडिया : नरगिस दत्त

अनेक सालों से नरगिस का फोटो मुझे आधी रात और दुपहरिया के विश्राम में खलल डाला करता। वह मुझ जैसे पार्थिव नश्वर तत्त्वों से परे बेहद प्यारी, प्रेतों की तरह धुँधली छाया-सी थी। एक दिन मेरी टेलीफोन की घंटी घनघना उठी और उधर से सुरीली आवाज आई—"मैं नरगिस दत्त बोल रही हूँ, क्या मैं श्री फलाँ महोदय से बात कर सकती हूँ ?"

"मैं फलाँ महोदय ही बोल रहा हूँ, क्या आप फिल्म अभिनेत्री नरगिस तो नहीं हैं ?"

"जी हाँ।"

"मदर इंडिया और वगैरह-वगैरह ?"

"जी हाँ, क्या मैं आपसे मिल सकती हूँ ?"

घंटे भर बाद ही वह मेरे ऑफिस में हवा के किसी सुगन्धित झोंके की तरह घुसी। ऑफिस में कइयों के दिल बुरी तरह धड़कने लगे थे। वह वैसी ही सुन्दर लग रह थी जैसी कि अकल्पनीय और दोस्ताना थी। "मैं यहाँ आपके पास एक निजी काम से आई हूँ।"—वह बोली। "मुझे पता है कि आपका कसौली में एक घर है। मेरे बच्चे सनावर में हैं और मुझे उनके स्कूल के स्थापना सप्ताह समारोह के बीच ठहरने के लिए कोई उपयुक्त जगह नहीं दिख रही। मैं यह जानना चाहती थी कि यदि आप मुझे वहाँ ठहरने देते...?"

"हाँ, हाँ, क्यों नहीं, पर एक शर्त पर।" मैं एक जरूरी-सा रहस्य बनाने के लिए पल भर रुका। उसने मेरी ओर प्रश्नसूचक नजरों से देखा—"क्या ?"

"शर्त यह है कि मुझे इस बात की इजाजत मिले कि मैं जिसे भी चाहूँ, यह कह सकूँ कि नरगिस मेरे साथ सोई है।"

नरगिस बड़े भोलेपन से ठहाके लगाने लगी—"ठीक है, मान लिया।" इसे पक्का करने के लिए वह अपना हाथ आगे बढ़ाते हुए बोली। "मैं आपके घर ठहरूँगी और आप यह कहें कि मैं आपके बिस्तर में सोई थी।" नरगिस बिना किसी उलझन के इस बात को बार-बार दुहराती रही। उसे लोगों को खुश करने

में महारत हासिल थी और हँसाने की उसमें ऐसी कला थी कि जिससे लोग ईर्ष्या करने लगें। परन्तु जब पिछली बार वह दिल्ली राज्यसभा के अधिवेशन में भाग लेने आई थी, तो उसका वह पहले जैसा तेज कुछ कम दिख रहा था—मुझे यहाँ नहीं आना चाहिए था। मेरे डॉक्टर के अनुसार मुझे एक प्रकार का पीलिया हो गया है। मैंने स्थानीय रोटरी से वादा किया था कि मैं आऊँगी। मैं अपने किए गए वादे से मुकर नहीं सकती, क्या मैं कभी ऐसा कर सकती हूँ ? और यहाँ बागपत पर यह बहस भी तो है।

'बहस', जैसा कि शायद आपको याद हो वह एक प्रकार का निन्दा प्रस्ताव था, जिसमें विपक्ष ने तीन आदमियों की गोली मारकर हत्या और थाने में माया त्यागी के साथ हुए तथाकथित बलात्कार को लेकर हंगामा मचाया था। सदन का माहौल भावनाओं से उत्तेजित था। एक महिला सदस्य जो कुछ हद तक काली और मोटी थुलथुल-सी थी, तीखे विशेषणों के साथ मानो किसी ज्वालामुखी की तरह फूट पड़ी—सरकार पर यह लावा उगलते हुए कि महिला नेतृत्ववाली यह सरकार ही किसी एक महिला के साथ अपमान, छेड़-छाड़ और बलात्कार हो जाने दे रही है। यहाँ 'बलात्कार, वहाँ बलात्कार। हर रोज बस हम बलात्कार, बलात्कार, बलात्कार ही सुन रहे हैं'—वह तेज स्वर में बोली। नरगिस जो ठीक मेरे बगल में बैठी थी, अचानक मानो उसमें जान आ गई—'आप इतनी उत्तेजित क्यों हो रही हैं'—वह चीखते हुए बोली। 'कोई कभी भी आपका बलात्कार नहीं करेगा।' गनीमत थी कि उसकी यह टिप्पणी उसके पास बैठी कुछ महिलाओं तक ही पहुँच पाई और वे सब एक विनोदी हँसी हँस उठीं।

नरगिस बहुत बीमार थी। मैंने उससे न्यूयॉर्क में मिलने की कोशिश की, पर स्लोआने केट्टेरिंग पर बैठी स्वागतकर्त्ती मेरी इस बात से प्रभावित नहीं थी कि मैं उसे यहाँ देखने आधी दुनिया की दूरी पार कर आया हूँ। ''क्या आप उनके पति हैं''—बार-बार के मेरे अनुरोध से वह किंचित् चिड़चिड़ी होकर मुझसे पूछ बैठी थीं।

''अफसोस है कि नहीं''—मैंने जवाब में कहा। मैं केवल उनका दूर का एक दोस्त और मुक्त प्रशंसक भर हूँ।

नरगिस जा चुकी है—मेरी तरह कोई भी यह विश्वास नहीं कर सका कि वह स्लोआने केट्टेरिंग से भली-चंगी होकर निकली। उन लोगों के कहे अनुसार उसके लिए इससे ज्यादा अब और कुछ नहीं किया जा सकता था। वह अपने घर यह सोचकर लौटी कि अब वह वहीं मरेगी।

अब उसी की स्तुति करें, मृत्यु आ धमकी है
सुन्दर-तरुणी, बेमिसाल।

खूबसूरत तो वह शब्द के हर अर्थों में थी। सुन्दर बेमिसाल साँचों में ढली, सोने जैसा दमकता दिल, जो कि गरीब, अन्धे और लकवाग्रस्त लोगों की मदद के लिए हमेशा आगे आता। उसकी मुस्कान अत्यन्त मोहक थी और ठहाके अतिसंक्रमणीय। उसे यौवन का सनातन वरदान प्राप्त था और अपनी आयु के पचास के दशक में मृत्यु के बावजूद वह बीस से भी कम की लग रही थी।

एक रोचक बात जिसने मुझे सोचने पर विवश कर दिया है, वह है उसकी धार्मिक आस्था। वह मुसलमान थी या हिन्दू, या दोनों या फिर इनमें से कोई नहीं। वह माथे पर बिन्दी लगाती थी, एक ब्राह्मण से ब्याही थी, बच्चों के हिन्दू नाम रखे थे और अक्सर गणेशपुरी के स्वामी मुक्तानन्द के आश्रम में दिखाई पड़ती थी। इतना होने पर भी मुसलमानी रीति-रिवाजों से उसे एक मुस्लिम कब्रगाह में दफनाया गया और वहाँ उसके हिन्दू पति 'फातिहा' पढ़ रहे थे। मैं किसी भी भारतीय परिवार में सर्वधर्म समभाव का इससे बढ़िया उदाहरण नहीं सोच सकता।

राज्यसभा के सदस्य के रूप में प्रसिद्धि का मेरा प्रमुख दावा तो इस बात पर आधारित था कि मैं नरगिस के बगल में बैठा करता था जो मेरे माननीय सांसद भाइयों के लिए ईर्ष्या का विषय था। पिछले अगस्त माह से वह स्थान यूँ ही खाली पड़ा है। यकीनन किसी दूसरे व्यक्ति के मनोनीत होने पर उसकी वह जगह भर जाएगी पर वह रिक्ति, जो वह अपने लाखों देशवासियों के दिल में बनाकर जा रही है, उसे शायद ही कभी भरा जा सके।

सम्मोहक महिला : अमृता शेरगिल

अमृता शेरगिल को एक औरत के रूप में अपने जीवन में स्वीकारने की बात में मैं बमुश्किल ही सही हूँ। उससे मैं केवल दो बार ही मिला था पर ये दोनों ही मुलाकात मेरे दिमाग में बस अंकित रह गई थीं। एक कलाकार के रूप में उसकी ख्याति, सुन्दर औरत के रूप में उसका आकर्षण, जो कि उसके स्वतः-निर्मित चित्रों में भी बखूबी नजर आती है और उसकी संकरता विषयक प्रसिद्धि, जो मानो किसी बर्फ के ढेर से लुढ़ककर नीचे आनेवाले टुकड़े जैसी थी, वह आज भी खत्म नहीं हो पाई है, और यही वजह है कि मुझे उसका नाम अपनी फेहरिस्त में शुमार करने का एक बहाना मिल गया।

सुनने में आया कि गर्मी के महीनों में वह और उसका हंगेरियाई चचेरा भाई-पति, जो पेशे से एक डॉक्टर था और अमृता का आखिरी पति भी, ने लाहौर में मेरे निवास के ठीक सामने सड़क के उस पार एक अपार्टमेंट लिया। वह वहाँ अपनी 'मेडिकल प्रैक्टिस' चलाना चाहता था और अमृता अपना पेंटिंग स्डूडियो बनाना चाहती थी। उन लोगों ने लाहौर को अपना घर क्यों बनाया इसका मुझे कोई इल्म नहीं था। इस शहर में उसके दोस्तों और प्रशंसकों की तादाद काफी ज्यादा थी। उसके सिख पिता की ओर से भी, बढ़िया जमीन-जायदाद वाले सम्बन्धी थे जो लाहौर उसके यहाँ नियमित रूप से आते-जाते थे। ऐसा प्रतीत हो रहा था कि भारत में कहीं अपनी जिन्दगी शुरू करने से बढ़िया उसे लाहौर लगा।

सन् 1941 का वह जून का महीना था। मेरी पत्नी अपने सात महीने के बच्चे राहुल को लेकर गर्मी बिताने मशोवरा स्थित मेरे पैतृक गृह—सुन्दरवन, जो शिमला से सात मील आगे था, चली गई थी। मैं अपना सुबह का समय हाईकोर्ट में कॉफी का प्याला हाथ में थामे वकीलों के साथ गप-शप करने में या फिर जजों के सामने बहस किए जानेवाले केसों को सुनते हुए बिताता। मेरे पास खुद के लड़ने के लिए कोई केस नहीं था। पर बावजूद इसके मैं काला कोट, कालर के ऊपर उजला फीता लगाकर हाथ में काला गाउन पकड़े चलता था, ताकि लोगों

को यह लगे कि मैं काफी व्यस्त हूँ। शाम को 'कॉस्मोपॉलिटन क्लब' में टेनिस खेलने जाने से पहले मैं दोपहर के भोजन और फिर दीर्घकालीन आराम फरमाने के लिए घर वापस लौटा करता था।

एक दिन दुपहरिया में, जब मैं घर वापस लौटा तो पाया कि मेरा फ्लैट किसी महँगे फ्रांसीसी इत्र की खुशबू से गमक रहा था। बैठकखाना सह पुस्तकालय की मेज पर एकदम ठंडे बीयर का बड़ा-सा चाँदी का प्याला पड़ा था। मैं दबे पाँव रसोई में पहुँचा और रसोइये से आगन्तुक के बारे में पूछा। "कोई मेमसाहब साड़ी में थी"—उसने मुझे बताया। उसने मेम साहब को यह बताया भी था कि मैं किसी भी वक्त भोजन के लिए आ सकता हूँ। उसने खुद ही फ्रिज से बीयर की बोतल निकालकर परोसी थी और खुद को तरो-ताजा करने के लिए गुसलखाने गई थी। मुझे इसमें ज़रा भी शक नहीं था कि यह अनिमन्त्रित महिला अतिथि अमृता शेरगिल को छोड़कर कोई और नहीं है।

उसके लाहौर आने से कई सप्ताह पहले ही, अपने चचेरे भाई से शादी करने से पूर्व, यहाँ उसके पहले के आने-जाने के क्रम में उसकी करतूतों की कहानियाँ मैंने सुन रखी थी। वह प्रायः फलेत्ती के होटल में टिका करती थी। कहा जाता था कि वह प्रति दो घंटे के अन्तराल पर अपने प्रेमियों से मिला करती थी। यानी रात में सोने जाने से पहले एक दिन में छह से सात बार। अगर यह बात सच है (वैसे मर्दों की बात औरतों के बनिस्पत कम विश्वसनीय होती है) तो अमृता के जीवन में प्यार का अंश कम ही था। सेक्स, उसके लिए मायने रखता था। वह 'निम्फोमानिया' की एक वास्तविक रोगी थी और उसके भतीजे विवान सुन्दरम् के प्रकाशित विवरणों के अनुसार वह समलैंगिक थी। उसके रहन-सहन के तरीके के बारे में बदरुद्दीन तैयबजी ने अपने संस्मरण में पूरी तफसील से लिखा है। जाड़े के दिनों में, जब वह कभी शिमला में था, तो उसने अमृता को रात के खाने पर आमन्त्रित किया। सर्दी से बचने के लिए उसने आग जला रखी थी। ग्रामोफोन पर पाश्चात्य शास्त्रीय संगीत बज रहा था। उसने अपनी पहली शाम तो साहित्य और संगीत पर चर्चा कर व्यर्थ में गँवा दी। उसने उसे एक बार फिर आमन्त्रित किया। वहाँ पहले की तरह ही कुन्दे की आग थी और वही पुराना संगीत बज रहा था। इससे पहले कि वह कुछ समझ पाता, अमृता ने झट अपने सारे कपड़े उतार दिए और दरी पर एकदम निर्वस्त्र लेट गई। वह समय बर्बाद करने में यकीन नहीं रखती थी। यहाँ तक कि बेहद उपयुक्त बदरुद्दीन तैयबजी को भी यही सन्देश मिला था।

सालों बाद, एक प्रसिद्ध लेखक माल्कोम मुगरिज ने मुझे बताया कि उसने

अमृता के पैतृक-घर 'समर-हिल्स' शिमला में उसके साथ एक सप्ताह बिताया। उस समय माल्कोम अपनी जवानी के चरमोत्कर्ष पर थे, यानी यही कोई बीस-पच्चीस साल के। पर सप्ताह भर में ही उसने उन्हें चिरकुट में बदल डाला। 'मैं उसकी अपेक्षाओं पर खरा नहीं उतर पाया'—उन्होंने इसे स्वीकारते कहा। 'मैं कलकत्ता वापस लौटने से बेहद खुश था।'

इस प्रकार के चर्चेवाली अमृता, अपनी ओर किसी भी मर्द को ऐसे ही खींच लेती थी जैसे कोई चुम्बक लौह-कणों को। मर्दों को बलात् अपनी ओर आकर्षित करने में वह अत्यन्त आनन्द का अनुभव करती थी। मैं भी इसका अपवाद नहीं था। उसने मेरे कमरे में अपना पैर रखा नहीं कि मैं उसका स्वागत करने के लिए उठकर खड़ा हो गया। 'तुम अमृता शेरगिल हो'—मैंने पूछा। उसने हामी में अपना सिर हिलाया। बिना पूछे वह मेरा बियर पी गई थी, इस बात पर बिना किसी प्रकार की कोई माफी माँगे वह मुझसे वहाँ मिलने क्यों आई थी, उस बात पर आ गई। वे सबकी सब दुनियादारी की बातें थीं, जिसने हमारी इस पहली मुलाकात में से रोमांस को खत्म कर दिया था। वह पास-पड़ोस के नल लगानेवाले कारीगर, धोबी, बढ़ई, रसोइया और नौकर आदि के बारे में पता करने आई थी जिन्हें वह जरूरत पड़ने पर बुला सके। जब वह लगातार बोले जा रही थी तो मैं उसे खूब गौर से देखे जा रहा था—छोटी कद-काठी, पीतवर्ण, बीचोबीच स्पष्टतः माँग निकाली गई काली केश राशि, मोटे मादक होंठ, जिनपर भड़कदार लाल रंग की लिपस्टिक लगी थी, मोटी-सी नाक, जिस पर काले-काले दाने साफ नजर आ रहे थे। उसे किसी भी लहजे से सुन्दर तो बेशक नहीं, हाँ एक अच्छे चेहरे-मोहरेवाली, दर्शनीय तो कहा ही जा सकता था।

उसके स्वयं द्वारा बनाए गए खुद के चित्र आत्मरति के कारनामे थे। नग्नावस्था में उसने जैसे स्वयं को चित्रित किया था, उसका शारीरिक-सौष्ठव सम्भवतः उतना ही अच्छा था। पर मेरे पास यह जानने-देखने का कोई तरीका नहीं था कि उसने आखिरकर अपनी साड़ी के नीचे क्या कुछ छुपा रखा है। एक बात जो मैं उसके बारे में नहीं भूल पाया था, वह था उसका उतावलापन। जब अपनी पूरी बात खत्म कर ली तो उसने उस कमरे में चारों ओर अपनी नजरें दौड़ाई। कुछ पेंटिंग्स की ओर इशारा करते मैंने उसे बताया कि ये मेरी पत्नी ने बनाई हैं। वह एक शौकिया चित्रकार हैं। उसने उस पर एक सरसरी नजर डाली और झट उपहास से बोल पड़ी—'देखने से ही लगता है।' मैं उसकी इस घृष्टता से पल भर के लिए तो हतप्रभ रह गया और इसका प्रतिकार कैसे करूँ, समझ नहीं पाया।

कुछ हफ्ते बाद, मैं अपने परिवार के साथ 'मशोवरा' चला गया। वहाँ अमृता मेरे पिता के ऊपरवाले घर, जो कि चमनलाल जी का था, में किराए पर रह रही थी। मैंने उन लोगों को दोपहर के भोजन पर अपने यहाँ आने का न्यौता दिया। तीनों ही यानी चमनलाल जी, उनकी पत्नी और अमृता दोपहर में पधारे। भोजन की व्यवस्था के लिए मेज और कुर्सियाँ सदाबहार ओक की छाया में एक चबूतरे पर बिछाई गई थीं, जहाँ से पहाड़ियों और घाटियों का खूबसूरत-सा नजारा साफ दिखाई पड़ रहा था। मेरा सात महीने का बेटा 'प्लेपेन' (जाली और सरियोंवाला एक गोल घेरावाला) में अपने पैरों पर खड़ा होना सीख रहा था। वह एक सुन्दर-सलोना-सा बच्चा था—भूरे घुँघराले बाल और प्रश्न करती-सी बड़ी-बड़ी आँखें। हर कोई उससे बात करने के लिए उसकी ओर मुड़ जाता और इतने सुन्दर से बच्चे को जन्म देने के लिए मेरी पत्नी की तारीफ करता। अमृता अपने बियर मग की गहराइयों में खोई रही। जब सबने खाना खत्म कर लिया तो अमृता टकटकी लगाकर थोड़ी देर तक बच्चे को देखती रही और फिर अचानक टिप्पणी कर बैठी—'यह कैसा कुरूप-सा बच्चा है।' वहाँ मौजूद सब लोग सन्न रह गए। उनमें कई ने उसकी इस टिप्पणी पर एतराज़ जताया पर अमृता थी कि फिर से उसी बियर मग की गहराइयों में डूब गई। सारे मेहमानों के चले जाने पर मेरी पत्नी, मुझसे दृढ़ता से बोली—'मैं इस हरामज़ादी कुतिया को फिर कभी अपने घर में नहीं देखना चाहती।'

अमृता का बुरा बर्ताव शिमला के सामाजिक दायरे में चर्चा का विषय बन गया। मेरी पत्नी द्वारा की गई टिप्पणी भी उसमें जुड़ती चली गई थी। अमृता को जब यह पता चला कि मेरी पत्नी ने उसके बारे में क्या-कुछ कहा है, तो उसने लोगों से कहा कि मैं उस हरामज़ादी औरत को ऐसा सबक सिखाऊँगी कि वह ताउम्र भूल नहीं पाएगी। मैं उसके पति को भ्रष्ट-बर्बाद कर दूँगी।

मैं उसके पथ-भ्रष्ट करने के दिन का बेसब्री से इन्तजार करता रहा। पर वह दिन कभी नहीं आया। हम पतझड़ के मौसम में वापस लाहौर आ गए। अमृता और उसके पति भी वहाँ से वापस आ गए थे। एक रात, उसका चचेरा भाई गुरचरण सिंह (चन्नी) जिसका गुजराँवाला के पास सन्तरे का एक बहुत बड़ा बाग था, मुझसे यह पूछने आया कि क्या वह रात में हमारे साथ रह सकता है, क्योंकि अमृता ने उसे सप्ताहान्त में बुलाया था, पर वह बीमार है, इसलिए उसके साथ रह नहीं सकता। अगले दिन अमृता के कुछ और दोस्त आए। उन्होंने हमें बताया कि अमृता अचेतावस्था में चली गई है। और उसके माता-पिता समर हिल्स से आ रहे हैं। वह एक उम्दा ब्रिज खिलाड़ी थी और इस अचेतावस्था में भी ब्रिज

की चालों के बारे में ही बुदबुदाए चली जा रही थी। सुबह पता चला कि अमृता अब नहीं रही।

मैं झटपट उसके अपार्टमेंट पहुँचा। उसके पिता उमराव सिंह स्तब्ध दरवाजे पर खड़े कोई प्रार्थना बुदबुदा रहे थे। हंगरी मूल की उसकी माँ बिना यह समझे कि 'क्या हो गया' उस कमरे में अन्दर-बाहर कर रही थी जहाँ अमृता का पार्थिव शरीर रखा था। दोपहर में करीबन एक दर्जन महिला-पुरुष अमृता को श्मशान घाट ले जाने के लिए चल पड़े। चिता उसके पति ने प्रज्ज्वलित की। दाह-संस्कार के बाद जब हम वापस उसके अपार्टमेंट लौटे तो वहाँ पुलिस उसके पति का इन्तजार कर रही थी। ब्रिटेन ने अपने शत्रु नाज़ी जर्मनी का सहयोगी होने के कारण हंगरी के विरुद्ध युद्ध की घोषणा कर दी थी। इस वजह से अमृता का पति अपनी राष्ट्रीयता के कारण उनका दुश्मन माना गया और उसे जेल भेजा जाना था।

पुलिस की निगरानी में रहकर वह भाग्यशाली रहा। कुछ दिनों के बाद ही उसकी सास यानी अमृता की माँ ने उस पर अपनी बेटी को मारने का आरोप लगाते हुए उसके खिलाफ एक अभियान छेड़ दिया था। वह जिस किसी को जानती थी, उन सबसे अपनी बेटी की जिन परिस्थितियों में अचानक मृत्यु हुई, उसके बारे में पूरी जाँच करवाने की बात उठा रही थी। उनमें से मैं भी एक था जिसे उनका पत्र प्राप्त हुआ था। हत्या तो वह कतई नहीं थी, पर शायद असावधानी जरूर थी। मुझे अपने पारिवारिक चिकित्सक डॉ. रघुवीर जो अमृता को जीवित देखनेवाले अन्तिम व्यक्ति थे, से जानकारी मिली थी। उन्होंने मुझे बताया कि अचानक आधी रात को उन्हें बुलाया गया था। उचित प्रकार से उसका गर्भपात नहीं होने के कारण, अमृता को 'पेरिटोनाइटिस' हो गया था। उसका खून ज्यादा बह चुका था। उसके पति ने तो डॉ. रघुवीर सिंह को खून चढ़ाने के लिए कहा भी था। पर डॉक्टर ने बिना रोगी की पूरी जाँच किए ऐसा करने से मना कर दिया। जिस समय दो डॉक्टर आपस में तर्क-वितर्क कर रहे थे, अमृता के प्राण चुपके से शरीर का साथ छोड़ गए। पर उसका यश हमेशा-हमेशा के लिए जीवित रहेगा।

चेतन आनन्द : दोस्त के खोने पर

सालों-साल हमारी आपस में गहरी दोस्ती रही। हमारी नौकरी ने हमें अलग-अलग दूरदराज के शहरों में ला पटका। इतना होने पर भी हम एक-दूसरे के सम्पर्क में रहे। यह निकटता तीस वर्षों से भी ऊपर तक चलती रही। इसके बाद वह अनमना-सा हो गया था। मुझे इसका बेहद दुख हुआ। वह उन व्यक्तियों में से था, जिसके बारे में मैंने अपनी पुस्तक 'वूमन एंड मैन इन माई लाइफ' में लिखा है। जो कुछ भी मुझे उसके बारे में कहना था उससे वह बेहद दुखी था। वैसे यह मेरा आशय नहीं था। तथापि जब रविवार सुबह 6 जुलाई, 1947 को मैंने उसकी मौत की खबर सुनी तो मुझे गहरा मनस्ताप और दुख हुआ। हमारा पहले का सम्बन्ध कई दिन-रातों तक मेरा पीछा करता रहा।

हमारी दोस्ती सन् 1932 में तब शुरू हुई थी जब हम गवर्नमेंट कॉलेज लाहौर में एक ही क्लास में पढ़ रहे थे। हमारे विषय भी समान थे और रह भी हम एक ही हॉस्टल में रहे थे। चेतन एक आकर्षक लड़का था—गोरा-चिट्टा, घुँघराले बाल और स्वप्निल आँखें।

वह मेरा संग खुद को बचाए रखने के लिए ज्यादा चाहता था, न कि इस कारण कि उसकी पसन्द मेरी जैसी थी। हम साथ-साथ नाश्ता करते, साथ ही क्लास जाते, दोपहर में टेनिस खेलते और हर सप्ताह कम-से-कम दो बार तो सिनेमा जरूर जाते। छुट्टी होने पर वह गुरदासपुर चला गया था। हम एक-दूसरे को ख़त लिखते रहे। उसे उन दिनों के नए चलन के अनुसार गुरुदेव टैगोर की तर्ज पर कविताएँ करने का शौक पैदा हो गया था। उसने अपनी कुछेक रचनाएँ मुझे भी भेजीं। फिजूल की भावनात्मक बातों से सराबोर, पर मेरा मन प्रसन्न हो उठा था।

चेतन को तो बस रुपए कमाने थे। किसी साल की बात है कि वह हिन्दू-सिक्ख भोजन कक्ष के सचिव पद के लिए खड़ा हुआ और जैसा कि उन दिनों रिवाज था, उसने वोट माँगने के लिए कार्ड भी छपवाए। मैं यह समझ नहीं पा रहा था कि कोई आखिर क्यों कॉलेज हॉस्टल के भोजनालय में भोजन बनाने

और खिलाने की व्यवस्था का पर्यवेक्षण करना चाहेगा ? खोज-बीन करने पर मुझे पता चला कि भोजनालय का ठेकेदार सचिव के प्रति अतिरिक्त कृपा करते हुए उसके खाने का कोई पैसा न लेकर उसे उपकृत करता है। यह चुनाव भी उसी प्रकार भयानक रूप से लड़ा गया जैसे किसी कॉलेज-यूनियन का। चेतन जीत गया।

कॉलेज से पास होकर निकलने के बाद हम दोनों ने खुद को लन्दन में साथ-साथ पाया। मैं कानून की पढ़ाई कर रहा था और वह आई.सी.एस. पर निशाना साधने में जुटा था। हम दोनों ही इस परीक्षा में बैठे पर सफलता किसी के हाथ न लगी। चेतन और आगे इंग्लैंड में रहने का खर्चा न जुटा सका और वापस घर चला गया।

जब मैं दिल्ली वापस लौटा, तो हमारी दोस्ती एक बार फिर पटरी पर चल पड़ी। इक़बाल सिंह और वह मेरे केवल दो ऐसे मित्र थे जिन्हें मैंने अक्टूबर 1939 में अपनी शादी पर बुलाया था। एक साल बाद, जब मैंने लाहौर में अपनी प्रैक्टिस की शुरुआत की तो गर्मी के मौसम में, चेतन कई महीनों तक मेरे फ्लैट में रहा। इतने दिनों के बाद भी उसे कोई नौकरी नहीं मिल पाई। पर युवा महिलाओं को वह अपनी ओर आकर्षित करने में अत्यन्त सफल था। उसकी तकनीक एकदम सीधी-सामान्य थी। जून की चिलचिलाती गर्मी की दुपहरिया में वह एक लम्बा-सा कोट पहन लेता और हाथ में गुलाब का फूल ले लेता। जब उस फूल को लेनेवाला उससे यह पूछता कि वह इस गर्मी में लम्बा कोट क्यों लादे हुए है तो इसका जवाब वह यह कहकर देता कि इस दुनिया में यही मेरे पास एक इकलौती चीज़ है।

एक बेहद खूबसूरत-सी लड़की जो उसके जाल में बुरी तरह फँस गई, वह थी डॉ. चटर्जी की बेटी—उमा। हमने अपने घर में उनकी सगाई का जश्न मनाया। पर ठीक उसी दिन शाम को मैंने उसे किसी एक और लड़की से छल करते देखा। वह कभी भी किसी एक महिला के साथ रहनेवाला मर्द नहीं था। उमा ने उससे शादी की, उसके दो बच्चे भी हुए पर फिर अब्राहम अलकाजी की दूसरी बीवी बनने के लिए वह उसे छोड़कर चली गई। चेतन फिल्मों में अपना भाग्य आजमाने बम्बई चला गया। वहाँ वह प्रिया नाम की लड़की के साथ प्रेमी-युगल के रूप में रहने लगा जो उम्र के लिहाज से उससे बीस साल छोटी थी। प्रिया को उसने फिल्म-अभिनेत्री बनाने की पुरजोर कोशिश की, पर इसमें वह सफल न हो सका।

चेतन निर्देशक या फिर कलाकार के रूप में कोई उल्लेखनीय योगदान नहीं दे पाया, जैसा कि उसकी श्रद्धांजलियों में अब दावा किया गया है। उसकी बस

एकमात्र बढ़िया फिल्म 'नीचा नगर' थी। बाकी सबकी सब दोयम दर्जे की थी, जिससे उसने न तो नाम ही कमाया और न पैसा ही। उसने एक जो सबसे बढ़िया काम किया वह था दिल्ली के लालकिले में प्रकाश एवं ध्वनि कार्यक्रम का निर्माण। सन् 1965 में इसकी 'मास्टर स्क्रिप्ट' मैंने ही लिखी थी। उसे पंजाब सरकार की ओर से कई काम मिले, पर वह उन्हें कभी पूरा न कर पाया।

मेरे मन में उसके लिए स्नेह होने का फिल्मों में उसकी सफलता-असफलता से कोई लेना-देना नहीं था। जब मैं सन् 1969 में 'इलस्ट्रेटेड वीकली ऑफ इंडिया' में सम्पादक का पद सँभालने बम्बई पहुँचा तो उसका मेरे लिए बड़ा ही उदासीन-सा व्यवहार था। वहाँ मैं पूरे नौ साल रहा और चेतन का 'काफी-कुछ' देखने की आस बाँधे था। मैंने अपने अन्य कॉलेज के दोस्तों मसलन बलराज साहनी, बी.आर. चोपड़ा, कामिनी कौशल और यहाँ तक कि खुद चेतन के भाई देवानन्द का काफी कुछ देखा। पर चेतन जिससे मैं फिर अपनी करीबी दोस्ती बहाल करना चाहता था, ने एक बार भी मुझसे सम्पर्क साधने की जहमत नहीं उठाई। बम्बई छोड़ने से यही कोई महीना भर पहले किसी पार्टी में मेरी उस पर और उसकी महिला दोस्त पर नजर पड़ते ही मैं उधर लपका। पर वह बड़े ढीले-ढाले से अन्दाज में मुझसे बोला, "ओए, सरदार, तू मिलता ही नहीं।" मैं गुस्से से फूट पड़ा—"बेशरम ! अपनी चालीस साल पुरानी दोस्ती का कर्तव्य तू यूँ निभा रहा है।"

उसकी महिला मित्र ने बीच-बचाव की कोशिश करते हुए मुझे घर आने का न्यौता दिया। "मैं तुम्हारे घर में पैर नहीं धरना चाहता और न ही कभी फिर इस आदमी की सूरत ही देखना चाहता हूँ।" मैंने जवाब देते हुए कहा और किसी आँधी-तूफान की तरह वहाँ से बाहर निकल आया।

आँसुओं से भरी आँखों से चेतन को याद करते हुए जो कुछ भी मैंने उससे कहा था उस पर अब मुझे बेहद अफसोस हो रहा है।

धर्मा कुमार : उस जैसी महिला कभी नहीं मरती

19 अक्टूबर, 2001 को, शुक्रवार के दिन सुबह-सुबह ही वह चल बसी। वह एक महीने से भी ज्यादा समय तक अपोलो अस्पताल के गहन चिकित्सा कक्ष (आई.सी.यू.) में भर्ती थी, इसलिए उसकी मृत्यु का समाचार मिलने पर मुझे कोई झटका नहीं लगा। मेरे दिमाग में जो एक छोटी-सी उम्मीद बँधी थी वह यह कि धर्मा जैसी महिला कभी मरा नहीं करती। वह तो बस किसी खोए से स्वप्न की तरह मस्तिष्क से धुँधली हो जाया करती है। वह 73 वर्ष की थी। मैं यहाँ इस वाक्य में 'केवल' शब्द जोड़ना चाहूँगा क्योंकि वह आयुरहित यौवन से भरपूर लगती थी। आज तक मैं जितनी भी महिलाओं से मिला हूँ, उसमें वह मुझे सबसे जीवन्त लगी थी। मैं यहाँ उसके लिए इसलिए लिख रहा हूँ, क्योंकि हम सब के जीवन में कोई-न-कोई ऐसा अवश्य होता है, जिसकी अहमियत का अहसास उसके गुजर जाने के बाद ज्यादा होता है।

अमूमन वह पचास साल पहले की बात होगी, एक बगीचे में आयोजित किसी विशाल मध्याह्न भोज पर मेरी मुलाकात उसके पति लवराज कुमार से हुई थी। वे 'बर्मा शेल' में किसी बड़े पद पर कार्यरत थे और धर्मा कैम्ब्रिज विश्वविद्यालय के अपने डॉक्टरेट के शोध कार्य में लगी हुई थी। वह वहाँ बुद्धि और हास्य से उद्दीप्त, प्रसिद्ध व्यक्तियों की नकल उतारते हुए आकर्षण का मुख्य केन्द्र बनी हुई थी। उसके खिलखिलाते ठहाकों में वहाँ का हर व्यक्ति शरीक था। मैं तो उसे देखकर बस दंग रह गया था। कुछ दिनों तक मैं उसकी चर्चा हर उस व्यक्ति से करता, जिन्हें मैं जानता और यथासम्भव उसके पति के बारे में अधिकाधिक जानकारी जुटाने की जुगत में रहता।

लवराज कुमार उत्तर प्रदेश के थे और अपने धनी माँ-बाप की इकलौती सन्तान थे। वे एक मेधावी छात्र भी थे। उन्हें ऑक्सफोर्ड जाने के लिए रोड्स छात्रवृत्ति प्राप्त हुई थी। धर्मा एक तमिल ब्राह्मण थी और प्रतिष्ठित वैज्ञानिक डॉ. वेंकटरमण, जो पुणे स्थित राष्ट्रीय रासायनिक प्रयोगशाला के प्रमुख थे, की एकमात्र सन्तान थी। धर्मा और लवराज, इंग्लैंड में मिले थे और फिर दोनों ने शादी

कर ली। लवराज ने धर्मा को वह सब कुछ दिया, जो धर्मा किसी एक पुरुष से अपेक्षा करती थी। धर्मा पढ़ाई-लिखाई के प्रति अतिशय अनुराग रखती थी, उसके अधिकांश चचेरे भाई ऑक्सफोर्ड या कैम्ब्रिज में सर्वोच्च स्थान प्राप्तकर्ता थे। लवराज ने उसकी इस रुचि में चार चाँद लगा दिए। धर्मा धन की ज्यादा परवाह नहीं करती थी। उसने तो लवराज से बस इसलिए शादी की थी कि वह उसके अनेकों चाहनेवालों में सबसे अधिक प्रतिभावान था। हालाँकि लवराज का 'बर्मा-शेल' में नौकरी करना उसे एकदम पसन्द नहीं था क्योंकि वह यह नहीं चाहती थी कि लवराज बक्सावाला बनकर गोरे साहबों से आदेश लेता रहे। लवराज एक मृदु-भाषी और स्वतः निर्मित व्यक्ति थे। वहीं धर्मा एक बहिर्मुखी, वाचाल और प्रशंसा जैसी चीजों से खूब लुत्फ उठानेवाली लड़की थी। वह वैसी लड़की नहीं थी, जैसा मैंने प्रायः उसके बारे में सोचा था। उसकी शारीरिक बनावट स्वीकरणीय थी, वह किसी भी प्रकार का कोई 'मेक-अप' या 'इत्र-वित्र' का इस्तेमाल नहीं करती थी। यह उसकी जीवन्तता ही थी कि मैं अपने आपको रोक नहीं पाता था। उसके हाथ-पैर कभी थकने का नाम ही नहीं लेते। बोलना शुरू करते ही उसकी आँखें चमक उठती थीं। यह सोचने की बात थी कि मेरे हाव-भावों पर उसकी सकारात्मक प्रतिक्रिया के पीछे जो एक इकलौती-सी वजह थी वह यह कि वह मेरे द्वारा बाँधे गए प्रशंसाओं के पुल से बेहद आह्लादित थी। यह एक प्रकार का एकतरफा सम्बन्ध था। मैंने अपना दूसरा उपन्यास 'आई शैल नॉट हियर द नाइटिंगल' उसी को समर्पित किया था। मुझे नहीं लगता कि उसने इसे पढ़ने की कोई जहमत भी उठाई होगी।

उसका पसन्दीदा मजाक अपने चचेरे भाई राघवन अय्यर के बारे में हुआ करता था। परिवार के और सदस्यों के समान ही राघवन भी सर्वोच्च स्थान पानेवाला छात्र रहा था। मद्रास से एम.ए. दर्शन में प्रथम, कैम्ब्रिज से सर्वप्रथम। वह कैम्ब्रिज विश्वविद्यालय का अध्यक्ष भी निर्वाचित हुआ था।

विश्वविद्यालय में उसे अपने प्रशंसकों का एक ऐसा जमावड़ा मिल गया था जो नियत समय पर उसके कमरे में आते और उसकी बातें सुनते। वह उन लोगों से कहता कि सभी प्रकार की मानवीय कमजोरियों की जड़ अहंकार है। जब तक कोई अपने इस अहंकार पर विजय प्राप्त नहीं कर लेता तब तक उसे मन की शान्ति नहीं मिलेगी। एक दिन उसकी एक महिला प्रशंसक ने उससे पूछा—'अहंकार के बारे में जो कुछ भी अभी आपने कहा, मैं उससे एकदम सहमत हूँ, पर आखिर कोई अपने इस अहंकार पर विजय प्राप्त करे तो कैसे ?'

''अच्छा प्रश्न है''—राघवन अय्यर ने जवाब दिया। 'आप इस बात की क़दर

करेंगी कि जितना यह मेरे लिए मुश्किल है, उतना आपके लिए नहीं।' अपने लिए मैंने 'स्वतः विलोपन' का एक नया तरीका विकसित किया है। मैं रोज पद्मासन पर बैठता हूँ, अपनी आँखें बन्द करता हूँ और फिर बुदबुदाता हूँ—मैं वह राघवन अय्यर नहीं हूँ, जिसने कैम्ब्रिज विश्वविद्यालय में सर्वोच्च स्थान प्राप्त किया है, मैं वह राघवन अय्यर भी नहीं हूँ, जिसने कैम्ब्रिज विश्वविद्यालय में सर्वोच्च स्थान प्राप्त किया है, मैं वह राघवन अय्यर नहीं हूँ, जो पूरब के देश का सबसे मेधावान दार्शनिक है। मैं तो बस महात्माओं का साध्य मात्र हूँ, दिव्य-शक्ति का एक स्फुल्लिंग हूँ।'

बकौल धर्मा, जब राघवन यूनियन के अध्यक्ष पद के लिए खड़ा हुआ तो उसने अपने पक्ष में किसी प्रकार का समर्थन जुटाने की कोशिश नहीं की। उसने यह काम अपने प्रशंसकों पर छोड़ दिया था। मतों की गिनती के बाद, जब उसके दोस्त उसे शुभ समाचार सुनाने उसके कमरे में भागते हुए पहुँचे तो देखते हैं कि वह दरी पर 'पद्मासन' लगाए बैठा है। उनकी दोनों आँखें बन्द थीं। उसके दोस्त जीत की खुशी में चीखते बोले—'तुम जीत गए हो, तुम जीत गए हो।' राघवन अय्यर अपना एक हाथ ऊपर उठाते उँगुली से छत की ओर इशारा कर जोर से बोला—'हे परमपिता परमेश्वर, यह जीत तुम्हारी है।'

धर्मा ने अर्थशास्त्र में अपनी डॉक्टरेट पूरी कर ली। वह दिल्ली स्कूल ऑफ इकनॉमिक्स में प्रोफेसर बन गई और अर्थशास्त्र की उसने दो-एक किताबें भी लिखीं, जिन्हें अर्थशास्त्रियों की ओर से सराहना भी मिली। उसके पति 'बर्मा-शेल' की अपनी नौकरी छोड़कर केन्द्र सरकार के पेट्रोलियम मन्त्रालय में सचिव बन गए थे। वह इस बात से बेहद खुश थी कि वह अब बक्सावाला की बीवी नहीं है। पर एक प्रतिष्ठित नौकरशाह की बीवी बनने के बाद भी वह मन्त्रियों की खातिरदारी या फिर उनकी पत्नियों से दोस्ती गाँठने से साफ गुरेज़ रखती। अपने नौकरशाह पति की ऊँची हैसियत की वजह से जब इसके लिए उस पर दबाव डाला जाता तो वह अपने तरीके से मन्त्रियों की बीवी को नीचा दिखाने से नहीं चूकती।

उसकी अपने पति उदासीनता के बावजूद, बिना हतोत्साहित हुए मैं उसका संग पाने की ताक में हमेशा लगा रहता। इसमें मुझे एक बार अप्रत्याशित रूप से सफलता भी मिल गई। लवराज ने विदेश में एक व्याख्यान-यात्रा का न्यौता मिलने की खुशी में अपने नजदीकी दोस्तों को दावत पर बुलाया था। बेहद हल्के-फुल्के दिल से मैंने पूछा—'धर्मा तुमने अपना यह काम कैसे साधा ?' वह क्रोध से लाल-पीली हो उठी और भड़कते हुए बोली—'इस तरह की व्यंग्योक्ति मैं

पसन्द नहीं करती। मैं कोई धूर्त-चालाक नहीं।' उसका गुस्सा इस तरह फूटने से वहाँ मौजूद सभी लोग हक्के-बक्के रह गए। एक प्रकार की चुभन भरी चुप्पी वहाँ छाती चली गई। पार्टी बर्बाद हो गई।

एक चीज जो मैं किसी की माफ नहीं कर पाता हूँ या भुला नहीं पाता हूँ वह यह कि जब कोई मुझ पर भड़क उठता है। मैंने उस दिन से कसम खाई कि फिर कभी धर्मा के साथ कोई सम्बन्ध-सम्पर्क नहीं रखूँगा। वह अपने बेलगाम गुस्सैल स्वभाव की शिकार थी और यह मेरे लिए नितान्त अक्षम्य था। बाद में उसने इसे सुधारने की पूरी कोशिश भी की पर क्या था कि मेरे अन्दर जो एक चीज टूट गई थी, उसे मैं फिर से जोड़ नहीं पा रहा था।

कुछ महीनों बाद, हमारे परिवार आपस में फिर से मिलने-जुलने लगे थे। पर फिर कभी मैं उसके संग सहज नहीं रह पाया। मैंने अपना यह स्नेह उसके पति और उससे भी कहीं ज्यादा उसकी बेटी राधा की ओर मोड़ दिया।

जब एक दिन अचानक उसके पति का निधन हो गया तो मैं इस उम्मीद से दाह-गृह पहुँचा कि वहाँ धर्मा से मुलाकात होगी और वह असहजता जो कभी हम दोनों के बीच पनप गई थी मिट जाएगी। पर वह वहाँ नहीं थी। मैंने उसकी बेटी राधा और लवराज के चाचा धरमवीर (पंजाब और बंगाल के पूर्व राज्यपाल) से अपनी सहानुभूति व्यक्त की। मैंने उनसे कहा : 'धर्मा को दोस्ती का तोहफा छोड़कर अपने जीवन में सभी प्रकार के तोहफे मिले।' वे मेरी बात से सहमत थे।

जिन लोगों ने धर्मा को दिल में सँजोए रखा था, उनमें से किसी को भी यह पता नहीं चल पाया था कि धर्मा को गुस्से का दौरा शायद इसलिए पड़ता था कि उसके अन्दर कुछ चीजें गलत हो रही थीं। उसे ब्रेनट्यूमर हो गया था और उसके ऑपरेशन के लिए उसे लन्दन जाना पड़ा। पर ऑपरेशन का कोई फायदा नहीं हुआ। दूसरा ट्यूमर फिर निकल आया। और उसके बाद एक और। धरमवीर तब तक गुज़र चुके थे। उसके दोस्त भी उससे कन्नी काट चुके थे। उसकी देखभाल करनेवाली जो बस एक अकेली महिला थीं वह थीं 94 साल की बूढ़ी, उसकी सास। वह सबसे यही कहा करतीं : 'धर्मा मेरी बहू नहीं बल्कि बेटी है बेटी।'

वह धर्मा के साथ अन्त तक रहीं।

इस बात पर यकीन करना कि धर्मा नश्वर थी, मेरे लिए बेहद मुश्किल है। अब फिर कभी मैं धर्मा को देख नहीं पाऊँगा। उसने बेशक मेरी परवाह न की हो पर मैं उसकी याद अपने जीवन के शेष वर्षों में भी वैसे ही सँजोए रखूँगा।

वायुसेनाध्यक्ष पी.सी. लाल

''बसन्त लाल बन्धु का क्या हुआ''—मेरी 87 साल की बूढ़ी माँ, एक दिन अचानक सुबह-सुबह ही मुझसे पूछ बैठी। उनके बारे में मुझे जो कुछ भी पता था, मैंने उसे सब बता दिया और फिर पूछ बैठा—'इतने सालों बाद ये अचानक लाल-परिवार के बारे में जानने की तुम्हें क्या सूझी ?'

'पता नहीं'—उसने जवाब दिया, 'पर मैं रोज सुबह-सुबह उन लोगों के बारे में ही सोचती रहती हूँ। उनका बड़ा लड़का, हमारे अर्जुन जैसा ही, हवाई जहाज के काम में कोई बड़ा आदमी नहीं बन गया ? उसका नाम क्या है ?

'प्रताप'—अर्जुन के बाद वही वायुसेनाध्यक्ष बना था।

यह महज एक विचित्र संयोग ही कहा जा सकता था कि जब मेरी माँ बसन्त लाल बन्धु के बारे में यहाँ दिल्ली में बैठी पूछ रही थी, वहीं प्रताप लन्दन में जिन्दगी की अपनी आखिरी साँसें गिन रहा था।

हमारे परिवार आपस में एक-दूसरे के काफी करीब थे। हमारी यह नजदीकी यही कोई तीन पुश्तों तक चलती रही। प्रताप उन दिनों केवल छह साल का था, जब उसका दाखिला मॉडर्न स्कूल में मेरी ही कक्षा में हुआ था। मेरी उसके साथ की यह रोज़मर्रा की दोस्ती 60 सालों तक चलती रही। स्कूल में हम एक-दूसरे की पगड़ी अदल-बदल लेते थे। उसके प्रति मेरा इरादा वैसे कोई ज्यादा नेक नहीं था क्योंकि उसे अपना धर्मभाई (एक ही धर्म को माननेवाला व्यक्ति) मानने से कहीं ज्यादा मेरा किशोर मन, उसकी बहन रोमा को लेकर मन में कुछ पाले हुए था।

यदि किसी ने भी हिन्दी की इस लोकोक्ति—होनहार बिरवान के होत चीकने पात, को गलत साबित किया, तो वह था—प्रताप चन्द्र लाल। वह पढ़ने-लिखने में कमजोर छात्र था और खेल-कूद से नफरत करता था। वह एक डरपोक किस्म का और आत्म-विश्वास की दृष्टि से एकदम शून्य लड़का था। वह इस बात का निश्चय नहीं कर पाया था कि वह आखिर बनना क्या चाहता है ? हालाँकि अपने स्कूली दिनों में उसे उड्डयन लाइसेंस मिल गया था—ऐसी चीज जो उन दिनों अक्सर सुनी नहीं जाती थी।

स्कूल से निकलने के बाद, प्रताप से मेरी मुलाकात लन्दन के किंग्स कॉलेज और 'इन्स ऑफ कोर्ट' में हुई। सफलता, उसे अध्ययन की इन दोनों शाखाओं में से किसी में भी नहीं मिली, पर प्रतिष्ठित 'मेनचेस्टर गार्डन' में वह अपना लेख छपवाने में सफल रहा। छुट्टियाँ हम दोनों साथ-साथ गुजारते। उसे जो अक्सर विद्वेषपूर्ण आनन्द आता वो यह कि हम जहाँ कहीं भी ठहरते, मैं उसके पिता के रूप में जाना जाता। अपनी सफाई में, मैं आपको यहाँ यह पहले ही बता दूँ कि हम दोनों ही हमउम्र थे, पर वह मुझे जान-बूझकर 'पॉप' कहा करता। मेरी बहुमूल्य सुरक्षित निधियों में उसकी कई चिट्ठियाँ थीं जिसे उसने उस लड़की को लिखी थी, जिसके साथ हम दोनों ही चक्कर चलाते थे। जिसमें गाँव-देहात के वर्णन के बीच में काफी हद तक बिन पगड़ीवाला मेरा खुद का चरित्र होता। बाद में वे चिट्ठियाँ उस लड़की के दहेज का एक बहुमूल्य हिस्सा बन गईं, जबकि उसकी शादी मुझसे हो गई। मैं अक्सर उन्हीं चिट्ठियों में से वाक्य उद्धृत कर प्रताप को सताया करता।

पत्रकार के रूप में कुछ दिनों तक काम करने के बाद, प्रताप वायुसेना में चला गया। इस अचानक बने हालातों की वजह से, वह उस पेशे में चला गया, जिसके लिए वह सबसे उपयुक्त था।

प्रताप के व्यक्तित्व में असली परिवर्तन 'हंसी' से उसकी शादी के बाद आया। तब उसे खुद पर भरोसा हो चला और वह एक उत्कृष्ट उड़ानकर्ता, ईमानदार और एक ऐसे साहसी व्यक्ति के रूप में तब्दील हो गया जो कि आजकल विरले ही मिलते हैं। एक बार भारतीय वायुसेना के एक दल की अगुआई करते हुए वह इंग्लैंड हवाई जहाज के निरीक्षण के उद्देश्य से पहुँचा, तो वहाँ उसका सीधा मुकाबला तेज, डंकदार कृष्ण मेनन से हो गया। मेनन ने वहाँ एक खास प्रकार के हवाई जहाज खरीदने का अपना फरमान दे डाला था और वे चाहते थे कि भारतीय वायुसेना दल के अन्य सदस्य उनकी इस खरीददारी पर अपना अँगूठा लगा दे। पर लाल ने न केवल ऐसा करने से साफ मना कर दिया बल्कि यह लिखित तौर पर भी दे दिया कि ये मशीन न तो हमारे लिए उपयुक्त हैं और न ही वांछित संख्या में उपलब्ध ही। इस पर मेनन जल-भुन गए और बिना यह सोचे-समझे कि वे क्या कर रहे हैं, उन्होंने लाल पर प्रतिद्वन्द्वी फर्म से घूस खाने का आरोप जड़ दिया। लाल अपनी बात पर पूरी तरह अड़ा रहा, जो कि उसके चेतन-मन की निष्कलुषता की बात कहता है। बाद में इस भेद का खुलासा हुआ कि घूस खानेवाले लोगों में लाल नहीं बल्कि कृष्ण मेनन खुद थे।

मेनन जब रक्षामन्त्री बने, तो उनके मातहत के रूप में काम करने के क्रम

में लाल को काफी कुछ सहना पड़ा। भारतीय वायुसेना के शीर्षस्थ पद से उसकी दावेदारी खत्म हो जाए, इसलिए उसका तबादला हिन्दुस्तान एयरोनाटिक्स लि. में कर दिया गया। मेमन के पद से च्युत हो जाने के बाद ही वह फिर वापस वायुसेना में लाया जा सका और आगे चलकर उसका प्रमुख बना।

सन् 1971 में, पाकिस्तान के खिलाफ युद्ध में किए गए हवाई हमले, लाल के ही दिमाग के कमाल थे। यह उसी की रणनीति का नतीजा था कि बंगलादेश में पाकिस्तानी वायुसेना के जबड़े तोड़ दिए गए। युद्ध की घोषणा के चन्द घंटों में ही ढाका और चटगाँव की हवाई पट्टियाँ बेकाम हो गईं। पाकिस्तानी वायुसेना का भोजनालय, जो ढाका हवाई-अड्डे के पास था, तीखे हमले से तहस-नहस हो गया और राज्यपाल ने घर की खिड़कियों से होकर अन्दर आ रहे गोलियों की बौछारों से डरकर अपनी हार मान ली। मुझे याद है कि कई ब्रिटिश और अमेरिकी अखबारों में यह समाचार पढ़कर कि पाकिस्तानी वायुसेना पश्चिमी सीमा पर भारतीय वायुसेना के मुकाबले, बेहतर प्रदर्शन कर रही है, बम्बई से लाल को जब मैंने फोन कर यह बताया तो वह घृणापूर्ण क्रोध से भरकर बोला था—'सब बकवास़ है, मैं तुम्हें ठोस सबूतों के आधार पर यह साबित कर दूँगा कि हमारी सेना ने जितना नुकसान सहा है, उससे कहीं ज्यादा नुकसान दुश्मनों को पहुँचाया है।' और उसने यह आँकड़े और फोटो के माध्यम से सिद्ध कर दिखाया।

उसकी एक और खासियत, जिसके बारे में उसके समकालीनों को तनिक भी सन्देह नहीं था कि लाल एक बेहद सक्षम और कठोर परिश्रमी व्यक्ति था। उसने जिस प्रकार से एयर-इंडिया और इंडियन-एयरलाइंस की कार्य-प्रणाली को चुस्त-दुरुस्त किया और पायलट यूनियन की बाँह मरोड़ने की प्रवृत्ति को पूरी दृढ़ता से खारिज़ किया, उससे उसे अपने योग्यतानुरूप एक उच्चकोटि के प्रशासक की प्रतिष्ठा मिली।

लाल एक विशाल हृदयवाला व्यक्ति था। संजय गांधी ने उसे जब एयर-इंडिया और इंडियन-एयरलाइंस के अध्यक्ष पद से हटा दिया तो उसने टाटा के यहाँ नौकरी कर ली। जब संजय सत्ता से च्युत हुए और प्रायः अधिकांश लोग गांधी परिवार के सदस्यों से मिलने से कतराने लगे, उन्हीं दिनों मुझे सूर्य के खिलाफ एक मुकदमे में मेनका गांधी के साथ बतौर सह-अभियुक्त कलकत्ता में उपस्थित होना पड़ा। मैं, लाल परिवार के साथ ठहरा और मेनका कमलनाथ के साथ।

"लाल-बन्धु हम लोगों से जरूर घृणा करें"—याद है, यह बात मेनका ने मुझसे कही थी। पर लाल ने किसी से कोई घृणा नहीं की। वह 'हंसी' थी, जिसने

मेनका को अपने घर बुलाया और बिना कोई नाराजगी जताए कि उनके साथ कैसा बर्ताव किया गया था, मेनका के साथ बड़ी तहज़ीब और प्यार से पेश आई।

प्रताप एक रूढ़िवादी किस्म का घर से प्रेम करनेवाला व्यक्ति था। वह किसी जैन साधु की तरह सभी प्रकार के व्यसनों से दूर रहनेवाला व्यक्ति था—शराब-सिगरेट कुछ भी नहीं लेनेवाला व्यक्ति। (मैं अपने लिए शराब उसका हिस्सा कहकर हथिया लेता था)। आचार-व्यवहार की दृष्टि से वह एकदम सख्त था। चतुराक्षरी शब्दों के प्रयोग की वह कभी भी इजाजत नहीं देता और मेरे द्वारा प्रयोग करने पर शर्म से एकदम लाल हो उठता था। पहनावे-ओढ़ावे सम्बन्धी मर्यादा और आचरण के सन्दर्भ में भी उसके विचार सख्त थे। वह लड़कियों के चुस्त कपड़े-कमीजों के पहनावे को सही नहीं मानता था। शब्द के प्रत्येक अर्थों से वह एक निहायत रूढ़िवादी था। हमारे पेशे और विचारों के मध्य इतनी बड़ी खाई, जिसने हमें अलग-थलग कर रखा था, के बावजूद वह उन चन्द लोगों में से एक है, जिसे मैंने आदर देना व प्रशंसा करना सीखा है और तहे दिल में सँजोए रखा है। और, वह इस सामान्य से कारण की वजह से कि पी.सी. लाल एक सर्वगुण सम्पन्न भद्र पुरुष था।

जैक विल्बरफोर्स बुर्के पील : मेरा अंग्रेज़ भाई

उसका नाम मेरे पाठकों के लिए कोई मतलब न रखता होगा। पर मेरे लिए तो उसके काफी मायने हैं। 70 सालों से ज्यादा समय तक वह मेरा सबसे करीबी अंग्रेज़ दोस्त था। 3 अप्रैल, 2004 को 95 वर्ष की अवस्था में उसने अपनी आँखें हमेशा-हमेशा के लिए मूँद लीं। मैंने इसके बारे में 'द इंडिपेंडेंट' (लन्दन) अखबार में पढ़ा था। उसकी श्रद्धांजलि, इसके दो स्तम्भों में चित्र सहित छपी थी।

जैसा कि अधिकांश उदात्त परम्परावाले अंग्रेज़ किया करते हैं, उसने भी नजदीकी के बावजूद अपने बारे में मुझसे कभी एक शब्द नहीं बोला था। यही वजह थी कि मैं उसकी महनता के बारे में जान नहीं पाया था। यह तो मुझे उसकी श्रद्धांजलि के मार्फत पता चला कि वह अपने समय में जैक पील, स्टॉलिन, टीटो, आइजेनहॉवर, चर्चिल, एटली और अनेकों विश्वस्तरीय लोगों से मिल चुका था और उनके मध्य के परस्पर संवाद में काफी मददगार भी साबित हुआ था। वह न तो कोई नेता था, न सरकार का कोई मन्त्री और न ही कोई कूटनीतिज्ञ ही। वह तो बस एक सीधा-सादा-सा लिपिक था जिसे ईश्वर की ओर से भाषाओं का वरदान मिला था। आधे दर्जन यूरोपीय भाषाओं में उसको महारत हासिल थी और वह इन भाषाओं को अपनी मातृभाषा अंग्रेजी के समान ही बेहद प्रवाहपूर्ण तरीके से बोलता था। हालाँकि उसने विश्वविद्यालय का मुँह कभी नहीं देखा था पर वह काफी पढ़ा-लिखा और कुशल पियानोवादक था।

मेरी उससे मुलाकात उन दिनों हुई थी जब मैं स्वयं छात्र था और उत्तरी लन्दन से यही कोई 40 मील दूर वेल्विन गार्डन सिटी में पो. एफ.एस. मारनिन के यहाँ रह रहा था। हमारा पहला आमना-सामना एक अन्तर्क्लब प्रतियोगिता के दौरान टेनिस कोर्ट में हुआ था। टेनिस में वह मुझसे बेहतर था। हमारी आपसी मुलाकात धीरे-धीरे दोस्ती में बदल गई और उसने मुझे अपने पिता, जो एक छोटा-सा निजी विद्यालय चलाते थे, अपनी बहन नेन्सी और बेहद खूबसूरत पत्नी जो एक एस्टोनियाई बाला थी, डगमर हनसेन से मिलवाने के लिए चाय पर बुलाया। हम वेल्विन गार्डन सिटी से किंग्स क्रॉस स्टेशन के बीच अक्सर एक ही

ट्रेन में सफर करते, सुबह-शाम मिल जाया करते थे। मुझे अच्छी तरह याद है कि एक बार उसने मुझसे कहा था कि "मुझे किसी सिक्ख से दोस्ती करने की कोई खास वजह नहीं दिखती। पिछली बार मैंने एक से दोस्ती की थी, वह मेरी प्रेमिका ले उड़ा। उसका नाम गुरदियाल सिंह था। वह भारतीय वायु सेना में काम करता था और यहाँ हरफील्ड में कोई कोर्स करने आया था। क्या तुम उसे जानते हो ?" मैंने गुरदियाल सिंह के बारे में नहीं सुना था। मैंने जवाब दिया—"बेहतर है कि तुम सभी सिक्खों से बचकर रहो, तुम्हारी बीवी बहुत सुन्दर है।"

दिन के समय में मेरा कॉलेज नहीं होता था। मैं अक्सर एक कप कॉफी पीने के लिए कैफे चला जाता, क्योंकि वहाँ 'डगमर' वेट्रेस का काम करती थी। जैक नेशनल बैंक ऑफ इंडिया के लन्दन ब्रांच में लिपिक की नौकरी करता था। उसके घर को दो कमाई की जरूरत थी। डगमर अंग्रेजी कम ही बोल पाती थी। मेरा अनुमान था कि डगमर की सुन्दरता के अलावा जैक ने उससे शादी, उससे उन भाषाओं—एस्टोनियाई, रूसी, जर्मन, जो कि वह बोलती थी, को सीखने के लिए रचाई होगी। वह कोई भी चीज बहुत जल्दी सीख लेता था। द्वितीय विश्वयुद्ध छिड़ने तक उसका, उन भाषाओं पर पूरा अधिकार हो गया था।

1943 में, रायल एयर फोर्स ने उसे अपने कर्मचारियों में भर्ती कर लिया ताकि वे इस बात का पता लगा सकें कि ब्रिटेन पर हमला करते समय जर्मन लुफ्तवाफे के पायलट आपस में आखिर क्या बातें करते हैं। अधिकारियों को यह जल्द ही पता चल गया कि वह जर्मन जैसा रूसी में भी अधिकार रखता है, इसलिए उसे एक नए विभाग में जहाँ कि ब्रिटिश एयर फाइटरों से निबटने के लिए सोवियत पायलट प्रशिक्षण का कार्य चलता था, वहाँ सम्पर्क अधिकारी के रूप में नियुक्त कर दिया गया। उसे सोवियत मन्त्री व्याशेलॉव मोलोतोव और सोवियत राजदूत इवान मायस्की के साथ तत्काल भाषान्तरकार बना दिया गया। फिर विदेश सेवा में उसकी सहायता प्राप्त करने के लिए बतौर द्वितीय सचिव उसकी नियुक्ति मास्को के ब्रिटिश राजदूतावास में हुई। जोसेफ स्टॉलिन से उसकी मुलाकात वहीं हुई थी। एक अल्पज्ञ, क्रूर तानाशाह के रूप में स्तालिन की छवि के ठीक उलट जैक ने उन्हें सहृदयी, तीव्र स्मृतिवाले एक पितातुल्य व्यक्ति के रूप में पाया। उसके अंग्रेज सहयोगीगण ने बनतू के रूप में उसको देखकर एक बार उसका कद छोटा करने के लिए उसे प्रोकोफिव की एक पियानो-रचना को दूतावास के स्वागत समारोह में बजाने के लिए कहा। इस बात से पूरी तरह बेखबर कि उसका संगीतकार ठीक उसके पीछे ही खड़ा है, उसने अपना ताम-झाम दिखाते हुए उनके कहे अनुसार बजाया।

गम्भीर रूप से क्षयरोग से ग्रस्त अपनी पत्नी के पास वेल्विन गार्डन सिटी वापस लौटने के लिए जैक ने 1947 में मास्को की नौकरी से त्यागपत्र दे दिया। सन् 1947 में वह चल बसी। वह अपने पीछे एक बेटा छोड़ गई थी।

युद्ध के दिनों में मुझे जैक पील का कोई अता-पता नहीं चल पाया। पर यह मसला भी जल्दी ही हल हो गया। मुझे इंडिया हाउस, लन्दन में एक नौकरी मिल गई और मेरा उससे पुनः सम्पर्क बन गया। उस समय तक मेरी शादी हो गई थी और दो बच्चे भी हो गए थे। जैक विधुर था। वह इम्पीरियल रासायनिक उद्योग में वरिष्ठ पद पर कार्यरत था और विविध भाषाओं पर अच्छा वर्चस्व होने के कारण उसे कम्पनी के पूर्वी यूरोप के व्यापारिक क्रिया-कलापों की देख-रेख का काम मिल गया था। मोटे तौर पर, मैं उसी की वजह से परिवार सहित वेल्विन गार्डन सिटी में रहने आ गया था। हम प्रायः रोज मिला करते थे। अब टेनिस की बजाय हम दोपहर के भोजन के समय 'स्क्वैश' खेला करते और फिर उसके बाद निकट के एक मदिरालय में जाकर बड़े-बड़े प्यालों में भरकर बियर पीते, सैंडविच खाते। पहले की तरह ही हम अक्सर एक ही ट्रेन में वेल्विन गार्डन सिटी से किंग्स क्रॉस तक का सफर करते और फिर वापस घर आते।

सन् 1951 में मैंने अपनी वह नौकरी छोड़ दी और वापस हिन्दुस्तान आ गया।

हम एक-दूसरे के साथ पत्र-व्यवहार करते रहे। उसी साल जैक ने एक आस्ट्रियाई लड़की 'एरिका फिशा' से शादी कर ली, जिससे उसे दो और बेटे हुए। एक बार जाड़े के मौसम में वे दिल्ली आए थे और हमारे साथ ठहरे थे। बाद में उसके घुटने में गठिया रोग हो गया और वह लँगड़ाकर चलने लगा। मेरे पिताजी और बाद में माताजी के बीमार पड़ने पर जब दवाइयाँ मुझे हिन्दुस्तान में नहीं मिलती थीं, तो उसके लिए मैं जैक को कहता था। वह बिना डॉक्टर की पर्ची के जो कि वहाँ आवश्यक मानी जाती है, मुझे वहाँ से दवाइयाँ भिजवा दिया करता। लेखन संसार में मेरे कृत उद्यमों के बारे में वह पूरी जानकारी रखता था। वह मेरी किताबें खरीदता और उनके बारे में मुझे लिखकर भेजता। विभिन्न भाषाओं और शास्त्रीय संगीत के अलावा स्कारबोरो (यॉर्कशायर) में अपने स्कूली दिनों से ही उसकी रुचि साहित्य में बनी रही। सिटवेल परिवार एडिथ, आस्बर्ट और सेकेवेरल पारिवारिक मित्र थे।

पिछले कुछ वर्षों से जैक के बदले उसकी पत्नी एरिका मेरे पत्रों का जवाब भेजती। सन् 2002 में जब मेरी पत्नी चल बसी तो एरिका ने मुझे पत्र लिखा,

जैक ने उसके अन्त में कुछ पंक्तियाँ जोड़ी थीं। मैं बमुश्किल ही उनका अर्थ समझ पाया।

एरिका की आखिरी चिट्ठी, जैक के तेजी से गिरते स्वास्थ्य के बारे में थी। वह अब बिस्तर पर ही पड़ा रहता था। उसने अपनी पत्नी की उस चिट्ठी में तीन शब्द जोड़े थे "तुम कैसे हो ?" इसका अर्थ समझने में मुझे ज़रा वक्त लग गया।

मंजूर कादिर : अनुकरणीय व्यक्तित्व

मेरा सबसे करीबी दोस्त कई सालों से मृत्यु-शय्या पर पड़ा रहा, मैं उसे देखने नहीं जा सका। उसकी पत्नी और बच्चे केवल डेढ़ घंटे की हवाई-यात्रा की दूरी पर थे। फिर भी मैं उसे देखने नहीं जा सका। न ही मैं उसे फोन कर सका और न ख़त ही लिख सका और जब उसकी मौत हुई तो भी मैं उन्हें ढाँढ़स बँधाने नहीं पहुँच पाया। वे पाकिस्तानी थे और मैं हिन्दुस्तानी। भला कैसे पड़ोसी हैं हम ? हमें खुद को सभ्य कहलाने का आखिर क्या हक है ?

सुबह के अखबार में वह खबर मेरी नजरों से चूक गई थी। जब मेरे किसी दोस्त ने मुझे फोन कर यह बताया कि "तुम्हारा पुराना दोस्त चल बसा" तो यह सुनते ही यकायक मानो मेरी नसों में दौड़ता खून जम-सा गया। मैंने झट रद्दी की टोकरी से अखबार निकाला और लिखित में उन स्याह अक्षरों को पढ़ता चला गया। मंजूर कादिर की मृत्यु हो गई थी। जब वह लन्दन में मौत के मुँह की ओर बढ़ रहा था, उस समय मैं बम्बई में शराब पी रहा था और विविध भारती सुन रहा था। और जब लाहौर में उसे कब्र में चैन की नींद सुलाया जा रहा था, तो मैं कोलाबा में मायूसी में हाथ मल रहा था। वह पाकिस्तानी था और मैं हिन्दुस्तानी।

माना जाता है कि जब कोई व्यक्ति मौत के मुँह की ओर बढ़ रहा होता है, तो उसके मन की आँखों के सामने जीवन की तमाम घटनाएँ एकबारगी कौंधती चली जाती हैं। यकीनन मंजूर कादिर के उस समय की सोच में कुछ कीमती क्षण मैंने भी लिए होंगे क्योंकि कादिर मुझे अपना सबसे करीबी दोस्त मानता था। मैंने पूरी-की-पूरी रात यही सोचते हुए बिता डाली कि हम कैसे एक-दूसरे से मिले थे और आखिर क्यों मैं उसकी ओर खिंचता चला गया था। आज से तीस साल पहले की हमारी पहली मुलाकात में हमने मृत्यु के बारे में ही चर्चा की थी। उसकी पत्नी 'असगरी' के भाई ने अपने पिता फ़ज़्ल-ए-हुसैन को अपने आखिरी ख़त में जो लिखा था, मैंने उन्हीं पंक्तियों को उद्धृत किया था—

मैं मोमबत्ती की लौ में काम कर रहा हूँ,
वह सहसा काँप उठी, और बुझ गई।

मंजूर कादिर परस्पर विरोधाभासोंवाला व्यक्ति था। छात्र के रूप में वह होनहार नहीं था, पर पाकिस्तान का सबसे बढ़िया वकील बना। कानून की किताबों के बाद उसकी पसन्दीदा पढ़ने की चीज थी–ओल्ड टेस्टामन और कुरआन, पर इसके बावजूद वह अन्त-अन्त तक एक नास्तिक ही रहा। वह एक असाधारण शायर था और उसने कुछ ऐसी शायरी भी कि जो आज भी उर्दू भाषा के मसखरेपन और कामुकता से भरी शायरी के रूप में जानी जाती हैं। वहीं दूसरी ओर वह बेहद रूढ़िवादी था, वाणी और आचरण में निहायत पाक। हालाँकि वह जन्म से पंजाबी था, पर वह इसे कभी-कभार ही बोलता था। वह हिन्दुस्तानी में बात करना ज्यादा पसन्द करता, जिसे वह बेहद भव्य तरीके से बोलता। वह लोगों को अपने शब्दों के मायाजाल में उलझाए रखता पर कभी भी उबाऊ नहीं था। वह शुद्धतावादी था, जो अंगूर के शैम्पेन के समान बुलबुलाता रहता।

उसके चरित्र की प्रमुख विशेषता थी उसकी दयालुता–वह कभी किसी से कोई कठोर वचन नहीं बोलता कि किसी को कोई कष्ट पहुँचे। और उसमें ईमानदारी तो, यकीन से भी कहीं बढ़कर थी। वह महीने में 50,000/- से ज्यादा कमा लिया करता। अधिक आयकर जमा करने की वजह से आयकर विभागवाले उसकी निरन्तर वापसी में लगे रहते। पैसों को वह ज्यादा तरज़ीह नहीं देता था। बोलचाल में अक्सर कहा जाता कि "भगवान बेशक झूठ बोल दें, पर मंजूर कादिर नहीं।" यद्यपि वह नास्तिक था पर उसमें अच्छाइयाँ बखूबी भरी थीं, साधु-सन्तों की उन पर पकड़ से भी कहीं ज्यादा।

अपने यार-दोस्तों के बीच उसे जितना सम्मान, जितनी प्रशंसाएँ मिलीं, उसका कोई जोड़ नहीं था। देश के बँटवारे के कुछ सालों बाद हम कुछ दोस्त लोग आपस में बैठे जी.डी. खोसला की पुस्तक 'स्टर्न रेकनिंग' की चर्चा कर रहे थे। यह किताब, जैसा कि उसका शीर्षक ही बयाँ कर रहा है, विभाजन के परिदृश्य में पूर्वी पंजाब में हुए मार-काट को एक स्वाभाविक प्रतिशोध कहकर उसे सही ठहरा रहा था। हम लोग खोसला के इस हिमायती दृष्टिकोण पर चर्चा पर रहे थे। वे और उनकी पत्नी इसके पक्ष में बहस कर रहे थे। तभी वहाँ एक दोस्त ने खोसला से पूछा–'क्या आप इस किताब की एक प्रति मंजूर को भेंट करना चाहेंगे ? खोसला पल भर के लिए सोच में पड़ गए और फिर जवाब दिया–"नहीं, नहीं, उसको नहीं।" बहस को बस यहीं विराम लग गया। हम अपने कार्यों के सही-गलत का निर्णय इस आधार पर करते कि इस पर मंजूर कादिर की क्या प्रतिक्रिया होगी। वह हमारी नैतिक मान्यताओं की एक इंसानी कसौटी था।

मंजूर कादिर को राजनीति में कोई दिलचस्पी नहीं थी और वह शायद ही

कभी अखबार पढ़ने की जहमत भी उठाता। वैश्विक मामलों के बारे में उसकी जानकारी अत्यन्त दयनीय थी। एक बार लन्दन में क्या हुआ कि हम डॉ. सनयातसेन की एक समाचार-फिल्म देख रहे थे, तभी वह मुझसे पूछ बैठा कि यह सनयातसेन कौन था ? जब मैं उसकी इस अज्ञानता पर आश्चर्य व्यक्त करने लगा तो वह तुनककर बोल पड़ा—"होगा, साला कोई बंगाली डॉक्टर।" बाद में शाम को जब यह बात मैंने उसकी बेटी 'सिरीन' को बताई, तो वह अपने पिता को डाँटने लगी थी। उसने मुझसे यह कसम खिलवाई कि यह बात मैं अब आगे किसी और को नहीं बताऊँगा। मैंने तब तक वैसा ही किया जब तक कि अखबार में मैंने यह नहीं पढ़ा कि राष्ट्रपति अयूब खान ने उसे पाकिस्तान का विदेश मन्त्री बना दिया है। मैंने उसे बधाई तार कुछ यूँ भेजा : 'बंगाली डॉ. सनयात सेन की ओर से ढेरों शुभकामनाएँ।'

जब वह विदेश मन्त्री था, तो मैंने उसके साथ कुछ दिनों की अपनी छुट्टी बिताई थी। मैं अपने ही घर में बतौर अतिथि टिका था। (अगस्त 1947 में जब मैंने लाहौर छोड़ा था, तो यह घर मैं उसे सुपुर्द कर गया था। उसने न केवल मेरे सिक्ख नौकर की जान बचाकर रात में उसे जान पर खेलकर भारतीय सीमा तक पहुँचाया, बल्कि मेरे पुस्तकालय की तमाम किताबें, फर्नीचर और यहाँ तक कि शराब की अलमारी में रखी बोतलों में बची-खुची शराब तक को मुझे वापस भिजवा दिया था।) उसने मुझे बताया कि वह कैसे विदेश मन्त्री बना था। हुआ यूँ था कि किसी बैठक में उसने अयूब खान की तानाशाही की आलोचना कर दी। ठीक उसी दिन शाम को सेना की एक जीप उसे लेने उसके घर पहुँच गई। यह सोचकर कि उसे गिरफ्तार कर लिया गया है, वह अपने परिवार को अलविदा कह चल पड़ा। उसे सीधे राष्ट्रपति निवास ले जाया गया। अयूब खान ने उससे कहा—"यह ठीक नहीं है कि तुम मेरी या फिर मेरी सरकार की आलोचना करो, तब तक, जब तक कि तुम जो कह रहे हो उसकी जिम्मेदारी स्वीकार नहीं करते।" मंजूर कादिर अपने घर विदेश मन्त्री बनकर लौटा।

अपने चरित्र के अनुसार मंजूर ने कोई पद पाने के लिए न तो किसी से अपनी कोई सिफारिश करवाई और न ही सत्ता में आने के लिए अपनी ओर से तनिक भी उत्सुकता दिखाई। न तो उसने किसी चीज के लिए कोई कोशिश की और न ही उसे किसी चीज की चाहत ही थी। उसने अपने आपको सहज ही धूर्त नेताओं का शिकार बन जाने दिया। विदेश मन्त्री के रूप में चार साल के बाद—जिस बीच उसने हिन्दुस्तान के साथ अपने देश के सम्बन्ध सुधारने के तीव्र प्रयास किए थे, उसने बिना किसी दुख-पछतावे के यह पद छोड़ दिया। उसे

जबर्दस्ती मुख्य-न्यायाधीश बनाया गया। और जब उसने उस पद को भी झटक देने की सोची तो सरकार की ओर से उसे सूचना-सार का काम देखने के लिए समझाया-बुझाया गया। वह बतौर सरकारी सलाहकार सभी महत्त्वपूर्ण षड्यन्त्रों में शामिल रहा और अन्तर्राष्ट्रीय ट्रिब्यूनल के सामने अपने देश का प्रतिनिधित्व भी किया। पाकिस्तान का कोई भी शासक चाहे वे इस्कन्दर मिर्जा हों या अयूब खान, याह्या खान या फिर जुल्फिकार अली भुट्टो, मंजूर कादिर के बिना अपना काम नहीं चला सके।

पिछले साल मैंने उसके साथ मुरी के पास नथियागली में एक दिन बिताया। वह फिल्बाटिस (नसों में सूजन) रोग से पीड़ित था। पर पुराने दिनों का खयाल रखते हुए वह इस्लामाबाद से मुझे लेने आया और अगली सुबह वापस फिर पहुँचाने भी गया। उसके मन में मैंने अपने लिए स्नेह और आदर देखा जो कि उसे जनरल टिक्का खान से लेकर बाजार के एक साधारण व्यापारी यानी हर तबके के लोग से प्राप्त था। उसका हाथ मिलाने और सलाम अलैकुम का लगातार का सिलसिला बना रहता था।

धर्म के विविध प्रपंचों के पचड़े में तनिक भी पड़े बिना वह अपनी बीमारी के दर्द को अविश्वसनीय साहस से सहता रहा। वह जानता था कि उसका अन्त अब समीप आ गया है, फिर भी वह मौत से निर्भीक रहा। उर्दू का एक शेर, जिसका वह अक्सर जिक्र करता, वह तो मुझे अब याद नहीं है पर उसका भाव कुछ बेसले की इन पंक्तियों के जैसा ही था–

यदि मैं मरूँ तो मेरा सामना दुल्हन रूप में अन्धियारी से हो और मैं
उसे अपने आलिंगन में भर लूँ
जब बुलाया जाऊँ तुम्हारी शाश्वत निद्रा में ओह ! सिसकियों के
बीच, यूँ तुम मुस्कुराना।

हमारी इस विदाई के अवसर पर मेरी आँखों में तो आँसू थे पर उसकी आँखों में नहीं।

एक अंग्रेज दोस्त, लन्दन के एक अस्पताल में भर्ती उसके गिरते स्वास्थ्य के बारे में मुझे हमेशा सूचित करता रहता। जब उसका अन्त आया तो स्पष्टतः वह भी उसके साथ नहीं थी। मंजूर कादिर जैसे व्यक्ति की श्रद्धांजलि केवल और केवल आँसुओं से ही लिखी जा सकती है, जो कागज पर अपनी कोई छाप नहीं छोड़ती। वह हमेशा एक आदर का पात्र बना रहेगा और लोग उसके वियोग में शोक मनाते रहेंगे। रॉबर्ट ब्राउनिंग की ये पंक्तियाँ उस जैसे लोगों के लिए ही हैं–

हमने उसे बेहद प्यार किया, बातों को माना, सम्मान दिया उसको
जिया उसके शान्त और रोबीले जीवन-काल में
सीखी उसकी महान भाषा, अभ्यास किया उसके स्फुट उच्चारणों का
और उसे बनाया प्यार करने और मरने का सलीका।

12 अक्टूबर, 1974 को मंजूर कादिर की मौत हो गई।

कुछ सालों बाद, मैं लाहौर गया और मंजूर की पत्नी असगरी, पुत्र बशारत और उसकी पत्नी बाम्बी के अतिथि के रूप में उसी घर में ठहरा, जो कभी मेरा हुआ करता था। मुझे सबसे पहले अपने दोस्त की कब्र पर जाना था। अगली सुबह बशारत और मंजूर के कभी सहयोगी रह चुके लोगों के साथ मैं लाहौर के मुसलमानों के सबसे बड़े कब्रगाह में पहुँचा। चूँकि वहाँ बिना किसी नाम-पट्टी के हजारों की तादाद में कब्रें थीं, सो हमें उसकी कब्र खोजने में थोड़ी-सी दिक्कत हुई। अन्त में, वहाँ का एक़ चौकीदार हमें कब्रों के उस समूह के पास ले गया जहाँ मंजूर के माता-पिता सर अब्दुल और श्रीमती कादिर, मंजूर के चाचा एम. सलीम—जो बारह वर्षों से भी कहीं ज्यादा समय तक भारत के सर्वश्रेष्ठ टेनिस खिलाड़ी रहे, और मंजूर चिरनिद्रा में सोए हुए थे। अपने पिता की कब्र के ऊपर लगे पत्थर पर बशारत ने अल्लामा इक़बाल की ये पंक्तियाँ खुदवाई थीं—

मैं तो जलती हूँ कि मुज़मिर मेरी फितरत में सोज़े।
तू फिरोज़ान है कह परवानों से हो सेदा तेरा।

(मैं तो इसलिए जलता हूँ कि यह तो मेरी फितरत में है। परवाने बरबस आपकी ओर खिंच रहे हैं, क्योंकि आप सरगरमी से जल रहे हैं।)

भीष्म साहनी से मेरा परिचय

वह मुझसे ठीक सात दिन का बड़ा था। हालाँकि गवर्नमेंट कॉलेज (लाहौर) में हम एक ही कक्षा में थे और एक ही हॉस्टल में रहा करते थे, पर मुझे उसके वजूद के बारे में कोई जानकारी नहीं थी। हर कोई उसके सुन्दर से बड़े भाई को जरूर जानते थे, जो आगे चलकर फिल्म अभिनेता बने। पर भीष्म के प्रशंसकों में कोई नहीं था। वह उन मुट्ठी भर छात्रों में था, जो वहाँ हिन्दी पढ़ा करते थे। हम उर्दूवाले हिन्दीवालों को हेय दृष्टि से देखते और उन्हें 'किन्तु-परन्तु' कहते थे। जब हम कॉलेज से निकल गए, तब भी शायद ही कभी मैंने भीष्म का नाम सुना हो। वे बलराज थे, जिनके नाम की चर्चा हम अक्सर किया करते। दोनों ही भाइयों में दो चीजों की समानता थी, दोनों ही पूरी तरह से साम्प्रदायिक पूर्वाग्रहों से मुक्त थे और गहरे वामपन्थी रुझानवाले थे।

चूँकि मैं हिन्दी पढ़ नहीं सकता था, इसलिए भीष्म को जब तक कि साहित्य अकादेमी पुरस्कार नहीं मिला, तब तक मुझे नहीं पता था कि वह हिन्दी का कैसा लेखक है ? मैंने 'तमस' के कुछ अंश पर्दे पर देखे थे और तब मुझे अचानक अहसास हुआ कि मैंने इसके लेखन से अपरिचित रहकर कुछ खोया है, क्योंकि ऐसा, मैं कर सकता था। और फिर जब उसने मिस्टर एंड मिसिज अय्यर में एक भूमिका निभाई तो वह बेशक अभिनय में अपने भाई से बेहतर न रहा हो पर उसकी जोड़ का तो जरूर था। उसका मात्र एक उपन्यास जिसे मैंने पूरा पढ़ा और फिर उसकी समीक्षा भी लिखी, वह था–'मय्यादास की माड़ी'। मैं पूरी तरह उसका कायल हो गया था। उसने जब मुझे धन्यवाद करने के लिए फोन किया, तो मुझे पता चला कि वह मुझसे बमुश्किल 50 फर्लांग की दूरी पर ही रहता था। वह एक एकान्त प्रेमी, लगभग योगी ही था। उसके बाद मैं उससे एकाध बार मिला। यह एक प्रकार का रहस्योद्घाटन था कि यह आदमी तो ईर्ष्या-भाव से सर्वथा मुक्त था, और अन्य दूसरे लेखकों–जिनके कि पसन्दीदा विषय वे स्वयं ही होते हैं–के विपरीत भीष्म न तो खुद के बारे में और न ही अपनी लेखनी के बारे में ही कभी कोई बात करता।

भीष्म मेरा सहपाठी था। उसकी बेटी कल्पना, मेरी बेटी माला की सहपाठिनी थी और उसका पोता मार्तंड स्कूल में उसी कक्षा में पढ़ता था, जिस कक्षा में मेरी पोती नयना। कल्पना ने मेरे दोस्त जी.डी. खोसला जो पंजाब और हरियाणा उच्च न्यायालय के मुख्य न्यायाधीश थे, और उनकी पत्नी शकुन्तला के सबसे छोटे बेटे वास्तुविद् रोमी खोसला से शादी की थी। इस प्रकार हम दोनों के पारिवारिक सम्बन्ध तीन पुरखे तक मिलते चले गए थे। काश ! यदि मैं भीष्म साहनी को और अच्छे से जानता तो यकीनन आज के मुकाबले वह मुझे कहीं और बेहतर इंसान बना देता।

पालम वायु दुर्घटना–1973

तीन दोस्त एक ही वायु दुर्घटना में मारे गए ! सतीश लुम्बा, जिसे मैं अपने स्कूल के दिनों से जानता था और बाद में लाहौर के कम्यूनिस्ट मजदूर यूनियन के नेता के रूप में जाना, मोहन कुमारमंगलम्, जिससे मेरी मुलाकात 'इनर टेम्पल' में हुई, और जहाँ हमने खूब मदिरा दावतें उड़ाईं और ल्यालपुर में वकीली पेशे में लगे गुरनाम सिंह, जो पंजाबी सूबा आन्दोलन के नेता और विचारक थे व जो बाद में पंजाब के मुख्यमन्त्री भी बने थे। उन लोगों के साथ बिताए गए दिनों को मुझे पहले एक बार याद कर लेने दें।

सतीश और उसके भाई ने दिल्ली के मॉडर्न स्कूल में दाखिला लिया था, वे दोनों देखने में किसी जुड़वे की तरह लगते थे। यहाँ तक कि काफी बाद में भी मैं एक के बदले दूसरे को समझने की गलती कर बैठता। वे यहाँ ज्यादा दिनों तक नहीं रह पाए क्योंकि उनकी विधवा माता जाहिर तौर पर एक खर्चीले, नामी विद्यालय में एक साथ दो बच्चों को पढ़ाने और वहाँ रहने का खर्चा उठा पाने में स्वयं को असमर्थ पा रही थीं।

एक बार फिर हम गवर्नमेंट कॉलेज में एक साथ मिले। सतीश ने विश्वविद्यालय की राजनीति में अपनी कोई दिलचस्पी नहीं दिखाई। पर पाँच साल के बाद जब मैं बैरिस्टरी का अपना एक लम्बा समय काट रहा था और सोवियत संघ का 'सिविल लिबर्टी एंड फ्रेंड्स' की मुहिम चला रहा था, तो उन दिनों सतीश मजदूरों-कामगारों को संगठित करने में जुटा था। उसी के इशारे पर एक बार वी.वी. गिरि, जो उन दिनों रेलवे कर्मचारी यूनियन के अध्यक्ष हुआ करते थे, को मेरे अपार्टमेंट में बन्द कर दिया गया था। इस आदमी के बारे में, जो राष्ट्रपति बननेवाला था, सतीश की आँखें मुझसे तीस साल पहले ही खुल गई थीं।

सच्चाई आन पड़ने पर सतीश, किसी बात को कहने या करने से कभी नहीं चूकता था। बतौर मजदूर यूनियन नेता के रूप में कम्यूनिस्ट पार्टी से अपना सम्बन्ध रखने में सतीश कतराया करता। वह तो बस युद्ध के बाद, जब गांधीजी, पंडित नेहरू, सरदार पटेल और अन्य कांग्रेसी नेतागणों ने जेल से बाहर निकलने

के बाद कम्युनिस्ट पार्टी का एक सहयोगी होने के कारण उसकी खूब भर्त्सना की, और जब सबको यह अहसास हो चला कि अब यह कम्यूनिस्ट पार्टी राष्ट्रीय गुस्से की बाढ़ में दह-बह जाएगी, तो उसने बतौर सदस्य पार्टी से जुड़ने का अपना निर्णय लिया। अधिकांश नेताओं के ठीक उलट सतीश न तो गर्दिश में पड़े लोगों से कभी मुँह मोड़ता था और न ही उदीयमान लोगों से ही अपना किसी प्रकार का कोई सम्बन्ध जोड़ने की कोशिश करता। अब तक मेरा जितने भी लोगों से सम्पर्क हुआ है, सतीश उन सबमें बेहद ईमानदार, कठोर परिश्रमी और स्वतः निर्मित व्यक्ति था।

कुमारमंगलम् से मेरा घुलना-मिलना किसी मदिरा-दावत में हुआ था। चार लड़कों की टोली में शेरी, रेड वाइन और पोर्ट, हरेक को एक-एक बोतल परोसी गई थीं। वे लोग जो शराब नहीं पीते यहाँ खासे लोकप्रिय थे। उस समय मैं शुद्धतावादी हुआ करता था, सो कुमारमंगलम् सरीखे लोगों के बीच, काफी भाव में था। वह मेरा इन्तजार हॉल के ठीक बाहरवाले हिस्से में करता, जहाँ हमें 'काला गाउन' पहनना होता था। "अरे ओ सरदार, तुम अपने इस काले भाई के साथ ही रहना।" वह मेरा अभिवादन करते कहता और फिर मेरा कन्धा पकड़ उस चौकड़ी की ओर बढ़ता, हर चौकड़ी में प्रायः दो नहीं पीनेवाले लोग शामिल थे। इसमें कोई अचरज की बात नहीं थी कि वह अक्सर मौज-मस्ती, हँसी-मजाक तथा बेहद दमदार तरीके से अपनी बात रखनेवाला इंसान था। हम वापस साथ-साथ किंग्स क्रॉस स्टेशन, ट्रेन पकड़ने पहुँचते थे। मैं वेल्विन गार्डन सिटी में रहता था, जो उसके गन्तव्य स्थान कैम्ब्रिज के आधे रास्ते में ही पड़ता था।

जब वह नशे में चूर रहता, जो कि वह अक्सर होता, हमारी बहस भद्दी-अश्लील गालियों की गति-यति के साथ चीखने-चिल्लाने की एक प्रतियोगिता बन जाती। एक वाकया, जो मुझे याद है, वह यूँ कि मैंने एक बार उनमें से दो सज्जनों को आड़े हाथों लिया। मुझे लगा कि उनमें दूसरा रजनी पटेल है। मेरी ऊँची आवाज के सामने वे टिक न सके। तभी अचानक मोहन ने डिब्बे का दरवाजा एक झटके से खोला और रजनी को उकसाते बोला—"इस हरामज़ादे को यहीं चलती ट्रेन से बाहर फेंको।"

मैं कुमारमंगलम् से उसके भारत वापस आने पर न तो कभी मिला ही और न ही कहीं उसे देखा। पर सभी अन्य दूसरे लोगों के समान मैं उसकी गतिविधियों के बारे में अखबार में पढ़ा करता। जब उसने स्वयं को पार्टी के पूर्णकालिक कार्यकर्ता के काम से हटाकर प्रैक्टिस करना शुरू किया तो मुझे पूरा यकीन था कि वह इसमें पिट जाएगा। 'कानून के फायदेमन्द सिद्ध होने में यूँ सालों-साल

लग जाते हैं'—मैंने कहा। अदालती कार्यों में पाँच साल से लगे होने के बावजूद मैं इससे जीवन-यापन का खर्चा नहीं निकाल पाता था। पर थोड़े समय के अन्दर ही कुमारमंगलम् भारी-भरकम प्रैक्टिस करने लगा था। उसने पार्टी छोड़ दी और पहले तो महाधिवक्ता बना फिर भारत का कैबिनेट मन्त्री। पर तब तक उसके जीवन में मेरे या फिर किसी और के जीवन के बनिस्बत कई स्याह चीजें ज्यादा घर कर गई थीं।

गुरनाम सिंह से मेरी मुलाकात मंजूर कादिर के मार्फत हुई थी। दोनों ही ल्यालपुर में अपनी भारी-भरकम प्रैक्टिस चला रहे थे और दोस्तों में अजीज़ थे। जब मंजूर लाहौर जाकर बस गया, तो गुरनाम, हाईकोर्ट के एक केस के लिए उसी के साथ रहा था। अब तक मिले सिक्खों में वह बेहद सुन्दर, सुसंस्कृत और मृदुभाषी व्यक्ति था। वह भी जैसे-तैसे जज की कुर्सी तक पहुँच ही गया। सेवानिवृत्ति के बाद वह पहले से ज्यादा प्रतिष्ठित कार्य में लग गया। पंजाबी सूबा आन्दोलन की नींव में जुड़कर उसने उसे सफलता में बदल दिया। सूबे के लिए तर्कों-तथ्यों और सन्दर्भों की दृष्टि से, इश्तहार के माध्यम से प्रस्तुत वह आज तक का सबसे बढ़िया दस्तावेज था, जिसे स्वयं गुरनाम ने लिखा था।

मेरी उससे आखिरी मुलाकात तब हुई थी, जब वह पटियाला में बतौर मुख्यमन्त्री पी.ई.एन. सम्मेलन के किसी सत्र की अध्यक्षता कर रहा था। वहाँ छात्रों ने एक जुलूस निकाला। जैसे ही कार्रवाई शुरू हुई कि वे जमकर नारे लगाने लगे और कुर्सियाँ उठा-उठाकर फेंकने लगे। पुलिस उनके पीछे डंडे लेकर दौड़ी। मंच पर आसीन हर कोई व्यग्र हो उठा—सबने गुरनाम को बचाया। वह अपने चेहरे पर बिना किसी प्रकार का कोई भाव लाए ज्यों-का-त्यों बैठा रहा, मानो वह इस प्रदर्शन को किसी सिनेमा-पटल पर देख रहा हो। बाद में उसे कहीं से पावस-ऋतु पर कहा गया गुरुनानक का एक दोहा सुनाई पड़ा—

बुलबुले से नीचे आते जल का मधुर संगीत, फुहारें लाते
(मोरों की मधुर आह्लादित आवाज)
बहन री यह सावन है, पावस का मास
प्रिय तुम्हारी आँखें बाँधती मुझे अपने बन्धन में
(ये मेरे अन्दर किसी छुरे की भाँति घुस रहे हैं)
वे हृदय-मन में लालच-तीव्र इच्छा ला रहे हैं
उसके झलक मात्र मिलने से त्याग दूँगी अपना जीवन
उसके नाम से मेरी कला, मेरा हृदय गर्व से भर उठता है
जब तू नहीं मेरे साथ तो भला मैं गर्व करूँ किस पर

औरत, तोड़ दो चूड़ियाँ, बिस्तर के पटरे से
तोड़ दो वे बाँहें, उस बिस्तर की बाँहों को भी
तुम्हारे आभूषण रखते नहीं कोई आकर्षण
जब तुम्हारा प्रिय किसी और की बाँहों में हो।

मुझे नहीं पता कि गुरनाम की आँखें यकायक आँसुओं से क्यों भर उठी थीं, वह अपना समापन भाषण भी खत्म नहीं कर पा रहा था।

गुरनाम, इन्दिरा गांधी और उनकी सरकार का एक प्रखर आलोचक था। उसे उच्च-आयुक्त का पद कैसे दिया गया और उसने इसे कैसे स्वीकार कर लिया, यह एक गूढ़ रहस्य का विषय है।

इन तीनों दोस्तों की एक साथ हुई मौत से मुझे थार्नटन वाइल्डर के उपन्यास 'द ब्रिज ऑफ सेन ल्युइस रे' की याद आ गई। इसमें उन्होंने उन लोगों के जीवन पर अपनी एक कहानी का सृजन किया था जो आपस में अजनबी थे, और उस टूटते हुए पुल पर एक साथ मौजूद थे, जिसने उन सबको मौत के मुँह में ढकेल दिया।

उस बदकिस्मत हवाई जहाज में उन तीनों के एक साथ होने का वह दुःखद संयोग आखिर और आखिर क्यों आन पड़ा था ?

कृपण जिनकिन

भारतीय सिविल सेवा (आई.सी.एस.) के मॉरिस जिनकिन, मंजूर कादिर जो बाद में पाकिस्तान के विदेश मन्त्री और पंजाब के मुख्य न्यायाधीश बने, के अजीज दोस्त थे, की मृत्यु पिछले महीने 87 वर्ष की अवस्था में हो गई। वे कैम्ब्रिज विश्वविद्यालय में साथ-साथ थे।

वे दोनों हर शनिवार फिल्म देखने जाते और फिर रात का खाना भी साथ ही खाते। सिनेमा जाने के लिए ज्यों ही वे बस में चढ़ते कि मॉरिस अपना बटुआ निकालते और कह उठते—"बस भाड़ा मुझे देने दो।" और टिकट खरीदने के लिए कुछ पेनी बाहर निकालते। अब सिनेमा के टिकट खरीदने की बारी मंजूर की थी। फिल्म के बाद मॉरिस एक बार फिर बस का किराया देने पर जोर डालते और तब रात के खाने का बिल मंजूर को अदा करना होता। जब यह ऐसा कई बार हो चुका तो मंजूर थोड़ा चालाक बन गया और अपने दोस्त से बोला—"मॉरिस ! अब आगे से बस का किराया मैं दूँगा और तुम सिनेमा और खाने का बिल भरोगे। उसके बाद से हम मॉरिस का जिक्र 'बस का किराया' कहकर करने लगे थे।"

जिनकिनों के बारे में मैं मॉरिस की हिन्दुस्तान में पहली नियुक्ति के बाद ही जान पाया था। एक साल बाद उन्होंने 'ताया' से शादी कर ली। यह एक पहली नजर में प्यार का मामला न होकर मित्रों और सगे सम्बन्धियों द्वारा तय की गई शादी कहीं ज्यादा थीं। वे एक अंग्रेज यहूदी थे और ताया फ्रांसीसी यहूदिन, पर अंग्रेजी में ताया की गति अच्छी थी।

सन् 1939 में वे मेरी शादी में आए। यहाँ आकर्षण का मुख्य केन्द्र जो रहे, वे थे एम.ए. जिन्ना। ताया ने पहली बार साड़ी पहनने की सोची। सब कुछ तो उसने ठीक-ठाक ही किया, पर ब्रॉ के ऊपर न तो उसने चोली पहन रखी थी और न ही साड़ी के नीचे पेटीकोट। उसकी साड़ी अक्सर नीचे ढलक जाया करती थी। वह लोगों को चीरकर उनके बीच अपना रास्ता बनाते हुए क़ैद-ए-आज़म के सामने आ खड़ी हुई और किंचित भावावेश में बोल उठी—'मि. जिन्ना आज तक मैं जितने भी लोगों से मिली हूँ, उनमें आप सबसे सुन्दर हैं।' अपनी एक आँख के चश्मे

से उन्होंने उसे घूरकर देखा और फिर अपनी पीठ फेर ली। 'मैं अब तक जितने लोगों से मिली हूँ, उनमें ये सबसे अभद्र भी हैं'—उसने बाद में मुझसे कहा था।

जिनकिन-परिवार ने स्वतन्त्रता के बाद भी भारत में ही रहना पसन्द किया। वह मैनचेस्टर गार्डियन (बाद में गार्डियन) के लिए लिखती थी और यदि कोई दूसरा इस अखबार के लिए लिखता तो वह भयंकर रूप से नाराज हो उठती। पति-पत्नी दोनों ने हिन्दुस्तान पर किताबें लिखी हैं। आर्थिक मामलों पर मॉरिस की लिखी किताब जहाँ बेहद बोधगम्य थीं वहीं सामाजिक और राजनीतिक मसलों पर ताया की किताब एकदम फ़िज़ूल।

जब कभी मैं लन्दन में होता तो जिनकिन-परिवार से अवश्य मिलता। उनका सम्बन्ध उन पुराने भारतीय दारमदारों से था जो भारत में रहकर और बाद में इंग्लैंड जाकर बस जाने पर भी इस देश से दोस्ताना सम्बन्ध बनाए हुए थे।

किन्हीं कारणों से उन दोनों ने ही लिखना छोड़ दिया और गुमनामी की जिन्दगी शान से बसर करने लगे।

अपने पति की मृत्यु के कुछ महीनों बाद ही ताया भी चल बसीं।

मैं मॉरिस के भारतीय आर्थिक रोगों के लिए चिंगारी की तरह चमकते नैदानिक विश्लेषणों और ताया की भारतीय नेताओं के प्रति की गई भद्दी टिप्पणियों की हमेशा ही कमी महसूस करता रहूँगा।

दादी माँ—कुलांगना की एक साक्षात् मूर्ति

हर किसी की दादी माँ के समान ही मेरी दादी माँ भी अत्यन्त वृद्ध महिला थी। बीस वर्षों तक, जब तक कि मैंने उन्हें देखा वह बूढ़ी और झुर्रियोंवाली थी। उनके बारे में लोग कहते हैं कि वह भी कभी जवान और सुन्दर थी। यहाँ तक कि उनके एक पति भी थे, पर इस पर यकीन करना जरा मुश्किल था। मेरे दादा जी का एक बड़ा-सा चित्र बैठकखाने में आतिशखाने के ऊपर लटक रहा था। उन्होंने उसमें बड़ी-सी पगड़ी और ढीले-ढाले कपड़े पहन रखे थे। उनके सीने का सबसे आकर्षक भाग उनकी लटकती हुई सफेद दाढ़ी ने ढँक दिया था और वे कम-से-कम सौ साल के बूढ़े तो जरूर लग रहे थे। उनको देखकर ऐसा तो नहीं लगता था कि वे उस प्रकार के व्यक्ति हों, जिसकी कभी कोई पत्नी या बच्चे रहे हों। वे देखने में तो ऐसे ही लग रहे थे मानो उनके ढेरों-ढेर पोते और सिर्फ पोते ही हों। मेरी दादी माँ कभी जवान और सुन्दर रही होंगी यह सोचना ही एक प्रकार की अरुचि पैदा करनेवाला था। वे अक्सर हमें उन खेलों के बारे में बताया करती थीं जो कभी बचपन में वे स्वयं खेला करती थीं। उनकी ये बातें हमें बेहद वाहियात और गरिमा के विपरीत लगती थीं। हम उनकी सुनाई बातों को किन्हीं मसीहाई कहानियों की तरह लेते।

वह छोटे कद-काठी की, मोटी और तनिक आगे की ओर झुकी हुई थीं। उनके चेहरे पर झुर्रियों की आड़ी-तिरछी रेखाएँ एक कोने से दूसरे कोने तक—सब जगह थीं। नहीं, हमें यकीन था कि वे हमेशा वैसी ही रही होंगी जैसा कि हम उन्हें देखते रहे थे। बूढ़ी और खूब बूढ़ी कि इससे ज्यादा कोई बूढ़ा हो ही न सके और बीस वर्षों से वह इसी उम्र की रही होंगी। वह कभी खूबसूरत नहीं रही होंगी पर हमेशा सुन्दर थीं। अपने निहुराव को सन्तुलित करने के क्रम में अपना एक हाथ कमर पर रखकर दूसरे हाथ में माला के मनके फिराती धप-धप श्वेत वस्त्र में लँगड़ाते हुए पूरे घर में वह इधर-से-उधर करती। पीले-सिलवटों वाले चेहरे पर उनके सफेद बाल छितराए रहते और होंठ बुदबुदाते हुए प्रार्थना करते रहते, जिसे शायद ही कोई और सुन सके। हाँ, यकीनन वह सुन्दर थीं। वह पहाड़ों में शरद

ऋतु के समय की सुहावनी झाँकी थीं, प्रशान्ति और सन्तुष्टि की साँस लेती विशुद्ध श्वेत गाम्भीर्य का फैलाव थीं।

मेरी अपनी दादी माँ से खूब छनती थी। मेरे माता-पिता जब शहर में रहने के लिए गए तो वे मुझे उसके साथ छोड़ गए थे। और उसके बाद हम हमेशा साथ ही रहे। वह मुझे सुबह-सुबह उठा देती थीं और स्कूल के लिए तैयार करतीं। वह मुझे नहला-धुलाकर कपड़े पहनाते समय अपना प्रातःकालीन भजन रोज एक जैसे स्वर में ही गातीं, इस उम्मीद से कि कभी मैं भी इसे गाऊँगा और इसे पूरी तरह हृदयंगम कर लूँगा। मैं उसके इस भजन को इसलिए सुनता था कि मुझे उसकी आवाज बेहद अच्छी लगती थी। मैंने उन भजनों को कभी याद करने की कोशिश नहीं की। फिर वह मेरी तख़्ती, जिसे वह पहले ही धोकर पीली खल्ली से उसकी पुताई कर चुकी होती, के साथ मिट्टी की दवात और सरकंडे की कलम कपड़े में एक साथ लपेटकर मुझे पकड़ा देती। मोटी-सी बासी रोटी, जिस पर जरा-सा मक्खन का योग और चीनी फैली रहती थी, का नाश्ता कर हम स्कूल जाते। गाँव के कुत्तों को खिलाने के लिए वह अपने साथ कुछ बासी रोटियाँ ले लेतीं।

मेरी दादी माँ, मेरे साथ स्कूल इसलिए जाती थीं, क्योंकि वह स्कूल मन्दिर का ही एक भाग था। पुजारी जी हमें वर्णमाला और प्रातःकालीन भजन सिखाते। जब हम सभी बच्चे बरामदे पर एक-दूसरे के आमने-सामने कतारबद्ध बैठकर वर्णमाला या फिर समवेत स्वर में भजन गा रहे होते तो दादी माँ मन्दिर के अन्दर बैठी धर्मग्रन्थ का पाठ कर रही होती थीं। जब हम दोनों के काम समाप्त हो जाते तो हम साथ-साथ पैदल घर वापस आते। अबकी गाँव के कुत्ते हमें मन्दिर के द्वार पर ही मिल जाते। वे हमारे पीछे-पीछे रोटियाँ, जो हम उनकी ओर फेंकते, के लिए आपस में गुर्राते, लड़ते-झगड़ते, घर तक आते।

जब मेरे माता-पिता शहर में भली-भाँति बस गए, तो उन्होंने हमें शहर बुला लिया। यह हमारी आपस की दोस्ती के प्रति एक महत्त्वपूर्ण बदलाव सिद्ध हुआ। हालाँकि मैं और मेरी दादी माँ यहाँ शहर में, एक ही कमरे में रहते, पर अब वह मेरे साथ कभी स्कूल नहीं जाती। मैं अब एक अंग्रेजी स्कूल में मोटर बस से जाने लगा था। यहाँ गली में एक भी कुत्ता नहीं था। और वह अब हमारे शहर के घर के आँगन में छोटी-छोटी गौरैयाओं को खिलाया करतीं।

ज्यों-ज्यों समय का पहिया घूमता गया, हम एक-दूसरे को कम ही देख पाते। कुछ समय तक तो वह पहले की तरह ही मुझे स्कूल जाने के लिए उठातीं और तैयार करती रहीं। जब मैं वापस आता तो वह मुझसे पूछती कि आज

अध्यापक ने क्या पढ़ाया ? मैं उन्हें अंग्रेजी के कतिपय शब्द और बाद में ज्ञान-विज्ञान की थोड़ी-मोड़ी चीजें मसलन—गुरुत्वाकर्षण का नियम, आर्कमिडीज का सिद्धान्त, दुनिया का गोल होना वगैरह-वगैरह के बारे में बताता। इससे वह नाखुश हो जातीं। वह मेरे इन पाठों में मेरी कोई सहायता नहीं कर सकती थीं। वह अंग्रेजी स्कूल की इस पढ़ाई में भरोसा नहीं करतीं और इस बात से बेहद दुःखी थीं कि यहाँ न तो ईश्वर या फिर धर्मग्रन्थों के बारे में ही पढ़ाया जाता। एक दिन मैंने यह घोषणा की कि हमें संगीत पढ़ाया जाना है। वह एकदम अशान्त हो गई थीं। उसके हिसाब से संगीत का सम्बन्ध लम्पटता-निकृष्टता से है। यह तो मात्र वेश्याओं और भिखारियों के लिए है, भद्र-कुलीन लोगों के लिए तो कदापि नहीं। इसके बाद विरले ही कभी उसने मुझसे बातें की हों।

जब मैं विश्वविद्यालय जाने लगा, तो मुझे अपना एक अलग कमरा दिया गया। इससे दोस्ती का वह उभयनिष्ठ सूत्र टूट गया। मेरी दादी माँ ने अपना एकान्तवास चुपचाप स्वीकार कर लिया। सुबह से शाम तक निरन्तर चरखा कातते रहने से उसे किसी से बातें करने की भला फुर्सत कहाँ ? सूर्योदय से सूर्यास्त तक वह चरखे के साथ ही बैठी रहतीं और भजन गाती रहतीं। केवल दोपहर में गौरैयाओं को खिलाने के लिए वह पल भर के लिए रुकतीं। वह बारामदे पर बैठकर रोटी को छोटे महीन टुकड़ों में तोड़ती जातीं, छोटी-छोटी चिड़ियाएँ उनके इर्द-गिर्द जमा हो जातीं और चूँ-चूँ की अपनी आवाज से पूरे वातावरण में वस्तुतः कोलाहल ला देतीं। कई चिड़ियाएँ आतीं और उनकी टाँगों पर बैठ जातीं और कई उनके कन्धे पर। कुछ तो कई बार उनके सिर पर भी बैठ जातीं। वह मुस्कुराती रहतीं पर कभी भी वह उन्हें छूऽऽऽ कहकर नहीं भगातीं। उनके लिए दिन का पूर्वाह्न, सबसे खुशीवाला भाग हुआ करता था।

आगे की पढ़ाई के लिए जब मैंने विदेश जाने का फैसला किया, तो मुझे पूरा यकीन था कि यह सुनकर मेरी दादी उखड़ जाएँगीं। मैं पाँच साल के लिए दूर रहूँगा, और इस उम्र में, कुछ कहा नहीं जा सकता। पर मेरी दादी कह सकती थीं। यहाँ तक कि वह एकदम भी भावुक नहीं हुईं। वह मुझे रेलवे स्टेशन तक छोड़ने आईं, पर न ही उन्होंने मुझसे किसी प्रकार की कोई बात की और न ही कोई भावुकता ही दिखाई। बस उनके होंठ प्रार्थना करते हुए हिल रहे थे, हृदय प्रार्थना में मग्न था। उसके हाथों की उँगुलियाँ मनका फेरने में व्यस्त थीं। निःशब्द, उन्होंने मेरा सिर चूमा, और जब मैं उनसे अलग हुआ, तो हम दोनों के बीच शारीरिक स्पर्श की नम छाप, कहीं यही अन्तिम स्मृति न बन जाए, सो मैंने इसे अपने मन में सँजो लिया।

पर ऐसा कुछ नहीं घटा। पाँच साल बाद जब मैं फिर घर वापस आया, तो वह मुझे स्टेशन पर मिलीं। वह तब भी, एक दिन भी ज्यादा बूढ़ी नहीं लग रही थीं। इस बार भी उन्हें मुँह से कुछ बोलने की भला फुर्सत कहाँ ? उन्होंने जब मुझे अपनी बाँहों में कसकर भरा तो उनकी प्रार्थना की बुदबुदाती आवाज सहज ही मेरे कानों में पड़ी। यहाँ तक कि मैं जिस दिन आया, उस दिन भी वह अपना सबसे पसन्दीदा काम—उसी प्रकार निश्छल झिड़की देते उन गौरैयाओं को और दिनों की अपेक्षा कुछ ज्यादा ही समय तक खिलाती रहीं।

शाम को उसमें एक बदलाव आया। उसने पूजा-अर्चना नहीं की। आस-पड़ोस की औरतों को इकट्ठा किया और एक पुराना-सा ढोल लेकर गाने लगीं। कई घंटों तक वह खस्ताहाल ढोल के सिकुड़े चमड़े पर अपने हाथ नचाती रहीं और योद्धाओं के गृह-आगमन के समय गाया जानेवाला स्वागत-गीत गाती रहीं। वह कहीं ज्यादा थक न जाए, इस खातिर हम लोगों ने इसे बन्द करने के लिए उसे समझाया-बुझाया। जबसे मैंने उसे देखा है, तब से यह एक अकेला मौका था कि उन्होंने उस दिन कोई पूजा नहीं की थी।

अगले दिन सुबह ही वह बीमार पड़ गईं। उन्हें हल्का-सा बुखार चढ़ गया था। डॉक्टर ने कहा कि यह जल्दी ही ठीक हो जाएगा। पर मेरी दादी माँ तो कुछ अलग ही सोच रही थीं। मुझसे उन्होंने कहा कि उनका अन्त नजदीक आ गया है। उन्होंने कहा कि अपनी जिन्दगी का आखिरी अध्याय बन्द होने से चन्द घंटे पहले उसने पूजा नहीं की है, सो वह अब अपना और समय हमसे बातें करने में नहीं गँवाएँगी।

हमने एतराज़ जताया। पर उन्होंने हमारे इस एतराज़ को नजरअन्दाज़ कर दिया। वह बिस्तर पर शान्त लेटकर प्रार्थना करने और मनके फेरने लगीं। इससे पहले कि हमें किसी प्रकार का कोई शक हो, उनके हिलते होंठ रुक गए और माला उनकी बेजान उँगुलियों से फिसलकर नीचे आ गिरी। उसके चेहरे पर एक शान्त पीलापन-सा पसर गया था और हम समझ गए कि वह हमसे विदा ले चुकी हैं।

वह गर्मी का महीना था, सन् 1939।

हमने उन्हें बिस्तर से उठाया और रिवाज़ों के अनुसार जमीन पर लिटा दिया। शरीर पर एक लाल कपड़ा ओढ़ा दिया। कुछ घंटे के शोक-विलाप के बाद हम उन्हें अकेला छोड़ उनके अन्तिम संस्कार की व्यवस्था करने निकल पड़े।

शाम को हम एक भद्दा-सा स्ट्रेचर लेकर उनके कमरे में गए। सूर्य अस्त हो रहा था और अपने सुनहरे प्रकाश से उनके कमरे और बारामदे को आलोकित

कर रहा था। हम आँगन के बीच में ठिठककर रुक गए, पूरे बारामदे और उनके कमरे में वहाँ से, जहाँ उनके प्राण पखेरू उड़े थे, और उन्हें लाल वस्त्र में कसकर लपेटा गया था, तक हजारों गौरैयाएँ जमीन पर यूँ ही इधर-उधर बिखरे बैठी थीं। किसी प्रकार की कोई कलरव ध्वनि नहीं। हमें उन पक्षियों पर बेहद दया आई। मेरी माँ उनके लिए कुछ रोटियाँ लेकर आईं। उन्होंने मसलकर उनके छोटे-छोटे टुकड़े बनाए और फिर ठीक वैसे ही उनकी ओर फेंका जैसे कि दादी माँ दिया करती थीं। पर गौरैयाओं ने उनकी ओर देखा तक नहीं। जैसे ही हम अपनी दादी माँ का पार्थिव शरीर उठाकर चले वे भी निःशब्द वहाँ से उड़ चलीं। अगले दिन सुबह सफाई करनेवाले ने रोटियों के उन टुकड़ों को बुहारकर कचरे के डिब्बे में फेंक दिया।

राज-विला के छज्जू राम

हर बार जब भी मैं कसौली जाता—गर्मी के महीनों में कम-से-कम तीन बार तो जरूर, तो पता चलता कि यहाँ के एकाधिक वृद्ध निवासियों की मृत्यु हो गई है। चूँकि कसौली की नागरिक आबादी का ज्यादातर भाग सेवानिवृत्त वृद्ध लोगों का है, अतः इसमें वैसी कोई खास आश्चर्य की बात नहीं थी। साथ ही इनमें से अधिकांश के साथ का हमारा परिचय-पात बस एक प्रकार की ग्रीष्म-परिघटना थी। व्यक्ति साल के बाकी महीनों में बिना उनके ही रहने की आदत डाल लेता है। समय और दूरी वस्तुतः मृत्युजनित प्रभाव के असर को कम कर देती है। पर यह बात छज्जू राम के सन्दर्भ में नहीं है, जिन्हें मैं पिछले पचास वर्षों से भी ज्यादा समय से जानता हूँ। यहाँ तक कि जब मैं कसौली में नहीं भी रहता, तो भी उनसे उनके दोनों बेटों के मार्फत फोन और ख़त से सम्पर्क बनाए रखता था। ठाकुर दास और प्रेम उनके बेटे-बेटियाँ थीं। पिछली आधी शताब्दी में मैंने उन्हें सम्मान और स्नेह देना सीखा था। उनका गुजरना, मेरे जीवन में एक बहुत बड़ी रिक्ति लाता चला गया।

छज्जू राम का जन्म गोअल गाँव के नालगढ़ जिले में हुआ था। वे कबीरपन्थी थे। उनका कसौली आना कब हुआ यह तो मुझे भी नहीं मालूम, पर मेरे ससुर सर तेजा सिंह मलिक द्वारा उन्हें स्पेरिन-विला, जिसे उन्होंने किसी क्वाँरी अंग्रेज महिला से खरीदा था और बाद में उसका नाम पत्नी के नाम पर राज-विला रखा था, की देखभाल के लिए रखने से पहले वे किसी साहब के यहाँ काम किया करते थे। राभी व्यावहारिक कारणों से साल के अधिकांश समय के लिए, राज-विला छज्जू राम का आवास बन गया था। सर्दी के मौसम में जैसे ही उसके मालिक मैदानी इलाके की ओर जाते, वे और उनकी पत्नी गमीरू देवी मुख्य भवन में रहने के लिए आ जाते। वे इस बँगले की वैसे ही देखभाल करते जैसे कि वह उनका अपना बेटा हो। एक बार जाड़े की बात है। लुटेरों का एक झुंड कसौली के कई घर लूटकर ले गया था क्योंकि उन घरों की देखभाल करनेवाले नौकरों को उनके लिए वहाँ बने क्वार्टरों में रहने को कहा गया था। लुटेरों ने राज-विला में

भी घुसने की कोशिश की पर छज्जू राम ने अपनी अद्‌भुत सूझ-बूझ का परिचय देते हुए अपने लड़कों को आवाज़ लगाई—"जरा मेरी बन्दूक लाना।" जबकि सच्चाई तो यही थी कि उनके पास कोई बन्दूक-वन्दूक थी ही नहीं। पर लुटेरों ने जोखिम उठाना ठीक नहीं समझा और वहाँ से झट भाग खड़े हुए।

एक बार जंगल की आग, अनेकों घरों को अपनी चपेट में लेते हुए राज-विला के एकदम पास आ गई। छज्जू राम, मेरी पत्नी और पोती को सुरक्षित स्थान पर जाने का आदेश देते हुए खुद अपनी पत्नी और बेटों के साथ पानी से भरी बाल्टियाँ उस पर दनादन उड़ेलते रहे और डंडों से पीट-पीटकर आग को आगे बढ़ने से रोक दिया। फिर नवम्बर, 1984 को इन्दिरा गांधी की निर्मम हत्या के बाद निकट की गढ़कल की हथियारों से लैस भीड़ सिक्खों की सम्पत्ति को लूटने और आग लगाने पर आमादा थी। कसौली के कुछ गुंडे भी उसके साथ थे। कसौली के दुकानदार जो सभी हिन्दू थे, ने उनके रास्ते पर अवरोध खड़े कर दिए। राज-विला उनका मुख्य लक्ष्य था। छज्जू राम और उनके बेटे मुख्य द्वार पर डटे रहे। 'इस घर में घुसने से पहले, तुम लोगों को पहले मुझे मारना होगा' वे चिल्लाते हुए बोले। उनमें से किसी को भी उनकी चुनौती स्वीकारने की हिम्मत नहीं पड़ी।

पिछले पचास वर्षों में, राज-विला में रहते हुए, छज्जू राम ने अनेकों ख्यातिलब्ध लोगों मसलन—भाई वीर सिंह, बलराज साहनी, नरगिस, सुनील दत्त व संजय दत्त, सलमान हैदर और उनके परिवार के लोग, म्यांमार की आंग-सांग-सू-की और आखिर में प्रोतिमा बेदी का आना-जाना देखते रहे। उन्होंने उन लोगों को उस घर में इसलिए प्रवेश करने दिया और उनकी खातिरदारी की, क्योंकि वे या तो मेरे या फिर मेरी पत्नी के लिखे ख़तों के साथ वहाँ पहुँचे। अन्य दूसरे लोग, जिनमें कई हमारे निकट सम्बन्धी भी थे और जिनके बारे में वे खुद परिचित भी रहते, को घर में घुसने नहीं देते—ख़त नहीं तो प्रवेश नहीं। फलस्वरूप मेरी हजारों किताबें, चित्र, शिल्पकला और बेशकीमती हस्तनिर्मित कलात्मक चीजें, जो मेरे द्वारा संग्रहीत थी, इधर-से-उधर नहीं हुईं।

छज्जू राम को हम माली जी कहकर पुकारते। बागवानी उनकी मुख्य रुचि का विषय था। जब तक वे जिन्दा रहे, किसेंथेमस, सूर्यमुखी, ग्लोडिओली और दर्जनों किस्म-किस्म के फूल मेरे बँगले के इर्द-गिर्द पुष्पित-सम्वर्धित होते रहे। वे और उनके कुत्ते बड़ी बहादुरी से हमलावर बन्दरों के झुंड से छोटे-छोटे फलों और सब्जियों, जो कि वे उगाते थे, को बचाने के लिए मुकाबला करते।

ज्यों-ज्यों उन्हें बुढ़ापा घेरता गया, उन्होंने यह युद्ध करना छोड़ दिया और बिना कुछ बोले अपना हुक्का गुड़गुड़ाते रहते। धीरे-धीरे उनका वजन घटने लगा

था। मेज-कुर्सियों को सुबह-सुबह बाहर रखने और खिड़कियाँ खोलने के अलावा उनमें कोई और काम करने की ताकत शेष नहीं रह गई थी। बार-बार याद दिलाए जाने के बावजूद वे डॉक्टर को दिखाने से हिचकिचाते रहे। 'यह मुझे कोई तकलीफ नहीं देता।' वे मुझे यकीन दिलाते कहते—'यह ठीक हो जाएगा।'

पर ऐसा आखिर हुआ नहीं। कसौली में, डॉक्टर ने उन्हें मशविरा दिया कि वे शिमला जाकर जाँच कराएँ। उनका बेटा उनके साथ गया था। जाँच करने पर पता चला कि उन्हें तो खून का कैंसर है। हर हफ्ते बाप-बेटे दोनों खून चढ़वाने शिमला जाते।

पिछले महीने जब मैं कसौली से दिल्ली के लिए निकल रहा था तो वे लँगड़ाते हुए हाथ में लाठी पकड़े नीचे रास्ते तक मुझे छोड़ने आए थे। मैं यह जानता था कि मैं अब उनको देख नहीं पाऊँगा और वाकई मैं उन्हें फिर कभी नहीं देख पाया। मंगलवार की सुबह, 15 सितम्बर 1998 को अपनी बहनें, बेटों और परिवार के लोगों से घिरे, वे सदा-सदा के लिए राज-विला छोड़कर चले गए।

सिम्बा : परिवार का पसन्दीदा

मैं दिल्ली, घर वापस आ गया था। एक बार फिर मेरे पास कोई नौकरी नहीं थी, मेरी जेब और बैंक के खाते में भी बहुत कम पैसे थे। मेरे पक्ष में जो अच्छी बातें थी वह यह कि मेरा एक लघु कथा-संग्रह था जो कुछ लोगों का ध्यान अपनी ओर खींचने में तो सफल रहा पर कोई कमाई नहीं कर पाया था, उसके अलावा एक लघु एवं असन्तोषजनक 'शार्ट हिस्ट्री ऑफ सिक्ख' नामक किताब, जिसकी रूढ़िवादी सिक्खों के द्वारा भरसक निन्दा की गई थी, और एक उपन्यास था, जिससे मैंने थोड़ा-बहुत पैसा पाया था, वह भी खर्च हो गया था। एक उपन्यास की पांडुलिपि मेरे पास और थी, जिसे अभी छपने के लिए प्रकाशकों की स्वीकृति मिलनी शेष थी।

घर पर मेरा स्वागत करनेवालों में एक महीने का एक अल्सेशियन कुत्ते का पिल्ला भी था, जिसे मेरे पिताजी के दोस्त ने मेरी बेटी माला को उपहार में दिया था। अपने छोटे से इंसानी परिवार जो मेरी पत्नी और मेरे दो बच्चे तक सीमित था, के बीच में शुरू-शुरू में वह मेरा प्रतिकार एक घुसपैठिए के रूप में करता। मेरे पिता के घर में वह ऊपरवाले शयन-कक्ष में सोता और दहलीज की छत को किसी शौच-गृह की तरह इस्तेमाल करता। उस समय तक उसका कोई नाम नहीं था। अपने मारमलादे बिल्ली को पेरिस में यूँ ही छोड़ देने के बाद मैंने उसे सिम्बा कहकर पुकारने का निर्णय लिया। जैसा कि अधिकांश अल्सेशियन कुत्तों के साथ होता है, सिम्बा भी एक ही व्यक्ति के हाथों में रहनेवाला जानवर था। उसका ताल्लुक मेरी बेटी से था, मेरी पत्नी उसे खाना देती और किसी प्रकार के घाव-चोट आदि लगने पर दिखाने के लिए जानवरों के डॉक्टर के यहाँ ले जाती। पर उसने मुझे अपने मालिक के रूप में मान लिया था। आज तक मैंने जितने भी कुत्तों को देखा है उनमें वह इंसानी जीव था। हम उसे अपनी खुशी में शरीक करते और वह हमारे दुख बाँटता। उस समय तक हम सुजान सिंह पार्क के अपने भू-मंजिले अपार्टमेंट में रहने के लिए चले गए थे। बचपन का चुलबुलापन अब खत्म हो चुका था और वह एक ताकतवर जर्मन शेफर्ड के अपने पूरे आकार-प्रकार में आ

चुका था। वह अभी भी हमारे शयन-कक्ष में ही सोता जहाँ उसकी एक अपनी चारपाई थी। हमने अपने लिए तो कम, पर उसके लिए कहीं ज्यादा, उस घर में 'एयरकंडीशन' लगवाया था। रात में अक्सर, वह मेरे कानों के पास आकर सूँ-सूँ की आवाज करता और मुझे जगह देने के लिए कहता। मैं थोड़ा खिसक जाता। और तब वह हाँफते हुए स्वयं को बिस्तर पर डालते हुए आभार जताने के रूप में गहरी साँस भरता। फिर उसके बाद बाकी की पूरी रात, वह मेरे बिस्तर का आधा से ज्यादा हिस्सा हथियाए रखता।

हम उससे बातें भी किया करते। यदि हम रोने का नाटक करते तो वह हमारे कानों में रुआँसा-सा होकर बूऽऽ ऽऽ ऽऽ करते शरीक हो जाता। यदि वह कभी बदमाशी करता तो हम उसे एक कोने में चले जाने का आदेश देते। वह पूरे सब्र के साथ सिर झुकाए तब तक वहाँ खड़ा रहता, जब तक कि हम यह नहीं कह देते कि—''ठीक है, अब वापस आ सकते हो।''

सिम्बा का, माया की आया—पचहत्तर साल की माई, के साथ एक खास तरह का रिश्ता बन गया था। 'ओऽऽय साम्बिया' कहकर वह अभिवादन करते हुए सिम्बा को बगीचे में जाने के लिए दरवाजा खोल देती थी। वह प्रार्थना के लिए पड़ोस के गुरुद्वारे जाने से पहले उसका इन्तजार करती कि वह बगीचे में अपना नित्य का काम खत्म कर ले। वह जानता था कि उसे गुरुद्वारे में घुसने नहीं दिया जाएगा इसलिए वह बाहर ही ठहर जाता और उसके चप्पलों की रखवाली करता। सवेरे की प्रार्थना बस अभी खत्म होने ही वाली होती कि वह उसके चप्पल का एक पैर, मुँह में दबाए दुलकी चाल चलता अपने घर वापस आ जाता और उसे किसी पलंग के नीचे छुपा देता। माई उसके पीछे-पीछे यह अनुनय-विनय करते आती कि 'ओएऽऽ साम्बिया बता न, मेरी चप्पल कहाँ छुपा रखी है ?' जब तक वह अपनी गुम चप्पल ढूँढ़ नहीं लेती तब तक वह एक कमरे से दूसरे कमरे उसके पीछे-पीछे अपनी दुम हिलाते चलता रहता।

सिम्बा हमेशा शाम की सैर पर जाने के लिए अधीर हो उठता। वह अपना सिर मेरी गोद में रख देता और मुझसे याचना करता-सा कहता—''क्या समय नहीं हो गया ?''—उसकी आँखें पूछती। 'अभी कहाँ ?' मैं जवाब देता। तब वह अपना पट्टा लाता और मेरे पैरों पर रख देता—'अब ?' मैं उससे सब्र रखने के लिए कहता। फिर वह मेरे सैर पर ले जानेवाली छड़ी लाकर उस किताब के बीच में रख देता जो उस समय मैं पढ़ रहा होता—अब तो यकीनन समय हो गया है।'' अब बचा नहीं जा सकता था। जैसे ही हम चलते वह जोश में कुहक उठता और पूरे शरीर को कँपकँपाने लगता। कार की गद्दी पर बैठते ही उसके बदन की यह

सिहरन और तेज हो जाती। वह अपना सिर कार की खिड़की से बाहर निकाले रखना पसन्द करता और राह चलते हर कुत्ते, गाय या फिर साँड़ को चुनौती दे डालता। उसे लोदी गार्डन के प्रवेश-द्वार पर छोड़ देना होता था। वह कार के साथ ही दौड़ते चलता, पल-भर के लिए मल-मूत्र के लिए रुकता और पार्किंग-स्थल तक कार के साथ ही दौड़ता रहता। उन दिनों, पार्क में कुछ खरहे भी हुआ करते थे। झाड़ी के बाहर वह उन्हें सूँघता और फिर गुर्राते हुए तेजी से उनका पीछा करता मानो कि वह उन्हें झट दबोच लेना चाहता हो। वे उसके लिए बेहद फुर्तीले और छकानेवाले साबित होते थे। पर वह गिलहरियों का शिकार करने में बेहद कुशल हो गया था। उसे यह पता चल गया था कि वे पास के पेड़ों की ओर दौड़ती हैं और पीछा न किया जा सके, इसके लिए पेड़ की मोखों में घुस जाती हैं। सिम्बा पेड़ की ओट में छुप जाता और फिर उनका पीछा करता। खुले मैदान में गिलहरियाँ उससे बच नहीं पाती थीं। हालाँकि काफी डाँट-डपट और यहाँ तक कि कई बार पिटाई खाने के बावजूद वह इन निरीह गिलहरियों को मारने से खुद को रोक नहीं पाता।

शनिवार शाम को वह तैयार की जा रही पिकनिक की टोकरियों को देखते ही भाँप लेता कि कल हम उसे सबसे ज्यादा समय देनेवाले हैं। सुबह सूर्य की लालिमा बिखरने से पहले ही वह आवेश में रिरियाने लगता और सबको जगाता रहता। कार में तो उस पर काबू पाना बड़ा कठिन काम था। जब हम सूरजकुंड और तिलपत के नजदीक के खुले देहाती इलाकों में पहुँचते तो कहीं वह कार से छलाँग न मार दे इसलिए हमें उसे कार से उतार देना पड़ता। वह गायों के झुंड का पीछा करता और खेतों में उन्हें इधर-उधर दौड़ाता। एक बार एक गाय की दुलत्ती से उसके चेहरे पर चोट लग गई थी। और एक बार तो उसने एक बकरे को लगभग मार ही दिया था।

खुले देहाती इलाकों में तीन से चार घंटे खरहे, हिरण या फिर मटर के खेतों में उछलते-कूदते रहने से वह प्रसन्नचित्त थक-सा जाता। हम ऊँघते-उनींदे सिम्बा को शनिवार सुबह की पिकनिक से वापस लाते। शाम की सैर पर जाने के लिए अब उसकी उतनी बेसब्री नहीं होती थी।

रात के भोजन के बाद वह फिर खान मार्केट के आस-पास टहलने के लिए बेताब हो जाता जहाँ हम अकसर 'पान' खाते। वह आइसक्रीम बेचनेवाले के पास जाकर खड़ा हो जाता और आइसक्रीम दिलाने के लिए उछल-कूद करता। उसे आइसक्रीम बेहद पसन्द थी। उसका व्यवहार भी बेहद अधिकार जमानेवाला हुआ करता था। एक बार कोई, बाजार में एक पेड़ के नीचे दो कुत्ते के पिल्ले लेकर

बेचने के लिए खड़ा था। हमें उनकी ओर आकृष्ट देखकर उसने एतराज़ जताया। जब कभी हम वहाँ उस पेड़ के पास जाकर रुकते वह उसके मोख को उग्र होकर दाँतों से काँटने लगता। सुजान पार्क और उसके आस-पास के लोग सिम्बा को जानते थे। पड़ोस के बच्चों के बीच हम सिम्बा के माँ-बाप के रूप में जाने, जाने लगे थे।

सिम्बा से लोग बेहद डरा करते थे। एक बार पत्नी और बेटी के साथ जब मैं लोदी-गार्डन जा रहा था, तो एक साइकिलवाला मेरी बेटी की पीठ पर अचानक एक थप्पड़ मारकर भाग खड़ा हुआ। मेरी पत्नी चिल्लाते हुई बोली—"सिम्बा पकड़ो उसे।" सिम्बा उसके पीछे लग गया, उसने उसे साइकिल से गिरा दिया और उसके ऊपर चढ़कर अपना पंजा उठाकर खड़ा हो गया। बेचारा वह आदमी, हाथ जोड़कर माफी की गुहार लगाने लगा। दूसरी बार, जब मैं रात का खाना खाने के बाद अभी अपने फ्लैट से बाहर कदम रखा ही था कि मदद की पुकार करते एक लड़की की चीख सुनाई पड़ी। दो मनचले उसे छेड़ रहे थे। मैं उनकी ओर दौड़ा। सिम्बा ठीक मेरे पीछे-पीछे दौड़ रहा था। लड़कों ने भागने की कोशिश की। मैंने सिम्बा को उन्हें धर-दबोचने का हुक्म दिया। वह उनके पीछे दौड़ा और उनमें से एक को धूल चटा दी। वह एक हट्टा-कट्ठा जवान था, मुझसे कहीं अधिक ताकतवार। पर सिम्बा के मेरे साथ होने से मैं ताबड़तोड़ उसके मुँह पर थप्पड़ मारने और लगातार गुंडा-बदमाश की गाली देने में जरा भी नहीं झिझका था। वह मनचला गिड़गिड़ाकर मुझसे माफी माँगने लगा और कसमें खाने लगा कि वह आइन्दा फिर कभी महिलाओं के साथ ऐसी हरकत नहीं करेगा।

सिम्बा को हम हमेशा अपने साथ मशोवरा या कसौली ले जाते। वह पहाड़ों पर जाकर बेहद खुश होता था। तेज चढ़ाई पर वह हमें आगे खींचे, इसके लिए मैं अक्सर उसे पट्टे में बाँधकर एक सिरा अपने हाथ में फँसाकर रखता। शिमला से कहीं ज्यादा, उसे कसौली पसन्द था, क्योंकि वहाँ उसकी मुलाकात रीसस बन्दरों (छोटी पूँछवाले बन्दर) और लंगूरों से होती। वह उनके साथ कभी न खत्म होनेवाला एक युद्ध छेड़ देता, और उन पहाड़ी कौओं से भी जो उसे दोपहर के भोजन के समय उसके चारों ओर झुंडों में गोल-गोल घूमकर उसे परेशान करते।

अधिकांश कुत्तों में छठी इन्द्रिय होती है। पर हमारे सिम्बा में तो सातवीं और आठवीं इन्द्रियाँ भी थीं। इसको साबित करने के लिए यहाँ मैं इसका केवल एक उदाहरण भर दूँगा। दो महीने के लिए मुझे और मेरी पत्नी को विदेश जाना था। बच्चों को हमने आवासीय विद्यालय में डाल दिया। हमने सोचा था कि नौकरों को छुट्टी दे दी जाए और फ्लैट में ताला लगा दें। सिम्बा को प्रेम कृपाल के यहाँ

छोड़ना था। दोनों में अच्छी-खासी दोस्ती थी, क्योंकि प्रेम हमेशा हमारे साथ रविवार को बाहर घूमने जाने के कार्यक्रम में शरीक रहता और हमारे यहाँ अक्सर आता रहता था। वह सिम्बा को खुशी-खुशी अपने साथ रखने के लिए राजी हो गया। एक वरिष्ठ सरकारी अधिकारी होने के नाते कैनिंग लेन पर उसे एक बड़ा-सा बँगला मिला था, जिसमें एक बड़ा-सा बगीचा भी था। सिम्बा बहुतों बार वहाँ गया था और उसे महसूस हो गया कि हम उसे वहीं छोड़कर जानेवाले हैं। उसे इस बात का ज्यादा बुरा नहीं लगा था।

मेरी पत्नी मुझसे कुछ दिन पहले ही दिल्ली वापस आ गई। वह सिम्बा को लाने कैनिंग लेन पहुँची। उसने खुशी-खुशी पत्नी का स्वागत तो किया पर कार में चढ़ने से साफ मना कर दिया। प्रेम सिम्बा का स्नेह जीतने में अपनी सफलता देख बाग-बाग हो उठा। झिझकते हुए मेरी पत्नी ने अपनी हार स्वीकार कर ली। "यदि यह आपके साथ खुश है, तो यहीं रहे"—वह बोली। मैं कब किस दिन दिल्ली वापस आनेवाला हूँ, उन्होंने आपस में इसकी चर्चा की थी, जिसे सिम्बा ने भी सुन लिया था। मेरे दिल्ली लौटने से पहले ही शाम को सिम्बा कैनिंग लेन से सुजान सिंह पार्क तक का पूरा रास्ता पार कर घर पहुँच गया और दरवाजे पर अपना पंजा मार-मारकर अपने आगमन की सूचना देने लगा। वह बखूबी जानता था कि मैं कल सुबह आनेवाला हूँ। सिम्बा उसे छोड़कर जा रहा है, यह सोच-सोचकर प्रेम अपनी प्रेमिका झपट लेने से कहीं ज्यादा, इस बात से उदास था।

सिम्बा बड़ी खूबसूरती से उम्रदार होता जा रहा था। उसके मुँह के पास के बाल सफेद हो गए थे। उसे मोतियाबिन्द हो गया था। कभी-कभार उसे हल्का-सा बुखार भी हो जाता। एक ऐसा भी समय आया जब मेरी पत्नी उसके सिर को अपने गोद में ले उसे थपथपाते हुए रात-रात भर बैठी रहती। तब तक उराकी उम्र यही कोई 13 साल से कुछ ज्यादा की ही हो रही थी। जब मुझे स्वार्दमोर कॉलेज में तीन-महीने पढ़ाने का एक काम मिला, तो हमें उसे उसकी असली मालकिन के हवाले कर जाना पड़ा था। उसे रोज डॉक्टर के यहाँ दिखाने ले जाना पड़ता था। पर उसकी हालत में कोई सुधार नहीं हो रहा था। उसके पैर उसका साथ छोड़ने लगे थे। माला ने तार भेजा—'तुरन्त वापस आएँ, सिम्बा गम्भीर रूप से बीमार है।' ठीक अगले दिन एक और तार मिला—"सिम्बा चल बसा—शान्तिपूर्ण तरीके से।"

स्पष्टतः डॉक्टर ने माला को यह मशविरा दिया था कि 'सिम्बा कष्ट में जी रहा है। उसके पैरों को लकवा मार गया है, और वह अब ज्यादा दिनों तक जिन्दा

नहीं रह पाएगा।' उसकी इजाजत से, 20 मार्च, 1969 को उसे दवाई की एक जानलेवा खुराक पिला दी गई जिसने उसे हमेशा-हमेशा के लिए सुला दिया।

यदि मुझे अपनी अजीज दोस्ती के बारे में बात करनी हो, तो मेरी इस सूची में सिम्बा सबसे ऊपर होगा। इसके बाद हमने फिर कभी कोई और कुत्ता नहीं पाला। दोस्तों की जगह कोई और नहीं ले सकता है।

स्मृति लेख : खुशवंत सिंह

यहाँ वह लेटा है, जिसने न तो बख्शा है इंसान और भगवान को
उस पर अपने आँसू यूँ व्यर्थ न बहाओ वह तो एक तुच्छ तिनका था
भद्‌दी चीजें लिखना उसका पेशा था और उसे हास्य-सामग्री कहता था
शुक्र है, हे मेरे भगवान ! अब नहीं है वह तोपची की सन्तान।

●●●